ちくま新書

現代中国入門

光田剛 編
Mitsuta Tsuyoshi

1258

現代中国入門【目次】

序　章

中国はなぜ理解しにくいか

光田　剛

†中国の理解しにくさ

中国は理解しにくい。だが、理解しにくいから理解しなくていい、とは言えなくなってきた。中国と日本に住む私たちの関わりは様々な面で深まっている。経済的なつながりは、少し前までは、中国の安い労働力をあてにして日本の企業が中国に進出し、廉価な中国製品を日本の消費者が買うという関係が主だった。それが、逆に、いま中国の企業が日本に進出し始めている。

中国は経済発展とともに労働力の安さを武器にできなくなった。そこで中国は「中国企業が利益を上げられる構造」、「中国製品が売れる構造」を創り出すべく世界市場に働きかけを始めている。世界市場で中国企業は、そして中国企業をバックアップする中国政府は、日本企業・日本政府の有力な競争相手になりつつある。日本の観光地に行けばすぐに体感できるとおり、多数の観光客が、中国から、また台湾から日本に来ている。安全保障上の関係も、重要に、かつ複雑になりつつあるし、中国の環境問題も私たちにとって重大な関心事になっている。

そこで、ここでは、まず、なぜ中国は理解しにくいのかについて論じてみたい。なお、ここで「私たち」と表現しているのは、国籍にかかわらず、日本で日本語を用い日本文化の中で生活している人たちのことである。

†中国の広さと多様さ

まず、中国は広い。冬は氷と雪に覆われる極寒の土地もあれば、冬でも温暖な土地もある。農業に必要な水も満足に得られない乾燥した土地もあれば、毎日雨が降るような湿潤な土地もある。森林限界を超えていて植物が育たない高地もあれば、海に囲まれた島もある。その広さが、中国の理解しにくさの一つの要因である。

その広い大地に住む人々もまた多様である。中国は「中華民族」の民族国家とされるが、その「中華民族」は、漢族（漢民族）と五五の「少数民族」から構成される。「少数民族」といっても、一〇〇〇万以上の人口を擁する、人口一二億を超える漢族が同じ場所に住んでいなければ「少数」とはいえない民族もいる。「少数民族」のうち最大の人口を擁するチワン族が一八五〇万人強で、これはルーマニアの人口を少し下回る程度、第二位の満族（満州族）が一〇四〇万人弱と、ギリシャ、チェコ、ポルトガルなどと並ぶ人口である。かと思えば、人口が数千人のホジェン族やロッパ族も存在する。どこの国であれ、国が発表する民族の人口は政治的な事情などによって左右される点には留意が必要ではあるが。

民族多様なのは規模の面だけではない。宗教面を見れば、モンゴル族やチベット族にはチベット仏教を信じている人が多く、ウイグル族にはムスリムが多い。「回族《かいぞく》」は基本的にムスリムである。漢族には道教や仏教を信仰している人が多い。二〇世紀の一時期、社会主義の影響で漢族の宗教信仰は衰退したが、近年、また復活している。現在は、定住し、また都市で生活している人が多くなり、それぞれの民族の内部での生活様式も多様化したが、少し前までは、農耕が主要な生活様式だった民族や遊牧民だった民族、森に暮らしていた民族がいた。

言語も多様である。漢族とチベット族はシナ・チベット語族と呼ばれるグループに属する言語を民族言語とする。しかし漢語（漢族の言語。言語学では「シナ語」という）とチベット語はかなり違う。ウイグル族の言語はトルコ系で、トルコ共和国のトルコ語と同系統である。モンゴル族の言語はモンゴル系、満族やホジェン族の言語はツングース系という。トルコ系とモンゴル系とツングース系は、かつては同系統と考えられたこともあるくらいに似ているが、やはり互いに通じ合えるほどまでは似ていない。ちなみに、日本語もトルコ系・モンゴル系・ツングース系に似た要素を多く持つが、やはり別系統である。

それぞれの民族が持っている歴史も多様である。日本で「中国史」というと漢族の中国の歴

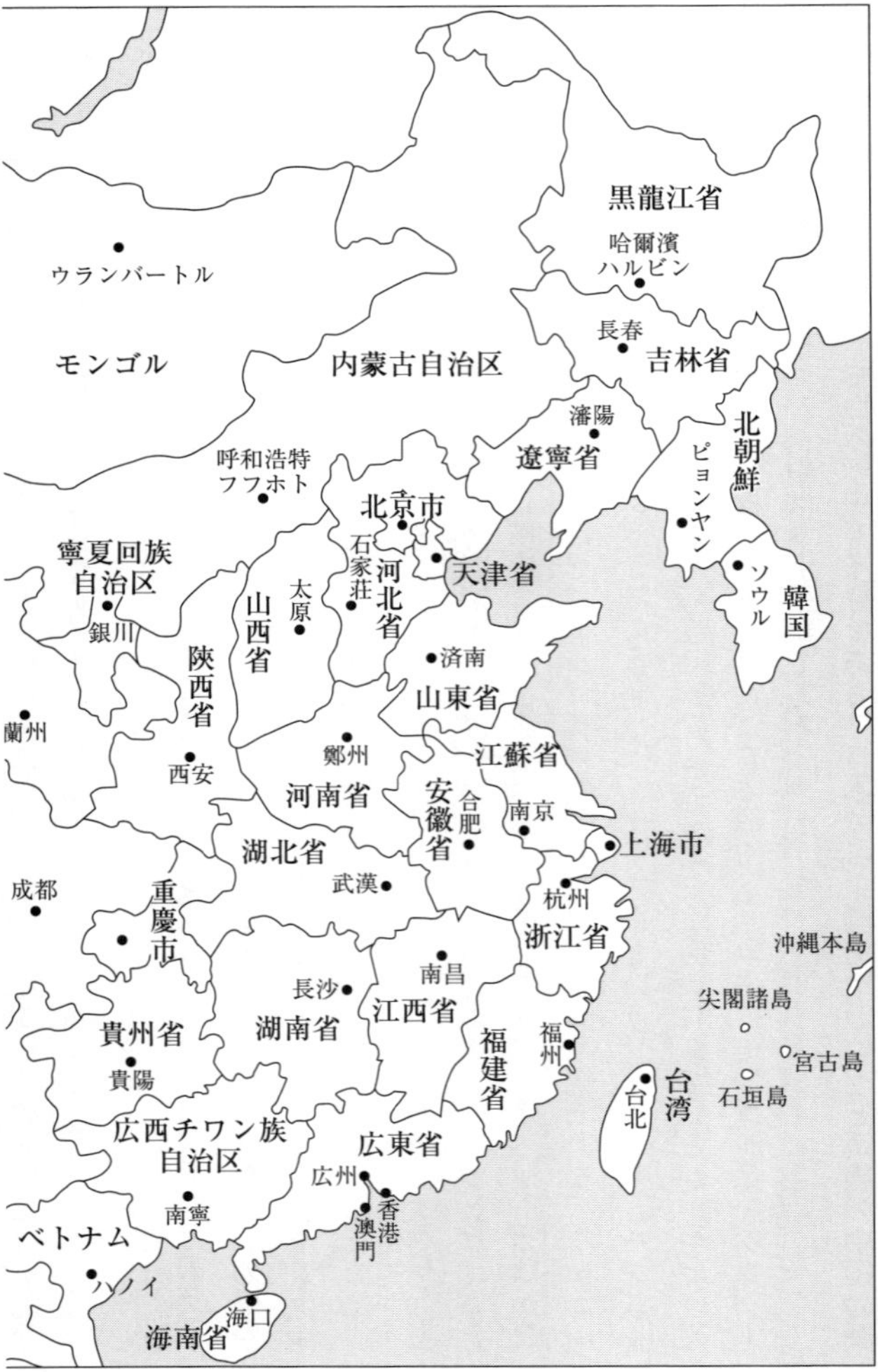
黒龍江省
哈爾濱
ハルビン
ウランバートル
長春
吉林省
モンゴル
内蒙古自治区
瀋陽
北朝鮮
遼寧省
呼和浩特
フフホト
ピョンヤン
北京市
寧夏回族
自治区
石家荘
天津省
ソウル
韓国
太原
河北省
山西省
銀川
済南
陝西省
山東省
蘭州
鄭州
江蘇省
西安
安徽省
合肥
河南省
南京
上海市
湖北省
成都
武漢
杭州
重慶市
浙江省
沖縄本島
南昌
長沙
尖閣諸島
江西省
湖南省
貴州省
福州
宮古島
福建省
台北
台湾
石垣島
貴陽
広西チワン族
自治区
広東省
広州
香港
澳門
南寧
ベトナム
ハノイ
海口
海南省

中国の各省・自治区・主要都市と周辺諸国

史を中心に指す場合が多い。しかし、モンゴル族、満州族、チベット族などは別の歴史を持っている。漢族が漢や唐といった帝国の歴史をその輝かしい時代として挙げるとすれば（唐の皇帝家は実は遊牧系出身なのであるが）、モンゴル族には大モンゴル帝国を築いた歴史がある。モンゴル族の歴史ではないが、モンゴル高原には、匈奴《きょうど》、鮮卑《せんぴ》、柔然《じゅうぜん》、突厥《とっけつ》（トルコ）、ウイグルなどの帝国の歴史もある。満州族は、中華王朝となった金と清《しん》を樹立した過去を持つし、その地域には高句麗《こうくり》や渤海《ぼっかい》、契丹《きったん》（キタイ）などの帝国が興亡した歴史もある。

†漢族内部の多様さ

しかも、その最大民族の漢族の内部がまた多様である。

卑近な例で言えば「中華料理」の多様性を考えるとそれはわかるだろう。日本で普通に「中華料理」というと上海方面の料理の系統だが、台湾料理や四川《しせん》料理などの看板を掲げる店もあって、それぞれ味が違う（なお「天津飯」のように日本オリジナルの「中華料理」もある）。四川料理は唐辛子の辛さが大きな特徴だが、湖南料理はもっと辛い。また、たとえば、餃子というのは基本的に北方の食べ物であって、中国の南方の人には本来はなじみのない食べ物である。

漢語のなかでも言語に違いがある。私たちが日本で「中国語」と呼んでいるのは通常は中華人民共和国の共通語（普通話《プートンホワ》）である。この共通語は、漢族の言語のうち、北方方言と北京の発音を基礎にした言語として公式に定めたものである。しかし、上海方面の人々が昔から話してきた上海語はこの共通語とはかなり違う。台湾の多数者が伝えてきた閩南語《びんなん》という言語（台湾の閩南語をとくに台湾語と呼ぶことがある）も違うし、香港などで話される広東語も違う。共通語（北方方言）、上海語、閩南語、広東語は、話し言葉ではそれぞれ学ばないと互いに通じ合うことができないくらいに異なっている。たとえば、共通語には四種類（「軽声《けいせい》」を入れれば五種類）の高低アクセント、すなわち「声調《せいちょう》」があり、中国語の初学者を苦しめる。だが、これが上海語には五種類（または六種類）、閩南語には七種類、広東語には九種類もある。

さらに言えば、北方方言でも地方によってかなり違いがある。たとえば、私たちが学ぶ「中国語」には、やはり初学者を苦しめる「巻き舌音」（「反《そ》り舌音」）がある。中国の共通語で「日本人」と発音するとこの「巻き舌音」が二回も出てくるので初学者は困り果てる。しかし実はこの巻き舌音はかつては中国人でも発音できない人がかなりいた。北方方言を話す地域でも「巻き舌音」がない地方はかなりあったのである。また、同じ北方方言でも異なる声調を話す人がやはりかなりいた。かつては、同じ「中国語」（漢語）の話し手でも「通訳」を一人か二人介さなければ話が通じないこともあった。現在は、教育の普及やテレビなどの発達のおかげで、標準的な共通語を話す人が多くなっている。一方で、少数民族などには、その民族の言語を学んでも社会的に有利にならないので、民族固有の言語を捨てる人も多く、「絶滅」に瀕している言語もある。同じことは漢民族内部の少数方言についても言えるだろう。

漢族の内部集団も、それぞれの来歴にまつわるアイデンティティを持っていることがある。たとえば、漢族の内部でも同族意識の強い客家《はっか》という集団は、古い時代に華北から戦乱を逃れて移住南方にしてきたというアイデンティティを持ち、周囲の人々となかなか交わろうとしなかった。しかも、この漢族の出身地意識は、海外などに移住しても維持され、移住先でのトラブルの原因になることもあった。

中国は、言語も文化も歴史的記憶も、漢族と「少数民族」、また漢族の内部でも多様である。この多様さが、中国の理解しにくさの第一の要因である。

†漢字の役割

その中国の、とくに漢族が、古来、一つにまとまってくることができたのは、話し言葉が通じなくても漢字があって、漢字で書かれた文章は共通に読むことができたからである。

もっとも伝統的には識字率がそんなに高かったわけではない。数字など簡単な漢字を読める人はそこそこ多かったようだが、その漢字ばかりで書かれた古典や政治文書を読みこなせる人の数は少なかった。

ただ、「科挙《かきょ》」という全国統一公務員試験で官僚を選ぶようになり、その科挙出身の官僚が絶大な権力を委ねられるようになった一〇世紀頃以後、この識字層を王朝が官僚に採用して全国に配置し支配させるようになった。そうなると、エリート内部の共通文化が形成されるし、このエリートは漢字で書かれた典籍を学び漢字を使った文書によって行政を行う。たとえ出身地で多様な言語を話していても、漢族の言葉以外の言葉を話していたとしても、官僚になってしまえば、読む典籍も行政に使う文書も古典漢語の文章（日本でいう「漢文」）で同じである。それによってエリートの間での統一が維持される。それが宋、明《みん》、清などの統一の確保に有利に働いた。もっとも、同じ理由で学派上の党派争いが政争に発展し、王朝滅亡の遠因を作ることにつながったりしたのだが。

ともかく、漢族（漢人）は漢字で多くのことを記録し、政治にも、また感情を表現するのにも、さらに娯楽にも漢字を使ってきた。漢族だけではない。漢字が日本列島や朝鮮半島やベトナムにも広がっていることからわかるように、漢族以外にも漢字で書かれた古典を読み漢字で様々なものを表現してきた人が数多くいた。それが重厚な「漢字文化」を作ったのだが――。

これが、中国を理解することを難しくしている第二の要因である。

ともかく、漢字で書かれた文書を、紀元前一〇〇〇年以上前から蓄積してきたのである。そのためその分量は厖大《ぼうだい》になった。そうすると、一つの文献に基づいて一つのことを断定しても、別の文献を根拠にして反論することができてしまう。あるいは、同じ文献の同じ部分に基づいても、解釈のしかたによって意味が違ってくることがある。記録が厖大であるゆえに、かえって全体像がつかみにくい。そんな特徴が中国にはある。

たとえば、中国には「貧しきを憂《うれ》えず、均《ひと》しからざるを憂う」という言葉がある。この言葉は、中国が社会主義に邁進していた頃に、なぜ中国は急速に社会主義化したかを説明するために使われた。「貧しいことよりも財産が平等でないことのほうを心配する」というくらいの意味である。一部の人がカネ持ちになり、一部の人が貧しいという財産の不平等よりは、みんなが貧しいほうがましだというモラルを中国人は持っている。経済的に発展することよりも、乏しいものを分け合って生きるほうを選ぶ。だから、中国は貧しいが社会主義へと急速に発展したのだ、という説明である。

ところで、中国には「発財《はつざい》」という言葉がある。「カネ持ちになる」という意味だ。中国で「明けましておめでとう」は、同じ意味の言葉を探せば「恭賀新禧《コンヘーシンシー》」などだろうが、他に新年の挨拶としてよく使われる「恭喜 発 財《コンシーファーツァイ》」という言葉がある。「(今年は)おカネ持ちになれますように」というような意味だ。一九八〇年代頃までは中華人民共和国ではあまり見かけず、台湾や当時はイギリス領だった香港ではよく見かけた。ところが現在では「社会主義市場経済」の下で中華人民共和国でも普通に使う。

中国人は「発財」という言葉が大好きだ、と孫文は言った。そして、それに続けて言う。私たちの「三民主義」という革命思想を宣伝するときには「三民主義は発財主義だ」と言え、と。

「三民主義」は、孫文の政治思想・革命思想で、中国人の地位を世界で他民族（具体的には列強諸国）と平等の地位にまで押し上げる民族主義、民主的な政治を実現する民権主義、社会的不公平を是正する民生主義を一体として行わなければならないとするものである。孫文はその内容を理解しなくていいとは言わない。しかし、宣伝するときにはまず「三民主義を実行すればみんなカネ持ちになれる」と宣伝せよと言った。中国人はみんなカネ持ちになること（発財）を夢見ているから、そう言えばみんな三民主義に関心を持ち、支持してくれるようになる、と。

三民主義を実行すればみんなおカネ持ちになれるかどうかは別にして、果たして、中国人は、カネ持ちになるのを目指すのか、それとも「貧しきを憂えず均しからざるを憂う」のだから社会主義を目指すのか。どちらの言い方も昔から言われて来た言い方だ。「均しからざるを憂う」ほうは儒教の「井田《せいでん》」という土地均分の思想まで遡《さかのぼ》ることができる。ところが儒教を創始した孔子の弟子の中には利殖に才能のある弟子がいたことを古典は伝えている。

中国は貧しいけれど社会主義化が進んでいた時代には「貧しきを憂えず均しからざるを憂う」のほうが説得力を持ち、「発財」を好むのは資本主義に毒された台湾や香港の中国人だけだという言い方ができた。ところが、現在のように中華人民共和国が市場経済で発展すると、中国人はみんなおカネ持ちになるのが好きなんだ、という言い方のほうが説得力を持つ。

「社会の知恵」のようなものは互いに矛盾するものを含んでいるのが普通で、中国の場合がとくにそうというわけではない。だが、文字として参照できる根拠をそれぞれが持っていることが中国の場合、議論を複雑にする。

しかも、漢字を自分たちの言語の中でそのまま理解できる日本人の場合、このことが大きな落とし穴になる。

†日本と中国の近すぎる距離

これが私たちにとって中国が理解しにくい第三の要因と関連する。

近代までの日本にとって、中国の歴史は自分たちの歴史だったし、中国の古典も自分たちの古典だった。江戸時代までと言わず、二〇世紀前半の日本でも漢文は学問を修める者の必須の教養であった。

現在は漢文の教養は衰退した。けれども、たとえば、ゲームなどのサブカルチャーでは『三国志演義』や『封神演義《ほうしん》』は日本でも大変人気がある。『水滸伝』は現在の日本でも根強い人気があり、最近では作家の北方謙三氏が北方版『水滸伝』のシリーズを書き継いでいる。また、日本人にとってポピュラーな物語である『南総里見八犬伝』が『水滸伝』の影響を受けて成立したこともあって、何かの宿世《すくせ》の因縁で結ばれた仲間が現世で結集して何ごとかを成し遂げ、また散って行くという『水滸伝』的な筋立てのストーリーは日本の大衆文化に根強く受け継がれている。『西遊記』は日本で何度も映像作品化されている。杜甫《とほ》や李白の詩とか韓愈《かんゆ》の文章とかは忘れられても、私たちは今も中国で生み出された物語を「自分のもの」として何度も再生産しているのである。

中国の歴史も文化も文学も「自分たちのもの」の一部である。その「近さ」の感覚が、また中国の理解しにくさを作り出している。

日本と中国は海を隔てている。

確かに、「海を隔てている」とは「海でつながっている」ということでもあり、一四世紀から一六世紀頃には、この日本と中国と朝鮮半島の間の海を「倭人」と呼ばれる人たちが自在に往来した。中国で言う「倭寇《わこう》」である。この「倭人」は必ずしも日本人ではなく、中国沿岸の住民と日本の沿海部の住民などが混じり合った集団だった。日本に鉄砲を伝えたのも、「ポルトガル船」とは言うが「ポルトガル人も乗った倭人（倭寇）の船」であったし、キリスト教を伝えたザビエルもインドで「倭人」に属する薩摩出身の男に出会って日本伝道を決意した。江戸時代初期には、中国を飛び越して、東南アジアに「日本人町」があったことはよく知られている。タイ（当時はシャム）のアユタヤ王朝には日本人の鉄砲隊まであった。琉球王朝が、中国（明・清）と独自の関係を結び、中国の強い影響を受けていたのもよく知られているだろう。

だが、同時に、京都や江戸を中心とした日本国家を見た場合、この海を介したつながりは間接的なものだった。漢文の古典などを読む層は、とくに、海に乗り出す中国人などとは接触しなかっただろう。「倭人」として海で活躍する人は中国社会ではどちらかというと周辺的な人たちで、日本のエリートはそんな人たちの文化は相手にしなかったからである。中世の日本で日本人が尊重した中国人は主として僧侶であった。江戸時代初期に日本で尊重されたのも明《みん》からの亡命儒学者だった。琉球では中国との接触はもっと頻繁だったが、京都や江戸を中心とする地域では、琉球人との日常的な接触もほとんどなかった。

中国文化は、日本文化に受け継がれるときに選択されているのである。民衆の間に広がる場合も、中国文化が直接に広がるのではなく、エリートが受容した中国文化がそのエリートを介して広がって行く場合がほとんどだった。そこで伝わっていくのは、古典などの典籍や山水画に描かれた中国であった。抜け落ちているのは、エリートではない中国庶民の生活であり、庶民生活の論理や文化である。

だから、近代になって庶民層に属する中国人との接触が生まれると、日本人の間に中国像の分裂が生じた。一方には、漢文教育で叩き込まれる、堅苦しいが典雅な中国古典の世界がある。一方には、実際に日本に渡ってきた中国人と接して作られた、エキゾチックな、利にさとく道徳心の欠如した中国人（「支那人」）像が生まれた。

ややこしいことに、明治期にはヨーロッパ人のものの見方が日本に大量に入って来て、そのヨーロッパ人の中国人観も一緒に入って来た。西ヨーロッパ人の中国観も日本人と似たところがある。主として文献で中国が知られていた頃には「試験による公務員採用」(科挙)や神を排した合理的な世界認識(儒教)などが高く評価された。ところが、実際に中国人との接触が増えると中国人労働者を人身売買の対象にし、中国人への根強い蔑視も生まれた。それを知った日本では、「日本は中国と違う」、「日本人は中国人のようになってはいけない」という意識が広がった。そしてそれは日清戦争の勝利を機に、中国人に対する優越意識へと変わっていった。

古典の中の中国人は日本人にとって模範的な人間であるが、現実の中国人はとても卑俗でわけのわからない人たちである。むしろ、日本のほうが中国の持っていた素晴らしい文化を保持している。だから、日本はこれから中国を教え導かなければならない。そういう発想が生まれた。それは、「大東亜共栄圏」がその名を冠した戦争の挫折で消滅するまで日本人の中に生き続けることになる。

なお、その「大東亜戦争」の中でも、日本には「中国全体と戦争している」という意識は強くなかった。敵は「蔣《しょう》政権」であって「中国」そのものではない。さらに、なぜ「蔣政権」が敵かというと、それが「容共政策」を採用して共産党に利用されているからであって、蔣介石が共産党と手を切りさえすれば戦う必要はない。そういう意識だった。中国との戦争の最前線に立った人の中には、軍人にも官僚にも民間人にも中国好きの「支那通《しなつう》」が多かった。もちろん、蔣介石が「支那通」を痛烈に批判しているように、それはあくまで「日本本位の中国好き」で、実際の中国人には受け入れがたい面はあった。だがそれはここではとりあえず問題にしない。重要なのは、日本は「中国嫌い」の結果、中国と対立して戦争に至ったわけではないということである。「中国好き」のまま中国と戦争していたのだ。この感覚も、「戦後」の日本人の「戦争認識」や「歴史認識」に様々な影響を残している。

†それでも「リアルな」中国像を

日本社会は、中国から伝わるごく一部分の中国を見て中国に好感を持ち、場合によっては崇拝するか、現実の中国人に接して、中国を軽蔑したり中国に対する指導者意識を燃え上がらせたり、あるいは端的に中国嫌いになったりするかという動きを繰り返してきたことになる。第二次世界大戦後には「中国好き」または「中国崇拝」の対象が毛沢東に変わったが、古典でしか中国を知らない江戸時代の知識人が孔子や杜甫・李白や韓愈などという人たちから懸命に学ぼうとしたのと同じように毛沢東から学ぼうとしただけで、中国の実態にはなかなか目を向けなかった。一九九〇年代以後、中国の存在感が高まり、現実に目を向けざるを得なくなって、日本人は一挙に中国嫌い・中国人嫌いになった。

これは私自身の体験でもある。私が大学に入った頃は、文化大革命をたたえる言論が、時代遅れになりつつもまだ影響力を持って残っていた。私はそれに接して中国について学ぼうと決意した。それについて身近な大人に話すと「それは素晴らしい。中国は素晴らしい古典を生み出した国なのだから、学ぶことも多いはずだ。しっかり学びなさい」と激励された。私は革命の中国を学ぼうとしているのに、と、大変な違和感を感じた。

さて、そういう「革命の中国」について学び、中国に留学して、私はまた衝撃を受けた。役人は威張っている。店に買い物に行っても、店員は売る気などまったくなくて、品物もお釣りも投げてよこす。図書館に史料を見に行っても言を左右して見せてくれない。だいたい図書館が開いているのが午前二時間と午後二時間だけだ。図書館のスタッフが勤務中に書庫で縄跳びをしている。そんな状態だから留学してもまったく勉強にならない。なんという国だと思った。ちなみに今の中国の店員は大変商売熱心だ。史料が格段に見やすくなったということはないが、スタッフの勤務態度は普通に真面目になった。だから、今から思えば、二度と体験できない貴重な体験だったのだが。

そういう体験をしているので、「中国好き」が一転して「中国嫌い」になる心の動きは、私には「体感」として理解できるのである。

だが、最初に書いたように、単なる「中国好き」(「中国びいき」)や「中国嫌い」のままでいるには、中国との関係は深くなりすぎたと私は思う。もちろん、世のなかには知らなければならないことはいくらでもあるのだから、日本人ならみな中国について知らなければならないなどとは言わない。また「好き」や「嫌い」という感情を無理に否定することもない。だが、もし、中国のことが気になるというのならば、重要なのは、その中国が実際にはどう動いているか、そのリアルな動きを捉えようとすることだと思う。

そうした上での「好き」「嫌い」ならば、ネット上で見かけた断片的な情報や、どこかで出会った中国人の一瞬の印象などから形成された「好き」「嫌い」の感情よりも、ずっと意味のあるものだろうから。

†本書の構成

本書は、各分野を専門とする研究者が、専門家以外の読者を念頭に置いて執筆した文章を集めたものである。Ⅰには、最初に中国史、とくに中国現代史のアウトラインを大まかに語った後、現代文学、映画、現代絵画、儒教、ジェンダー、近代史など、中国の内部に視点を置いた文章を配した。Ⅱには、中国の外交・軍事をめぐる現在の状況について論じた後、日中関係、沖縄・台湾との関係、「一帯一路」構想など、中国と、日本を含む現代世界との関係を論じた文章を配した。編者として残念なのは、中国の少数民族について、また香港・マカオについて論じた章を盛り込めなかったことである。少数民族は、めまぐるしく経済発展する漢族地域の影響にさらされ、それと同時にグローバル化の波に洗われ、さらに国際的な「テロ・対テロ」の対抗に巻き込まれ、大きな「危機」のなかにある。その少数民族の歴史や文化、現在の状況については詳しく取り扱いたかったのだが、さまざまな事情で断念せざるを得なかった。台湾の「ひまわり運動」に続く「雨傘運動」などで注目を集める香港についても、また香港の影に隠れがちなマカオについてもぜひ取り上げたかったが、これも断念せざるを得なかった。

専門家ではない読者の方々を念頭に置いた点では、この本は「入門」の書だが、この本一冊を読めばトータルでスッキリした「現代中国」像が会得できるという書ではない。なにしろ、一つの物事について、ある章と別の章でまったく別の評価がされていたり、場合によっては正反対のことが書いてあったりする。だが、単純な誤記を訂正したほかは、編者は一切手を入れなかった。そういう「中国論」の「百家争鳴」ぶり、もう少しきれいに言えば「多様さ」「多彩さ」自体が、かえって現在の中国のあり方をよく照らし出していると考えたからである。

本書が、多様な中国のリアルな動きを捉えるための一助となれば幸いである。

さらに詳しく知るための参考文献

竹内実『中国という世界——人・風土・近代』（岩波新書、二〇〇九）……戦後を通して活躍してきた「現代中国」のエキスパートが、漢族の中国に視点を置きつつ、その多様な面を紹介した好著。

竹内好『日本とアジア』（ちくま学芸文庫、一九九三）……戦後日本の中国認識の一つの到達点。「大東亜戦争」の敗戦の体験を踏まえて、「日本は欧米のようになろうとしてもなれなかったし、アジアにもなれなかった」という切実な認識から、日本人の中国論を論じた。

溝口雄三『方法としての中国』（東京大学出版会、一九八九）……その竹内好の方法を含めて、日本や欧米に視点をおいた中国論を強く批判し、中国自体を中心に据えた中国像の構築を主張する。第二次天安門事件の年に刊行されているのも示唆的である。

與那覇潤『中国化する日本――日中「文明の衝突」一千年史』（増補版、文春文庫、二〇一四）……内藤湖南の中国認識を一つの出発点に、二一世紀初頭の日本で、千年来の日本にとり中国の持つさまざまな意味を考察。

梶谷懐『「壁と卵」の現代中国論――リスク社会化する超大国とどう向き合うか』（人文書院、二〇一一）……胡錦濤政権末期の中国のさまざまな面に向き合いつつ、村上春樹を参照しながら思索を重ねて仕上げられた個性的な中国論。著者は中国経済・中国経済史が専門で、近著『日本と中国経済』（ちくま新書、二〇一六）も日中経済関係史分野の堅実な好著。

中国人気ブロガー招へいプロジェクトチーム『ナゾの国 おどろきの国 でも気になる国日本』（日本僑報社、二〇一七）……中国のブロガーが見聞きし感じた「ありのままの日本」についての発信をまとめて、日本語に翻訳したもの。日本専門家や大学知識人ではなく、「一般の中国人」により近い人たちが日本についてどう感じ、考えているかを知ることができる。それは、翻って、中国人や中国社会を知るきっかけとしても貴重だ。

井上純一『中国嫁日記』（エンターブレインムック、二〇一一～続刊）……中国人の女性と結婚した日本人「オタク夫」が、中国人の妻との生活や中国での生活についてまとめた漫画。中国で、中国人の人間関係のなかで暮らす視点からの中国論でもある。

Ⅰ　中国の内側

第一章　現代中国の成り立ち

光田　剛

1　中華人民共和国への道

†現在の中国はどのようにできたか？

一九一一年の革命で中国でともかくも二〇〇〇年以上続いた皇帝制度が倒れて、翌一九一二年に「共和制の中国」ができた。続いて、一九四九年の革命で中華人民共和国という社会主義国家ができて、中国共産党が支配政党の地位についた。その社会主義の中華人民共和国が、一九七八年に「改革開放」という政策を採用して、社会主義政治体制のもとに資本主義的な経済の方法を採り入れた。この三段階の変革の結果として現在の中国がある。

こういう言い方にはいろいろ問題もある。最大の問題は「漢人（漢族、漢民族）の中国」しか見ていないことだろう。二〇〇〇年前の皇帝制度の成立は漢人に関係することで、当時はモンゴル人やウイグル人という集団はまだ成立していない。一九一一年の革命も一九四九年の革命も漢人居住地域を中心として進められたもので、漢人以外の「少数民族」がまったく参加していないわけではないけれど、漢人と同様に主体的に参加したとは言いがたい。また、一九四九年に成立したのは正確には「社会主義」国家ではなく「新民主主義」国家だった。さらに、一九七八年に開始された当初の改革開放政策と、改革開放政策の成果とされる現在の中国の経済政策には大きな隔たりがある。

このように、細かいことを言い出せばきりがないのだが、とりあえず、一九一一〜一二年に共和制中国が成立し、一九四九年に共産党国家としての中華人民共和国が成立し、一九七八年に現在のような経済発展した中国への道が開かれたと理解しておけばいいと思う。

†二〇〇〇年の皇帝制度

紀元前二二一年、有力な地方国家だった秦が中国を統一し、その王が「始皇帝」を名のって皇帝制度の基礎が築かれた。漢人の中華帝国の始まりである。

皇帝は地上世界に最高神として君臨した。神であるからその支配権力は絶対的である。すべての土地、すべての人間のあらゆる面を直接に支配する。また、皇帝は人間をはるかに超えた存在だから、皇帝から見れば人間たちの間の違いは問題にならない。したがって皇帝の前では人間は平等である。平等な人民と神としての皇帝によって成り立つ「一君万民体制」が皇帝制度の理想であり、またすべてが皇帝の下に集中する中央集権制度が理想であって、本来、中国の皇帝制度は身分制や分権制度と相性が良くない。

ただし、最高神と言っても「地上の最高神」だから、「天」に逆らうことはできない。「天」に逆らう皇帝は「天」から罰を受け、それでも改めなければ皇帝の座を奪われてしまう。この論理は絶対的支配者である皇帝を批判するときの重要な根拠になった。「民の声は天の声」。だから皇帝は民の声に逆らうな、というわけである。

中国の皇帝制度は、秦の始皇帝から清の「ラストエンペラー」宣統帝溥儀《せんとうていふぎ》までほぼ切れ目なく受け継がれる。しかし、一君万民体制や皇帝への強力な集権体制が皇帝制度の理念通りに実現するのは一〇世紀に成立した宋（北宋）王朝でのことである。それまでの漢人社会では貴族や地方豪族の力が強く、皇帝権力の絶対化を阻んでいた。皇帝制度の理念の実現を強行した皇帝はいたが、その試みは長続きせず、しかも社会を疲弊させて王朝滅亡の原因となった。宋王朝成立前の内乱で貴族層や地方の実力者が衰弱し、ようやく皇帝権力の絶対化が果たされたのである。

この宋の制度は一三六八年に成立した漢人王朝の明に受け継がれた。一六四四年に漢人地域の支配者となった満州人王朝の清も、漢人地域の支配には明の制度を基本的に引き継いだ。皇帝制度が安定すると、今度は、身分差のない社会や強力な中央集権制度を、皇帝を中心とする政治制度が維持する。皇帝が絶対的な権力を握る体制と身分差のない社会・強力な中央集権制度が支え合って中華帝国を近代まで安定させてきたのである。

やがて、中央集権制度がうまく機能しなくなり、経済発展とともに貧富の差が拡大して身分差のない社会というたてまえが形だけのものになり、皇帝が絶対権力を握る体制が疑われ始めたところから、中国の近代が始まる。だいたい一九世紀の初め頃のことである。

†遊牧帝国の遺産

ところで、中国の皇帝制度の起源は漢人の中華帝国だけではない。中国は史上何度も遊牧民の王朝に支配されている。そして現在の中国は遊牧帝国の遺産も受け継いでいる。たとえば、日本で長いあいだ典型的な中国王朝と位置づけられてきた唐は、鮮卑《せんぴ》と呼ばれた遊牧民の国家の系譜を引く。唐の皇帝家は鮮卑系貴族の出身であるし、その国家制度も、鮮卑系王朝が興亡を繰り返しつつ練り上げて来たものだった。また、アジアから東ヨーロッパまで広がる大帝国を築いたモンゴルは、その帝国支配の中心地に、その出身地のモンゴルとともに中国の漢人地域を選んだ。大モンゴル帝国は中国王朝として元（正式には「大元」）と名のった。

元王朝が中国に残したものはいろいろとある。「省」という地方制度を創始したのも、銅銭とともに銀を中心とする貨幣制度を中国に定着させたのも元であった。中でも、現在まで影響を及ぼしているのが、元による中華帝国の範囲の拡大である。

宋までの王朝は漢人地域さえ支配していれば中華王朝の体面が保てた。それは王朝の出自が遊牧系であってもそうだった。ところが、元は、中央アジア・西アジア・東ヨーロッパなどを皇帝一族の別の家系に委ねる一方で、モンゴル、漢人地域、マンチュリア（満州、中国の一部としては東北）、東トルキスタン（中国の一部としては新疆《しんきょう》）、チベットを皇帝の支配下に置いた。そのため、元以後の中華王朝は、漢人地域に加えてモンゴル、マンチュリア、東トルキスタン、チベットまで支配下に収めなければ完全な中華王朝にならないという観念を抱くようになった。

明は、モンゴル以西を支配しようとして、元の後継勢力であるモンゴルと慢性的な戦争を続けたし、満州人の清も一〇〇年以上の時間をかけてその地域全域を征服している。そして、中華人民共和国も、中国の民族は長い歴史的過程の中で一つの「中華民族」として融合しているとして、ウイグル族やチベット族の独立を認めない姿勢を強硬に打ち出している。現代中国も大モンゴル帝国の遺産を継承している、あるいは、その遺産にとらわれているのである。

明王朝は結局漢人地域とマンチュリアしか支配できなかった。清王朝はこの広い領域を漢人地域と遊牧地域に分けて支配した。清の皇帝は、漢人に対しては漢人文化理解の第一人者として君臨し、儒教を利用して支配し、遊牧民に対しては遊牧帝国の伝統を用い、またチベット仏教の論理を利用して支配した。

ところが一九世紀になると清王朝は漢人帝国の性格を強める。漢人地域の経済発展と、清の支配の安定による漢人の人口爆発が漢人の存在感を高めた。さらに、一九世紀半ばから欧米列強との関係の処理が重要な政治課題になると、そこで中心的な役割を担った漢人の政治的役割がより強くなる。軍事的にも漢人への依存が強まった。

漢人が自信を深めていた時期に欧米から民族主義がもたらされた。漢人にはもともと遊牧民を文明的に劣っていると見なす傾向があった。漢人がなぜ遊牧民の満州人に支配されているのかという思いが民族主義によって正当化された。その漢人の民族主義が清王朝打倒の運動に結びつき、それが抑えきれなくなったところで、中国の皇帝体制の終わりが訪れるのである。

†共和制中国の針路

一九一一年一〇月（当時の暦では八月）の革命の結果、一九一二年に共和制の新国家として中華民国が成立、皇帝が退位して清は滅亡した。二〇〇〇年続いた皇帝支配と、二六〇年以上続いた満州人支配とが終わりを告げた。

新しい共和国の体制は民主的だった。参議院と衆議院からなる二院制の国会が置かれ、内閣は議会を基盤にして成立する。大総統の命令は国務総理（首相）の同意がなければ発効しない。大総統の権力は国会と内閣から民主的コントロールを受ける制度である。

革命後の中華民国臨時政府は革命家の孫文を臨時大総統に選出した。しかし、その時点ではまだ清王朝が残っていた。清王朝の皇帝を退位させるために、臨時政府は王朝側の実力者を取り込んだ。一九世紀後半以来、清王朝を支えてきた軍の最高指導者袁世凱《えんせいがい》である。袁世凱が清の皇帝を退位させるかわりに、袁世凱に臨時大総統の職位を譲るという取引が成立した。袁世凱は清の皇帝を退位させ、中華民国の臨時大総統に就任し、続いて国会議員選挙を行って正式の政府を成立させて大総統に就任した。

袁世凱はこの制度の制定に参加していなかったし、この制度に縛られるつもりもなかった。袁世凱は自分の率いる軍の実力を背景に大総統への権力集中を進めた。独裁化の果てに、ついに議会も廃止し、最後には皇帝になろうとした。だが、袁世凱の帝制計画は、国内外から支持されなかったばかりか、袁世凱自身の部下たちからも反発を買い、失敗した。一九一六年、袁世凱は失意のうちに死去する。

清王朝の末期から、その王朝を打倒しようと革命運動に携わった人たちの中には、途中から革命の成果を横取りしたあげくに革命を裏切って皇帝になろうとした袁世凱に強い反発を持つ人たちもいた。袁世凱が北京・天津方面の軍を支持基盤にしていた関係もあり、反袁世凱派は長江流域以南の革命家や政治家・軍人が主流だった。これらの反袁世凱派の指導者に選ばれたのが、初代臨時大総統でありながら袁世凱にその地位を明け渡し、その後、袁世凱打倒の運動を起こして失敗していた孫文だった。

孫文は、清王朝打倒の革命に続いて、袁世凱打倒の革命の指導者になり、袁世凱没後にはその後継者たちに対する革命運動を指導した。袁世凱の後継者となった袁世凱の部下たちは、国会も復活させ、政治体制をおおむね袁世凱が独裁化する前に戻したが、孫文はこの袁世凱の後継者たちの政府も容認せず、それを打倒するための革命運動を続けた。

†中国国民党と中国共産党

孫文は自分の同志や弟子たちを組織して革命のための政党を組織した。これが中国国民党である（当初は中華革命党。ここでは正式名称「中国国民党」、略称「国民党」で通すことにする）。しかし、孫文を指導者とする革命運動は、一九二五年に孫文が亡くなるまで大きな力を持つことができなかった。せいぜい広東地方を支配する一地方勢力にすぎなかった。

ところで、一九一七年、ロシアでマルクス‐レーニン主義による革命が成功した。やがてソ連（ソビエト社会主義共和国連邦）が成立する。ソ連の支配政党であるソ連共産党（この名称は一九五二年以後のものだが、ここではこの名称に統一する）は世界革命組織コミンテルン（第三インターナショナル、共産主義インターナショナル）の指導権を握った。コミンテルンは世界でマルクス－レーニン主義革命を実現するために設立され、世界各国に支部を持つことになっていた。その中国支部として、一九二一年、中国共産党が設立される。

コミンテルンは、ヨーロッパの「帝国主義」に圧迫されるアジア各地に対しては、マルクス－レーニン主義政党の設立を推進するとともに、マルクス－レーニン主義以外の反帝国主義勢力との提携も進めた。中国ではコミンテルンは孫文に接近した。欧米世界で孤立するソ連と中国で影響力を広げたい孫文の思惑が一致した。両者は、国際的にはソ連が孫文政府を支持するとともに、中国国民党に中国共産党の党員が加入するという形式で協力関係を結んだ。これを第一次国共合作と呼ぶ。

この第一次国共合作を機に、近代的な組織運営方式を持たなかった国民党はソ連共産党の党運営を学んだ。数年に一回の党全国大会で中央委員を選出し、その中央委員が原則として年一回の中央委員会総会を開いて党指導部を選出する。日常的にはその党指導部が党を指導する。また、革命の目標が完全に達成されるまで、党が一党独裁を行い、政府と軍は党の指導下に置く。中国共産党は現在もソ連に学んだこの党運営と国家運営を受け継いでいる。中国国民党も一九四七年の憲法施行まではこの方式を守り続けた。国民党と共産党は「ソ連共産党をモデルに作られた革命政党」という点で共通していたのである。

孫文が亡くなると、孫文の後継者を自任する蔣介石と共産党との関係が悪化し、一九二七年に第一次国共合作が崩壊した。国民党は共産党を厳しく弾圧し、共産党は国民党の支配に武力で反抗する。共産党は、合作が全面崩壊した直後の一九二七年八月一日、独自の軍を擁して決起した。この「共産党の軍隊」が現在の中国人民解放軍につながる。現在も八月一日は人民解放軍の建軍記念日であり、人民解放軍の徽章《きしょう》の中央には「八一」の文字が刻まれている。また、同じ一九二七年の末には、中国共産党の指導する地方政府として「海陸豊《かいりくほう》ソビエト」が成立した。中国史上最初の共産党政権の成立であった。共産党はなかなか都市部は支配できなかったが、華南の貧しい農村を支配下に収めて、各地に「ソビエト政府」を樹立していく。実態はともかく、共産党が革命政府と革命軍を支配下に収めて指導するというソ連共産党式の体制が整ったことになる。

一九三一年、東北で満州事変が勃発した。その直後、共産党支配下の各地のソビエト政府は連合してソビエト中央政府を樹立し、中華民国とは別の国家として「中華ソビエト共和国」を樹立する。現在の中華人民共和国の起源である。

共産党は「日本とも戦い蔣介石とも戦う」という政策を掲げたが、中華ソビエトの中心地域には日本軍は存在しないので、まず蔣介石との戦いに全力を傾注した。しかし、蔣介石を背後から攻撃する共産党の政策は国民の理解を得られず、共産党は孤立した。やがて蔣介石軍の攻勢の前にその本拠地を失う。共産党指導部はすでに実質的にモスクワに亡命していた。現地の共産党軍も、蔣介石軍の厳しい追撃を受けつつ、陝西省《せんせい》北部と甘粛省・寧夏省（現在の寧夏回族自治区）のあたりまで逃避行を続けなければならなかった。この惨憺たる逃避行を中国共産党は「長征」と呼んでいる。

「長征」はいま中国の宇宙ロケットの名称にもなっている輝かしい名である。この苦難に満ちた逃避行がなぜ輝かしい名で呼ばれるのかというと、この長征の途上で毛沢東（と周恩来）が指導権を握ったからである。毛沢東が共産党全体の絶対的な指導者になるのは一九四〇年代に入ってからだが、この長征中に現地の共産党軍系共産党組織に対しては大きな指導力を手にしていた。これが後の毛沢東体制の起源となる。

この毛沢東が長征中に編み出したのが「抗日民族統一戦線」論である。

†抗日民族統一戦線

マルクス - レーニン主義は、労働者と（貧しい）農民のみを国家の支配階級と認め、資本家や地主など豊かな階級に政治的な権利を持たせない。経済を通じて社会に強い影響力を持つ地主や資本家を政治に参加させると、結局地主・資本家本位の社会を作られてしまうからである。議会も労働者と農民の代表だけで結成する。そういう労働者・農民の議会をロシア語で「ソビエト」という（もともと「ソビエト」は「会議」を意味する普通名詞である）。この労働者や農民を代表し、また指導するのが共産党である。そして各国共産党の連合体がモスクワのコミンテルンである、というわけだ。

毛沢東が実権を握る前の中国共産党はこのマルクス‐レーニン主義の原則に従って労働者・農民以外をすべて「敵」と見なす革命運動を行っていた。コミンテルン自体の政策もそうだった。コミンテルンはマルクス‐レーニン主義とは異なる系統の社会主義（いわゆる「社会民主主義」）さえ敵として激しく攻撃していた。

ところが、このコミンテルンの政策がドイツのナチズムの運動に対抗する勢力を分断し、ヒトラー政権の成立を招いた、という反省から、一九三四年になって、マルクス‐レーニン主義政党はファシズムと闘うすべての勢力と連合するという「統一戦線」論へと大転換を遂げる。なお、ドイツのナチスの運動や日本の「軍国主義」まで「ファシズム」と呼ぶことには今日では否定的な見解が強いが、当時のコミンテルンはナチズムも日本軍国主義もファシズムとしてまとめて認識していた（現在の中国共産党の認識も同じであるようだ）。したがって「日本軍国主義」との戦いも「反ファシズム」の戦いということになる。

モスクワの中国共産党の亡命指導部は、コミンテルンの政策転換に合わせて、一九三五年八月一日、共産党軍の記念日に合わせて中国での反日統一戦線の結成を訴える「八一宣言」を発した。毛沢東は、この統一戦線論を具体化すると同時にアレンジして、毛沢東流の統一戦線論を作り上げ、この統一戦線を「抗日民族統一戦線」と名づけた。

毛沢東によれば、抗日民族統一戦線は日本の侵略に抵抗するすべての勢力を結集する。共産党の支持基盤である労働者・農民だけではなく、資本家や地主、その支持を受ける国民党、さらには日本以外の帝国主義もできるだけ味方につける。なお日本人民も日本帝国主義の被害者だから味方である。この「日本人民も日本帝国主義の被害者」論は一九七二年の日中国交樹立を可能にする論理となり、今日もときおり中国側から提起されることがある。

しかし、毛沢東は、同時に、この「統一戦線」の主導権は労働者・農民とその代表である共産党が握らなければならないとした。日本以外の帝国主義国は、日本帝国主義との利害調整さえつけば容易に日本帝国主義の味方になる。中国の資本家や地主は帝国主義の「おこぼれ」にあずかることができるので、やはりその帝国主義の味方になりやすい。そんなところに主導権をとられては「抗日」なんてできるわけがない。だから、日本帝国主義からも、その他の帝国主義からも、中国の資本家や地主からも搾取され、それだけ徹底した抗日意識や反帝国主義意識、さらに反資本家・反地主の意識を持っている労働者と（貧しい）農民、そしてそれを代表し指導する共産党が主導権をとらなければならないのである。

だが、中国では近代工業が発達しておらず労働者の勢力が弱い。農民は数が多いが教育程度が低いので革命勢力としてはなお弱みを抱える。他方で、中国では、帝国主義と癒着した大資本家の経済的・社会的影響力が強く、小規模な資本家（小資本家）や、中国人自身の資本で企業を経営する資本家（民族資本家）は、そういう大資本家との間に階級対立を抱えている。さらに社会の変革を訴える知識人層の独自の影響力も強く、その知識人の力は革命にプラスに働く。

そこで、労働者と農民に加えて、小資本家・民族資本家と知識人とを抗日民族統一戦線の中核勢力に据える。毛沢東は、この、労働者、農民、小資本家・民族資本家、知識人の四階級集団をまとめて「人民」と呼んだ。この抗日民族統一戦線によって樹立される統一戦線政府では、この「人民」が基本的な政治権力を握り、他の地主・大資本家などはその政治権力に一段も二段も低い地位で参加できるに過ぎない。「人民」の中では労働者・農民が他の二集団に優越する。このようにして、日本の侵略と闘うすべての勢力の結集と、労働者・農民と共産党の主導権を両立させたのが毛沢東の抗日民族統一戦線であった。

✝中華人民共和国の成立

国民党も、国民党・共産党以外の知識人や政治運動家も、共産党に都合よく組み立てられたこんな議論に乗るはずがなかった。だいたい、モスクワ発の八一宣言は知られていても、毛沢東の打ち出した抗日統一戦線論などほとんど知られていなかっただろう。毛沢東の名だけは

「共匪《きょうひ》」「匪軍」の首領として知られていたけれど、「毛沢東の思想」が中国全土に知られるような段階ではなかった。

ところで、蔣介石が指導する国民党・国民党軍は、一九三五年頃には日本との本格的な戦争は不可避だと判断するようになっていた。国民党は、満州事変を「日本の関東軍と中国の東北軍・華北軍の軍隊同士の衝突」として処理し、対立を拡大させないようにした。国民党政府は満州国を国家承認しないという形式をかなり厳格に守りつつ、しかし実際には満州国を黙認した。しかし、一九三五年、日本は、北京・天津を中心とする華北地方や内モンゴル東部を中国中央政府から分離して日本・満州国と一体化させようという工作を開始した。国民党はここで日本との対決を覚悟したのである。

日本と戦うとなるとソ連の協力はぜひとも必要である。そこで国民党政府はソ連に接近を図る。ところが、ソ連を支配するソ連共産党はコミンテルンの指導政党で、中国共産党はコミンテルンの支部である。ソ連の支援を得るのに、国民党が中国共産党と内戦を行っていては都合が悪い。そこで国民党は共産党との和平を進めようとした。一般には、この共産党討伐戦争を前線で指揮していた張学良が、督戦にやって来た蔣介石を監禁して「内戦停止、一致抗日」を要求した一九三六年一二月の西安事変が国民党と共産党の停戦をもたらしたと理解されている。だが、それ以前から共産党は抗日民族統一戦線論で国民党との停戦を模索していたし、国民党も共産党との和平を模索していたのである。

一九三七年七月七日に盧溝橋で日中両軍が衝突し、八月には上海でも戦闘が始まって中国の「抗日戦争」は現実となった。国民党と共産党は再び提携して日本軍の侵略と戦うことで合意する。第二次国共合作である。これによって共産党の独自国家である「中華ソビエト共和国」は撤回され、共産党軍も形式的に国民党軍の部隊番号を与えられた。

だがこの「合作」の解釈は最初から国民党と共産党で大きく食い違っていた。国民党は、抗戦の主体はあくまで支配政党である国民党であって、共産党はその抗戦に参加を許されているに過ぎず、戦争では国民党の指導に従わなければならないと主張した。これに対して、共産党は、抗日民族統一戦線論の立場から、抗戦の主体は中国の「人民」であるとして、国民党が戦争指導の最高権力を握るわけではないと反発した。一九四一年初頭、国民党軍と共産党軍の大規模な衝突事件（皖南《かんなん》事変、新四軍事件）が発生し、以後、共産党は国民党との連合に見切りをつけ、再び独自国家の樹立へと向かい始める。

一九四五年に「抗日戦争」が終結すると抗日民族統一戦線論も役割を終えた。しかし、沿海部・平野部の都市の産業は大きな打撃を受け、農村も疲弊していた。共産党は、このような状況の中で、目標を「中国を再建するため」に切り替えて、統一戦線論をリニューアルする。いわゆる連合政府論である。これに対して、国民党は、憲法を制定してすべての国民が民主的に政治に参加する体制を作ろうと呼びかけた。「人民」が国の主導権を握るとする統一戦線論と国民党の憲法制定論とは折り合わず、国民党と共産党は内戦に突入する。

一九四九年に内戦に勝利したのは共産党だった。一九四九年九月、共産党は、共産党員や共産党支持者だけでなく、共産党以外の民主主義的知識人や少数民族代表なども集めて「人民政治協商会議」を開催し、共同で民主的な国家を樹立するためのプログラム「共同綱領」を制定する。この共同綱領に基づいて、一〇月一日、中華人民共和国の樹立が宣言された。中華人民共和国の臨時政府にあたる中央人民政府の主席は毛沢東、首相（政務院総理、五四年からは国務院総理）には周恩来が就任した。この体制は一九五四年に憲法が制定されて正式政府が成立してもほぼそのまま引き継がれた。

共産党主席（現在の総書記にあたる）は毛沢東だった。抗日戦争開始当初の共産党ではまだモスクワの指導部の権威が強かった。しかし、ソ連が連合国側で第二次世界大戦を戦うことになると、世界革命組織コミンテルンは解散され、モスクワの指導部は後ろ盾を失った。毛沢東は絶対的な指導権を確立し、カリスマ化されていった。そして、抗日戦争終結の頃には、中国共産党の指導理論には「毛沢東思想」が書き加えられていたのである。

中華人民共和国は「マルクス・レーニン主義、毛沢東思想」の指導する国家としてスタートする。

さらに詳しく知るための参考文献

吉澤誠一郎『清朝と近代世界』、川島真『近代国家への模索』、石川禎浩『革命とナショナリズム』、久保亨『社会主義への挑戦』、高原明生・前田宏子『開発主義の時代へ』（岩波新書「シリーズ中国近現代史」、二〇一〇～続刊）……清末から中華民国までの歴史をたどった通史。現在、研究の最前線で活躍する、それぞれの時代を専門とする中堅の研究者が執筆を担当している。

杉山正明『遊牧民からみた世界史』（増補版、日経ビジネス人文庫、二〇一一）……中国を論じるとき忘れがちな遊牧民の視点から、中国、東ヨーロッパ、西アジアなどの地域を超えた「世界史」像の構築に挑んだ歴史書。大モンゴル帝国史については同じ著者の『モンゴル帝国の興亡』（上・下、講談社現代新書、一九九六）もある。

深町英夫『孫文――近代化の岐路』（岩波新書、二〇一六）……近代中国に大きな影響を与えた孫文について、多面的で複雑なその人物像を解きほぐしつつ、その生涯を追う。現在、孫文とその時代の研究の中心を担う研究者による意欲作。孫文の著作については、深町英夫編『孫文革命文集』（岩波文庫、二〇一一）がある。

山本真『近現代中国における社会と国家――福建省での革命、行政の制度化、戦時動員』（創土社、二〇一六）……福建省をフィールドに、国民党支配、革命、戦争といった近代中国の歴史的事件が人びとの生活のレベルにどう現れていたかを追った労作。政治的事件を並べただけでは理解できない中国史の動きに迫った意欲作である。

中村元哉『戦後中国の憲政実施と言論の自由　一九四五－四九』（東京大学出版会、二〇〇四）……「国共内戦」の影に隠れてしまいがちな中華民国憲法制定の過程とそこでのさまざまな立場の知識人の役割を追う。

深町英夫編『中国議会一〇〇年史――誰が誰を代表してきたのか』（東京大学出版会、二〇一五）……中華民国・中華人民共和国の政治史を、議会または議会的な合議体の歴史に視点を据えて見直した共同研究。

2 社会主義から改革開放へ

†新民主主義から急速な社会主義化へ

中国共産党にとっては中華人民共和国の成立はその統一戦線論（連合政府論）の実現であった。中華人民共和国の支配階級は「人民」である。つまり、労働者、農民、小資本家・民族資本家、知識人の階級連合である。それを中国共産党が指導する。その体制を象徴したのが、赤旗の上で四つの小さい星（「人民」を構成する四階級）が大きな一つの星（共産党）を囲むというデザインの「五星紅旗」である。なお、この「五星」を「漢族と四つの少数民族」と解釈するのは、「五族共和」を訴えた中華民国初期の五色旗（そしてそれを継承した「五族協和」の満州国の新五色旗）と混同した誤りである。

この「人民」を支配階級とする政治制度を「人民民主主義独裁」といった。ソ連では、労働者・農民のみを支配階級とする「プロレタリアート独裁」が行われていた。その「階級独裁」を行う範囲を「人民」にまで広げたのである。「人民」以外の大資本家や地主には「人民」に認められている政治的権利が認められない。また、この人民民主主義独裁の国家体制やその思想を「新民主主義」といった。議会制民主主義が「旧民主主義」で、そこからプロレタリアート独裁の社会主義に移行する途中の「新しい民主主義」という意味である。経済的にも社会主義と資本主義の共存（「公私兼顧」）が謳われた。「独裁から民主主義へ」ではなく「民主主義から独裁へ」では順序が逆と思うかも知れない。しかし、ここでは「議会制民主主義は資本家などの富裕階級の支配をもたらすので、それは古い体制であり、労働者・農民の「独裁」のほうが新しく、より民主的である」というマルクス-レーニン主義の価値観に留意する必要がある。

新民主主義はいずれはマルクス-レーニン主義的な意味での社会主義に移行するというのが共産党の構想であった。しかし、一九四九年の建国当初は、新民主主義の段階は短くても一五年とされ、相当長期間続くはずであった。

これを覆したのが朝鮮戦争である。一九五〇年末、米軍を主体とする国連軍が朝鮮（北朝鮮）-中国の国境まで迫るという事態に、毛沢東ら共産党指導部は「中国人民義勇軍」という形式での参戦を決意する。マルクス-レーニン主義を守る戦いというだけではない。戦いに敗れた北朝鮮（朝鮮民主主義人民共和国）政府が東北（マンチュリア、満州）に亡命し、それを通じてソ連の影響が中国領内に及ぶのを嫌ったとも言われている。この時期、中国指導部は「ソ連一辺倒」を掲げ、ソ連とは蜜月関係を演出していたが、実際にはソ連が中国に支配を拡大するのを強く警戒していたのである。

ヨーロッパでは冷戦が始まっていた。その下で、世界資本主義の中心国家アメリカと戦うとなると、国内で「資本主義との共存」などと言っていられる状況ではなくなる。しかも、経済復興が十分でない段階で苛酷な戦争を戦い抜くには、戦争に必要な資源を国家の下に集中し、効率的に分配する必要がある。社会主義的経済統制が必要になる。朝鮮戦争下で、資本家は厳しく監視されるようになり、私企業を共有企業にして資本を社会化しなければならなくなった。朝鮮戦争下で中国は社会主義へと大きく一歩を踏み出した。

しかも、一九五三年の朝鮮戦争の休戦は中国にとっては勝利であった。社会主義の勝利が喧伝された。戦争が終わったので新民主主義体制に復帰しようという構想は一蹴され、社会主義建設がピッチを上げて進められることになる。

この急速な社会主義化は、国民党支配よりも民主的な政治を求めて共産党を支持した人々の不満を招いた。そこで、毛沢東指導部は一九五六年に政府や共産党への批判を歓迎すると表明した（百花斉放百家争鳴）。この呼びかけに応えて、共産党が政権を独占していることへの不満が主としてリベラルな知識人から噴出した。すると、一九五七年、毛沢東指導部は、一転して共産党・政府を批判した人々に対する反対闘争を開始した（反右派闘争）。不満の表明を歓迎すると言ったのは、反共産党・反政府の「右派」をあぶり出すための計略だったというのである。ただ、毛沢東は最初から反対派を罠にかけるつもりだったのか、それとも、最初は本当に批判を歓迎するつもりだったが、出された批判があまりに激しかったので弾圧に転じたのか、よくわかっていない（前者の可能性が高い）。この事件は知識人に共産党に対する根強い不信を植え付けた。

†大躍進運動の失敗

この弾圧と同時に毛沢東指導部は大衆動員による急速な社会主義化運動を開始した。これを「大躍進運動」という。

毛沢東政治の特徴は、人民大衆に呼びかけて政治運動を展開することで政治的目標を達成する大衆動員にある。中華人民共和国成立前から毛沢東はこの大衆動員による政治運動を得意としていた。「毛主席が呼びかけているから」と人々が運動に立ち上がる。立ち上がらざるをえない雰囲気を作り出す。カリスマがあったからこそ採用できた方法だった。

この大躍進運動もそうだった。ほとんど空想的な生産増強をこの大衆動員で成し遂げようとしたのである。社会主義なので、ということで、食事は家庭で作らず共同食堂で食べることにし、余った鍋や釜を材料に工業用の鋼鉄を生産しようとした。それも、工場の高炉だけでなく、村々に伝統的な炉を大量に設置して、そこで鋼鉄を造ろうというのである。畑の収量を増加させるために、作物を深くぎっしりと植えさせた（深耕密植）。そうすると作物は深い土中の栄養を吸収し、互いの「闘争」を経て強い体質になって丈夫に育つというのである。農業の集団化は国民党時代から少しずつ進んでいたが、この時期、一挙に行政村レベルまで集団化のレベルを引き上げた（人民公社。なお「公社」は「コミューン」の訳）。互いに顔見知りである共同体のレベルを超えた農業の共同化が強行された。

結果は惨憺たるものだった。鍋や釜を材料にした村のしろうと製鋼では工業原料に使える鋼鉄は造れなかった。「深耕密植」で作物がまともに育つはずもなく、農業生産は壊滅した。しかも人民公社では悪平等主義がはびこった。生産の成果は労働量にかかわらず均等分配されたため、農民の生産意欲は減退した。しかも、目標を達成できないと毛沢東への裏切りと見なされる。それを恐れた地方幹部たちは実情とはかけ離れた威勢のいい報告を上げ続けた。それでますます大躍進運動の失敗への対応が遅れた。一九五九年からの三年間、大規模な災害が続いた。天候上の要因もあっただろうが、基本的には大躍進政策の失敗による農業生産の減退と、その結果としての飢饉だった。

なお、大躍進運動で急速な社会主義化と生産増強を急いだ背景には、ソ連との緊張の高まりがあったと見られる。朝鮮戦争の時期にも中国は水面下でソ連を強く警戒していたが、一九五〇年代半ばまではそれが表面化することはなかった。しかし、ソ連にフルシチョフ指導部が成立し、アメリカとの「平和共存」を志向するようになると、中ソ対立は表面化した。毛沢東は、アメリカ・ソ連双方との「二正面作戦」を展開しなければならない事態を想定して、社会主義の完成とソ連からの経済的自立を急ぎ、大躍進運動を展開したのであろう。

†調整政策から文化大革命へ

実質的に大躍進の失敗の責任をとって、毛沢東は国家主席を退いた。後任は、これまで毛沢東を忠実に支持してきた劉少奇《りゅうしょうき》だった。鄧小平《とうしょうへい》が劉少奇を補佐した。

劉少奇・鄧小平指導部は、大躍進期の生産の壊滅の原因を「何でも均等分配」の制度にあると考え、一部に個人経営の畑（「自留地」という）を復活させた。自留地では努力した成果が自分に返ってくる。農民は自留地での生産に励み、農業生産は回復の方向へ向かった。この自留地政策を含め、大衆動員による急進的社会主義政策の推進を緩和し、一部に市場主義を採り入れたこの政策を調整政策という。調整政策は次の文化大革命時代には激しく批判されたが、後の時代から見ると、改革開放政策の先駆けと評価することができる。

しかし毛沢東はこの調整政策に不満で、国家主席勇退後それほど経たないうちから反撃を開始する。一九六六年、毛沢東は劉少奇・鄧小平指導部批判の大衆運動を起こすよう呼びかけた。毛沢東が得意とする大衆動員である。これに、全国の大学生などの若者が応じて立ち上がった。毛沢東の呼びかけに応じて立ち上がった若者たちは「紅衛兵《こうえいへい》」（赤い衛兵）と名のった。紅衛兵たちは集団になって、中国文化に残る古い要素を一掃するのだと称して各地の文化財を破壊し、また掠奪した。作家や芸術家・研究者などの知識人も「資本家階級的な知識を広めている」として迫害した。党や政府の最高幹部にも「毛主席に反対している」と言いがかりをつけて激しい迫害を行った。集団内部での「武闘」も繰り返された。この運動を「プロレタリア文化大革命」、略して「文化大革命」「文革」という。実際には中国文化に対する大破壊で、多くの文化財と人命が失われた。学術研究は停滞した。大学での専門教育も行えず、学生生活は政治闘争に明け暮れたため、文化大革命期に大学生の年頃を迎えた世代は後々まで専門知識の欠如に悩まされることになる。この「紅衛兵世代」はこの本が出版される時期に七〇歳ぐらいの年代である。

劉少奇・鄧小平ともにまもなく失脚し、劉少奇は紅衛兵の迫害で悲惨な死を遂げ、鄧小平も監視下の生活を強いられた。劉少奇・鄧小平に連なる指導者も紅衛兵運動で次々に失脚し、共産党組織は壊滅的打撃を受けた。劉少奇・鄧小平の失脚を見届けると、毛沢東は紅衛兵運動にも引導を渡した。青年たちは農村などに移住させられそこでの労働に従事させられた（「下放《かほう》」）。

共産党組織は弱体化し、紅衛兵運動も打ち切られて、中国国家を支える存在として軍（人民解放軍）が存在感を増す。この軍と、周恩来の率いる国務院の官僚と、文革の中で成り上がった毛沢東の側近たちとが、一九六〇年代末からの中国の指導層になる。官僚と軍とが支えているからすぐには崩壊はしないが、不安定で脆弱な体制であるには違いない。

文化大革命はこれまで以上に急進的な社会主義運動だった。中国では、この時点で、工業資本は国有化または公有化され、農業も人民公社政策で高度なレベルで集団化されていた。資本主義は社会的基盤を失っているはずだ。それなのになぜ理想的な社会主義に移行しないのか。それは古い文化が足を引っぱっているからだ。だから、資本主義以前の文化を徹底的に打倒せよ、というわけである。

毛沢東はなぜ文化大革命を始めたのだろうか。政治権力を奪われ、共産党幹部の中では次第に時代遅れ扱いされ始めたことへの焦りからだろうか。それはあるだろう。調整政策が毛沢東自身の社会主義思想と相容れなかったこともあるには違いない。しかし、具体的なことはなお不明だが、背後にはやはり対ソ戦略があったと見るべきだろう。ソ連と戦争になったとき、その戦争に勝てる国家をどう作るか。「ソ連とは別の道」を追求しようとしない劉少奇・鄧小平の指導部ではそれは作れない。やはり自分が主導権を握るしかないと毛沢東は考えたのであろう。だとすると、必要以上に国内を混乱させる紅衛兵運動を早期に終結させた事情も理解できよう。

一九七〇年代の中国はソ連を脅威として認識し続けた。中国は、次に述べる米中・日中国交樹立の過程で「反覇権」を相手国に認めさせようとした。ここでいう「覇権」とはもっぱらソ連のことであった。デタント（米ソ緊張緩和）期のこととて、中国の「反覇権＝反ソ連」の主張の厳しさに、資本主義国の日米が戸惑うという一幕もあったほどである。

†米中・日中国交の樹立

ところで、毛沢東時代は、第一に「社会主義の時代」であり、第二に「貧しい時代」であるという印象が強い。中国は社会主義の看板を下ろしたことはない（新民主主義は社会主義へ移行する前段階という位置づけ）から、公式の立場からは現在も「社会主義の時代」には違いないのだが、現在の中国社会は資本主義国よりも資本主義的な社会になっている。それに対して、毛沢東時代は、人民公社の「何でも均分」主義に見られるように、社会全体が社会主義的だった。そして貧しかった。よほどの特権階級以外は一週間に一度肉が食えればいいほうというのが普通だった。毛沢東時代の中国の社会主義は「貧しさを分かち合う社会主義」と言われた。

しかし毛沢東時代の社会主義が「貧しさ」を目標にしていたわけではない。貧しさよりも平等を優先したというわけでも必ずしもない。毛沢東の理解によれば、社会がより平等になり、社会主義が進めば進むほど、生産力は増強され、社会は豊かになるはずだった。身分制度や資本主義は人間の可能性を制約している。平等になれば、人間はその制約から逃れて、より生産力を高めることができ、理想的な豊かな社会が実現できる。このような発想はもともとマルクス主義自体に内在している。毛沢東の理想社会論は、それと中国伝統の理想とがない交ぜになってできたものだろう。

したがって、一九六〇年代末の中国社会の貧しさは、毛沢東にとって歓迎すべきものではなかった。アメリカとソ連の両方と「二正面作戦」を戦うことの無理も毛沢東は理解していたようだ。一九六〇年代末には、毛沢東や、行政を指導する官僚たちのまとめ役を務めていた周恩来は、中国の近代化の立ち後れを深刻に受け止めるようになっていた。また、軍の指導者たちも、当時の中国軍の近代化の後れに危機感を募らせていたと思われる。

一九六九年にはソ連との軍事衝突が起こり、ソ連との戦争の危機が高まると、毛沢東は、アメリカと手を組むことでソ連に対抗することを決断する。

アメリカは資本主義であり、中国は社会主義だという違いは、互いの国家体制に干渉しないという原則を立てれば共存可能だ。従来、アメリカと敵対しなければならなかったのは、アメリカが台湾を支持し、軍事的にも支援しているからだった。そこで発想を転換する。アメリカが台湾を支持しないのであれば、アメリカと手を組むことも可能だと。

アメリカはベトナム戦争の打開に手間取っており、中国との関係改善を望んでいた。両者の思惑が一致し、一九七一年、アメリカのキッシンジャー国務長官が中国を訪問、翌年にはニクソン大統領が中国を訪問し、中国との国交樹立を果たした（なお、アメリカと中国の正式の国交樹立は一九七九年）。一九七二年には、アメリカとの国交樹立に続いて、日本との「国交正常化」も果たされた。

†文化大革命の終結

文化大革命は、生産の場だけではなく、文化の上からも資本主義を追放しようとする運動である。しかし、文革期の毛沢東指導部はその資本主義の中心国家アメリカと手を組んだ。しかも、アメリカとの国交樹立に続いて、資本主義国から資本を導入して、工業・農業・国防・科学技術の近代化（「四つの近代化」）を推進しようとする。指導部の立場から言うと、これはすべて中国を豊かにし、その安全をより確実にするための政策で、矛盾はしない。それでも近代化を優先するのか、社会主義化を優先するのかは対立点になりうる。そして実際に対立は起こった。

一九七〇年代、周恩来は失脚していた鄧小平を復活させて近代化政策の担い手に据えた。文革の中で成り上がり、党運営にも政治にも経験のない毛沢東側近グループはこれに危機感を感じた。これまで、周恩来は毛沢東と対立することを極力回避してきたし、毛沢東も周恩来に攻撃の矛先を向けないようにしていた。毛沢東の考えを理解し、しかも毛沢東の不得手な行政や外交をコントロールできる人物として、周恩来は他の誰とも取り替えの利かない人物だった。

毛沢東は、中華人民共和国樹立後、困難にぶつかるたびに国民党との内戦や抗日戦争をともに戦ってきた盟友たちを次々に切り捨てて困難を乗り切ってきたが、周恩来に対してはそれができなかった。だが、毛沢東側近の周恩来攻撃に乗って、ついに毛沢東は周恩来に攻撃を向けようとした。

だが時間切れだった。一九七六年、まず周恩来が死去する。毛沢東側近グループはこれに乗じて鄧小平を再び失脚させる（第一次天安門事件）。しかし、この年の九月、周恩来の後を追うように毛沢東も死去した。毛沢東を唯一の支えにしてきた側近グループは毛沢東を失って内部分裂した。華国鋒をリーダーとする側近グループの穏健派が、「四人組」と呼ばれた強硬派（毛沢東の晩年の妻江青を含む）を逮捕し失脚させることで文化大革命は終結する。

毛沢東側近グループ穏健派では政治を切り盛りできなかった。そこで早速またも鄧小平を復活させる。鄧小平は復活後いきなり華国鋒に次ぐナンバー2の地位についた。日中戦争前から共産党の指導部で活動してきた鄧小平と、文化大革命に乗じて成り上がった華国鋒とでは、政治家としての経験と実力の差は歴然としている。政権の主導権は鄧小平に移った。

まだ形式的には華国鋒指導部を支える立場にあった時期に、鄧小平が主導して導入したのが改革開放政策であった。

†鄧小平から江沢民へ

鄧小平は文化大革命中は「資本主義に向かう者（走資派）」として迫害されていた。この規定自体はまちがいではなかった。むしろそう非難した側がまちがっていた。結局は資本主義大国アメリカと手を組み、資本主義経済の方法を導入しなければならなくなったのである。社会をより社会主義的にしたほうが生産力が上がるなどということはなかった。社会を豊かにするためには、個人の利潤追求を肯定し、創意工夫や努力が報われる社会にしなければならない。

ただ、改革開放政策は、遠大な見通しがあって採用された政策というよりは、文化大革命で生産が停滞し経済が沈滞する状況を何とか打開するために採用された政策という性格が強いだろう。大躍進の失敗からの回復のために調整政策を採用した。それをもっと大規模に実施してみよう。不都合が出れば引き返せばよい、という実験的性格があった。

中国共産党体制も、当然ながら、資本主義の運営には慣れていなかった。改革開放初期の高揚感も手伝って、一九八〇年代前半には経済が過熱し、八〇年代半ばに引き締めに転じたところ、それが政治への不満とも連動して民主化運動が盛り上がった。鄧小平は、改革開放政策の推進者の一人であった胡耀邦を切り捨てる一方で、「社会主義初級段階論」を提起して市場経済の役割を認め、改革開放政策を促進した。そこでまた同じサイクルが繰り返される。経済が過熱し、引き締めに転じるとその不満が民主化要求と結びついて民主化運動が高揚するのである。その結果が、一九八九年、民主化を求める学生・市民を軍を用いて弾圧した第二次天安門事件であった。鄧小平は民主化運動の要求を全面的に拒否しながら、しかし改革開放政策は停止しなかった。

第二次天安門事件後、西側からの経済制裁で改革開放政策は危機に陥っていたし、改革派が失脚した指導部内部でも改革開放政策を続けることへの抵抗は強かった。しかし、鄧小平は、逆に「社会主義にも市場経済はある」という「社会主義市場経済論」を提起して、改革開放政策をさらに加速したのである。

この方針は江沢民・朱鎔基《しゆようき》指導部によって継承された。江沢民時代に中国は天安門事件後の沈滞を抜け出してめざましい経済発展を始めた。中国はＷＴＯ（世界貿易機関）に加盟し、株式市場も開設されて、中国株が国際経済社会から注目されるようになった。

ところで、鄧小平は毛沢東に続く「中国の最高指導者」とされるけれど、軍のトップである共産党中央軍事委員会主席を除いて「最高」の地位にはつかなかった。鄧小平は地位や職を超越した立場からその指導力を発揮したのである。文化大革命は共産党と政府の指導系統を混乱させていた。鄧小平は、それを再生させると同時に新しい時代に適合した指導体制を作り上げた。鄧小平は、同世代の政治家（李先念、楊尚昆《ようしようこん》）を国家主席に就任させた。また、毛沢東のイメージが強すぎる共産党主席の地位は廃止して、新たに総書記（日本語で言う「書記長」にあたる）を置き、これには改革派に属する腹心の胡耀邦や趙紫陽《ちょうしよう》を就任させた。もっとも、胡耀邦は一九八六年の民主化運動、趙紫陽は一九八九年の民主化運動への対処を誤ったとして失脚している。

最終的に鄧小平が選んだ後継者は江沢民だった。毛沢東は国家主席を退いても文化大革命で劉少奇‐鄧小平指導部を打倒するだけの権威を持っていたし、鄧小平も国家や党のトップを超える権力を持っていた。しかし、上海の地方指導者に過ぎなかった江沢民には、毛沢東と鄧小平が持っていた一九四九年革命以前からの革命指導者という権威はない。

そこで、鄧小平は、江沢民に、共産党総書記と国家主席と党中央軍事委員会主席を兼任させた。党・国家・軍のトップを一身で兼任するのである。それ以来、この三つの職位を兼任することが中国の最高指導者の条件となった。毛沢東や自分のようなカリスマを持たない後継者のために、最高指導者の条件を確定しておいたのである。なお、最高指導者は行政のトップである国務院総理は兼任せず、国務院総理には党内ナンバー2が就任することも慣行となった（江沢民に対しては一九九三年より朱鎔基が就任。以後、胡錦濤体制では温家宝、習近平体制では李克強）。また、最高指導者は党中央軍事委員会主席を兼任しなければその権威に欠けるとされるが、では党中央軍事委員会主席さえ握っていれば最高指導者でいられるかというと、そういうわけでもない。

この点は北朝鮮の「先軍体制」と違っている。

一九九七年に鄧小平が亡くなる。江沢民‐朱鎔基政権は、鄧小平の遺した改革開放政策を継承し、二〇〇一年にはWTOへの加盟にこぎ着けた。二〇〇二年、江沢民は「三つの代表」理論を打ち出して、共産党を労働者・農民の代表とする伝統的な理論と訣別した。「三つの代表」とは、共産党は①中国の先進的な社会生産力の発展の要求、②中国の先進的な文化の前進の方向、③中国の最も広範な人民の根本的利益の三つを常に代表していなければならない、とするものである。ここでの「人民」はもはや「労働者、農民、小資本家・民族資本家、知識人」の階級連合体ではない。中国共産党は、労働者とか資本家とかいう階級区分にこだわらず、経済発展する中国全体の代表になると宣言したわけである。この「三つの代表」理論は、マルクス‐レーニン主義、毛沢東思想、鄧小平理論（改革開放）とともに中国共産党が基本とする重要理論に加えられている。

†民主化と「法の支配」

経済発展がある段階まで進み、生活の余裕がある中間層が大量に登場すると、国家制度は民主化してその中間層の期待に応えなければならないはずだという考え方がある。一九世紀のイギリスや一九世紀から二〇世紀にかけての日本、第二次大戦後はラテンアメリカや韓国、台湾などの政治発展で実証されたはずのこの常識にも鄧小平は挑戦した。経済発展を通じて国民に満足感を与え続けていれば、政治体制を急速に民主化する必要はない、むしろ急速な民主化は社会を不安定にし国家を危機に陥れる。それが鄧小平の信念だった。改革開放政策の進展で経済がほとんど資本主義経済と変わらないものに変化した中国で、なお「社会主義」（マルクス‐レーニン主義）的なものが政治面での「共産党の指導」の堅持であった。

江沢民の時期にも議会制民主主義に近づくという意味での政治の民主化は進められなかった。現在に至るまで進められていない。ただ、それでも「選挙に基づく政治」は少しずつ導入されている。

中国では、都市の区や農村の郷以上の行政単位より上はそれぞれの人民代表大会を持ち、それより下の、日本の「自治会」にあたるレベルには都市には居民委員会、農村には村民委員会という自治組織が置かれている。この居民委員会・村民委員会の選挙については、江沢民時代に自由選挙が始まった。最初は試行的に行われているのみだったが、現在は自由選挙が原則になっている。

また、人民代表大会の議員にあたる人民代表は、その末端の地方行政組織（郷、県など）のみ直接選挙で、それ以上の組織は下の級の人民代表の互選で人民代表が選ばれる。その人民代表大会の一番上の組織が全国人民代表大会である。人民代表の選挙はかつては共産党がコントロールしていたが、現在はいろいろと制限はあるが「独立候補」といって共産党とは無関係の候補も立候補できるようになっている。かつての全国人民代表大会は「ゴム印」などと言われ、国家指導者たちの演説を長々と聴かされて拍手して議案を全会一致で可決するだけの会議だったが、現在は様々な立場からの議論が行われ、反対票も投じることのできる会議になり、西側でイメージする「議会」に少しは近くなった。

私たち西側の選挙に慣れた者の目から見ると、村民委員会・居民委員会から人民代表まで、選挙に地方の共産党組織が介入することも多く、公正に行われているとは言えない面がある。しかし、共産党も人民代表候補の選出にはなるべく選挙民の支持を得られる候補者を選出する傾向が強く、選挙にまったく民主的コントロールが効いていないわけでもない。

また、中国共産党体制は「党の指導」が「法の支配」より優越する体制だが、近年、いわゆる人権派弁護士らの粘り強い活動で「法の支配」の実質も少しずつ強まりつつある。背景には急速な経済発展がもたらした社会の変化がある。都市の再開発は在来の都市住民の居場所を奪い、工場では労働争議が多発する。「みんな革命の同志ではないか」と説得し、説得を聞かなかったほうを「反革命」として断罪する、などという方法では解決ができなくなってしまった。

地元の党や政府の幹部は地元企業などと癒着している場合も多いので、これらの問題の解決を求めて、地元の人々は北京の上級組織に請願を行うとともに、法的手段で党や政府に対抗しようとする。それを支援する法律家や市民の組織も徐々に力をつけてきて、共産党や政府の指導部もこれらの動きを無視できなくなっている。ただし、「法の支配」が「党の指導」にとって代わったわけではまったくないし、「司法の独立」も保障されていない。「社会主義」国家中国では、司法もまた「党の指導」の下にある。こういうところは「社会主義」らしさを手放していない。したがって人権派の法律家の活動はしばしば苦境に立たされる。中国での「法の支配」への動きはまだ「始まったばかり」の段階と言っていいだろう。

†高揚する中国ナショナリズム

江沢民は中国ナショナリズムの高揚を図ったとされる。鄧小平時代の末期、とくに天安門事件後から、社会主義（マルクス - レーニン主義、毛沢東思想）がもはや国民統合の指導思想にならない状況で、代わりに中国国民を統合するシンボルとしてナショナリズムが強調されるようになった。

ただ、ここで付け加えておきたいことの一つは、「社会主義かナショナリズムか」の二者択一ではないということである。毛沢東時代や天安門事件頃までの鄧小平時代の中国でも、ナショナリズムは、社会でも教育でも強調されていた。ただし、その時代の「ナショナリズム」は「社会主義中国」へのナショナリズムだった。王朝は人民を抑圧する制度として否定的に評価され、高く評価されるのは王朝の下で例外的に人民の立場を擁護した人物だけだった。国民党も基本的に否定的に評価され、国民党員でも国民党中央に反抗して国共合作に積極的な態度をとった人物だけが肯定的に評価されていた。

現在はそうではない。王朝時代の中国は中国の輝かしい歴史の担い手とされるし、国民党でも、抗日戦争期に明らかに親日的な態度をとった人物などは別にすると、その指導者たちは基本的に肯定的に評価されている（ただし反共思想や反共政策はやはり非難される）。とくに評価の反転が著しいのが蔣介石で、一九八〇年代までは一方的に否定的に評価されていたが、現在では抗日戦の指導者として高い評価を与えられるようになっている。また、孔子は、一九八〇年代までは中国の「封建性」と停滞をもたらした張本人として否定的に評価されてきたが、現在では平和な変革者・秩序構想者として肯定的に高く評価されるようになっている。

また、日本から見ると現在の中国ナショナリズムはもっぱら「反日ナショナリズム」のように見えるが、そうでもない。確かに、二〇一五年の抗日戦争・反ファシズム戦争七〇周年記念パレードを見ても、日本をとくにナショナリズムの標的にしているような面もある。しかし、二〇〇一年の海南島での米軍機と中国軍機の衝突事件ではアメリカが標的になっているし、歴史上の事件でも、アヘン戦争や第二次アヘン戦争（アロー戦争）も欧米の侵略行為が非難の対象になっている。

近代より前の歴史を肯定的に扱うようになったのは冷戦後の世界で普遍的に見られる現象で、中国に限ったことではない。たとえば、社会主義時代のモンゴルではチンギス・ハンは抑圧者として否定的に評価されていたが、現在は民族の英雄として扱われている。また、イラン・イスラーム体制ではイスラーム以前のハカーマニシュ（アカイメネス）王朝は否定的に見られていたが、現在では輝かしい歴史と見られているという。そういう点では、中国でのナショナリズムの高まりだけを特別視する必要はない。しかし、中国の世界への影響力や、日本との関係の深さを考えれば、「世界のどこでも起こっている現象だ」として軽く見過ぎるのも良くないだろう。さらに、その反日ナショナリズムが高いはずの中国から数多くの観光客が日本を訪れている。「反日感情」は強いかもしれないが、「日本ファン」もまた多いのである。私たちは、冷静に、そして様々な面から中国の「ナショナリズム」の動きを観察し、対処する必要がある。

†一〇〇年の課題は克服されたか

一君万民体制で身分差のない社会であるはずが貧富の格差が拡大したこと、中央集権体制の行き詰まり、そして漢族が主導する国家なのに満州族が皇帝でいることへの反発などから、中国の皇帝体制は倒された。では、皇帝体制を崩壊に追い込んだ問題は解決されたのだろうか？

貧富の格差の拡大については、中国はこの一〇〇年でドラマチックな変革を経験した。中華民国の下ではこの問題はほとんど解決されなかった。抗日戦争で中国社会は深刻な打撃を受け、貧富の格差を支えていた構造が崩れる。それに乗じて中国共産党が強力な権力で階級構造の破壊を進め、貧富の格差の問題を解決した。文化大革命期にはすべての人が平等になる「共産主義社会」の実現寸前とまで思われた。

だがその実態は「貧しさを分かち合う社会主義」だった。中国の一般の人たちだけでなく、指導者層もその現実には満足しなかった。そこで改革開放政策で「豊かになれる人から豊かになろう」(「先富起来」)という方針が採用された。ことに一九九〇年代の社会主義市場経済の採用以来、再び急速に貧富の差は拡大した。現在では、貧富の格差の指標である「ジニ係数」では社会が不安定化する危険があるとされるところまで格差は拡大している。

なお、共産党政権が貧富の格差拡大に対して何もしなかったわけではない。貧困地域を豊かな地域が支援する制度など、様々な対策は講じようとしている。しかし、巨大な中国社会の動きは、共産党政権の強大な権力をもってしてもコントロールしきれない面があるのである。

また、皇帝の下にすべての権力が集中するシステムへの不満が一九一一年の革命を引き起こした。そこで中華民国初期には大総統への権力集中を阻止する民主的な制度が作られた。しかし、それは十分に機能せず、その直後から袁世凱による政治権力集中の動きが始まっている。国民党も、孫文の思想を受け継ぐとしながら、孫文の思想にあった民主的な制度の実現には消極的で、集権的な面ばかりを強調して一党独裁を推進した。一九四六年の憲法制定（翌年施行）で独裁体制は否定されたが、それでも国民党内には国民党の特別な地位へのこだわりが強く残った。

一九四九年、国民党の強権的な政治姿勢は、マルクス‐レーニン主義を奉じない人々の間にも共産党への期待を高めた。これらの人々が共産党に求めたのは、マルクス‐レーニン主義の実現ではなく、世論を反映するリベラルな政治だったはずである。しかし共産党は国民党以上の独裁制度を生み出した。

その共産党の支配下でも、民主化と「法の支配」を求める運動は粘り強く続けられている。この一〇〇年の歴史は、制度だけ民主的にしても巨大な中国社会を相手にしては機能しないことを教えるとともに、民主主義や「法の支配」を求める動きも抑圧しきれないことも教えている。

多民族の共存も難しい問題である。この改革開放政策で豊かになるチャンスにより恵まれたのは、基本的には沿海部など好条件を持った地域の人たちで、内陸部の多くの地域は発展から取り残された。少数民族の居住地域はこの発展から取り残された地域に重なる。そこで少数民族にはそのことへの不満が蓄積するし、その結果、分離独立などの運動が公然・非公然に起こされるようになると、それへの抑圧がさらに不満を蓄積させる。悪循環である。

†習近平体制下の動き

中国の経済発展は、「高度成長」の時期を終わり、これまでに比べて低成長の時期にさしかかった。年に六～七パーセントの成長をしているというのだから、日本経済の現状から見れば、それのどこが「低成長」なのかと思わないでもない。しかし、日本の高度成長期の終わりと比べても、今の中国では巨大な貧富の格差の問題が解決されずに残っている。この事態は、経済の規模があまり拡大しない中で貧困を解決しなければならないという困難な課題を指導部に突きつけている。

これを引き受けたのが習近平指導部である。

習近平は、高度成長後の経済のあり方として「新常態」という持続的な発展を可能とする経済を打ち出すとともに、積極的な反腐敗キャンペーンで国民の共産党への不満に応えようとしている。

中国では長年贈収賄が半ば制度化されていた。王朝時代からそうだったし、一九八六年と一九八九年の民主化運動が激化したのも指導部全般に蔓延する腐敗への怒りが大きな原因だった。その怒りは高度成長の実現とともに大きな政治運動に発展しない状態になっていたが、習近平指導部は「低成長が当たり前の社会」（新常態）実現の前提として「大きな腐敗も小さな腐敗も許さない」というキャンペーンを実施するようになった。そして、従来の腐敗防止キャンペーンでは事実上対象にならなかった高級幹部まで対象にするようになった。もちろん、腐敗防止は、腐敗を口実に政敵を失脚させるチャンスでもあり、そのような「腐敗防止」は従来も行われてきた。習近平のキャンペーンにもそういう性格はある。しかし習近平の腐敗防止はこれまでになく徹底したものである。指導部への並々ならぬ敵意を共産党内部に生み出しかねないくらいの激しさで実行されている。しかし、それをやめれば、経済成長の鈍化とともに国民の不満は指導部に向かう。党内の不満を抑圧してでも国民の共産党体制への支持をつなぎ止める道を習近平は選んだのである。

また、先に述べた人権派の活動家や、香港で体制批判的な書物を出版した書店主が相次いで失踪するという事件があり、学術への監視も強めるなど、自由や民主主義を求める運動への抑圧も強めつつある。これは、腐敗防止で指導部に対して起こる不満が民主化運動に結びつくことを警戒するとともに、中国が低成長のまま生き残るためには体制批判をコントロール可能にしておきたいという意図を持つものでもあるのだろう。だが、習近平の抑圧政策によって、民主化や「法の支配」を求める動きが沈黙してしまうかというと、そうはなりそうもない。

習近平の政治には「賭け」の要素が多分に含まれている。それが成功するかどうかは、現状ではほとんど見通すことができない。その中で、私たち日本に暮らす者としてそれがどうなったら望ましいのか、その望ましい結果を導くために私たちはどうすればいいのかを考え続けていく必要がある。

さらに詳しく知るための参考文献

毛里和子『現代中国政治――グローバル・パワーの肖像』(第三版、名古屋大学出版会、二〇一二)……現代中国政治研究の第一人者が、中国がまだ「竹のカーテン」の向こうにあって実態が十分につかめない時代から書き継いできた基本書の第三版。基本書でありながら、随所に専門的な知見が反映されている必読書である。

天児慧編『超大国・中国のゆくえ』(東京大学出版会、二〇一五〜続刊、全五巻)……二〇一五年、習近平政権の下でめまぐるしく変化する中国の実情を踏まえて五つのテーマ(文明観と歴史認識、外交と国際秩序、共産党とガバナンス、経済大国化の軋みとインパクト、勃興する「民」)を設定し、それぞれの分野の第一人者が二人ずつ組となって論じるシリーズ。

阿古智子『貧者を喰らう国――中国格差社会からの警告』(増補新版、新潮選書、二〇一四)……中国の「格差社会」の実態を、現地からの報告と学術的な分析の双方から解き明かす。中国論にとどまらず「貧困と国家」「貧困と社会」の問題を考える上でも有益。

富坂聰『習近平の闘い――中国共産党の転換期』(角川新書、二〇一五)……強力に進められる反腐敗キャンペーンほか、中国政治のあり方を急速に変えようとしている習近平政権の実情に迫る。同じ著者の『風水師が食い尽くす中国共産党』(角川新書、二〇一六)はその習近平のキャンペーンで追い詰められる「汚職幹部」の側の一面を描いている。

第二章　現代中国の諸相

1　文学

鈴木将久

†複雑な事態に言葉が追いつかない

「中国を理解する」ことは非常に難しい。

たとえば、少し前に話題になったことに「爆買い」という現象がある。中国の人たちが日本へやってきて、様々な物を大量に買うという現象である。あまり知られていないかもしれないが、爆買いをする人たちは、中国国内では成功したお金持ちである。その人たちが日本に来て、ウォシュレットやら何やらを大量に買って行く。

私は文学を研究しているから、爆買いをする人たちの精神構造はどうなっているのかと考える。しかしなかなか想像がつかない。爆買いが話題になったとき、テレビや新聞などで様々な解説があった。日本製品が優れているから買っていくという説明は、事象の説明としては納得できるけれど、「爆」と言われるほど過剰に購入する精神のあり方までは説明できていない。

では中国の人たちは自らの行動を解説できるのかというと、実はそうでもない。中国の人が、自分たちが爆買いするときの精神構造についてわかりやすく話してくれればいいのだが、そういうコメントはほぼ見当たらない。中国で成功した人たちが、日本に行って便器を買ってきた。これはむしろ、中国国内の人にとって、とても衝撃的なことである。その衝撃に打ちひしがれているように、私には思える。

おそらく、今、中国の人たちの精神状況は大きな混乱をきたしているのではないか。社会主義時代にはある種の秩序があった。「人間はこうするべきである」という一つの基準があった。今では、社会主義時代の基準は、人間性を抑圧するものとされて、信じる人はほとんどいなくなっている。ところが、それが急速に崩れたあと、新たな基準、「こうするべきだ」という秩序が打ち立てられていない。そういうことなのではないか。

文学の問題に引きつけて言うならば、彼らは、今、言語・言葉によって明確に自己を表現できない状況にあるのではないか。あまりにも事態が複雑で混乱しているため、言葉が追いつかない状況にあるのではないか。私はそう感じている。

そういうときこそ文学の出番である。

文学には様々な読み方があり、正解があるわけではない。文学は、明晰な言葉によっては説明できない、ぼんやりとした空気のようなものを、物語、虚構、フィクションの力によって、逆説的ながら、ぼんやりと読み手に感じ取らせることができる。そこにこそ文学の力がある。そのような観点から、最近の中国文学で私が面白いと思うものを紹介したいと思う。

ここでとくに紹介したいと思っているのは、農村に関する文学である。

今の中国に生きる人々の精神構造は大きな混乱に直面している。その中でもわかりづらいのが農村の問題である。

†現れてきた「三農問題」

中国の農村が大きな問題を抱えていることは日本にもある程度伝わっているだろう。中国の人たちにとってもある種の共通認識になっていて、これを中国では三農問題といっている。農業・農村・農民で「三農」である。農業というのは生業としての農業生産で、農村というのは自然環境や政治秩序、農民というのはそこに住んで農業に従事している一人一人の人間のことである。これら三つをめぐる問題はそれぞれ違うが、相互に連関しており、一つの問題を解決するには他の問題も同時に解決しなければならない。そのため、「三農問題」とひとまとめにして呼ぶのである。

二〇〇〇年に、ある農村の共産党書記であった李昌平が当時の首相であった朱鎔基に手紙を書いた。それが、三農問題が問題として認識されたきっかけだと言われている。比較的新しい言葉なのである。それ以前から、みんな茫漠と「中国の農村は大変だ」と思ってはいた。しかし、それを表現する言葉がなければはっきりと自覚できない。そこに出て来たのが「三農問題」という言葉だった。

三農問題という言葉が現れて以来、様々な問題が出てきた。たとえば農村の行政権の問題がある。これもあまり知られていないことだが、中国の村長は多くの場合、選挙で選ばれる。もちろん限定がつくこともあるが、一定程度は自由な選挙が行われている。ところが実質的な選挙をやると、汚職がはびこる場合もある。村民の声を充分にすくいあげて、誰もが満足できる政治を行うことは、決して容易ではない。そういう広い意味での「民主」を含む政治制度にまつわる問題がある。食糧安全の問題もある。中国の農業生産品に「毒」が多いことは日本でも知られているが、これは中国の人たちにとってはさらに死活的問題だ。日本に住む人は中国産のものを食べなければいいわけだが、彼らにはそういう選択肢はほとんどない。それ以外にも農業の生産力維持、農村の教育など様々な問題がある。

ところで、農村の問題を語っているのはほとんど都市の人たちである。自分は都市にいて、都市の外にある中国の農村を何とかしなければいけないと思っている。よく言われることだが、中国の都市と農村は、別の国ではないかというほど距離がある。彼らは離れたところから農村について語っていることになる。ところが、見過ごせないのは、そのような都市の人たちも、ほとんどが、農村出身なことである。

†家、畑、市場で完結していた生活

では、中国の農村はどのような場所なのか。私は、二年前、中国の農村を自分の目で見て、一週間近くそこで寝泊りするという非常に得がたい経験をすることができた。ある友人が、「僕の故郷を見せてあげよう」と言って、彼の両親が住んでいる山東省の農村に連れて行ってくれたのである。彼は実は北京のトップエリートなのだが、幼少時は農村で暮らした経験を持っている。だから、農村は、都市の人にとって距離感のある問題でもあり、自分の生まれ故郷の問題でもある。今は都市で違う生活を送っているけれども、決して他人事ではない。ここに、中国の問題の複雑さがある。

私の訪れたその村はなかなか美しかった。すぐ近くに山があり、村の周りは丘陵になっていて、丘陵に段々畑がある。ただ決して豊かではない。水田はなく、主たる生産物の一つはトウモロコシであった。日本に輸出しているそうだが、最近は日本人が買ってくれないから安くなったと、冗談交じりで愚痴を言われた。そのトウモロコシや小麦などの作物が段々畑で作られている。

彼の実家の家には中庭があり、そこに自家用に野菜を植えている。日本と違って、家屋は木造ではない。中国には木造住宅はほとんどなく、基本的にレンガ造りである。お手洗いは中庭の一角にあって、人の排泄物を溜めている。肥料になるからである。昔ながらの生活スタイルが残っている。最近では泥棒が増えてきているため、どこの家も頑丈な門を作る。ガスレンジもあるがあまり使っておらず、昔ながらの釜でご飯を作っている。食べ物は非常に新鮮で、美味しかった。

生活用品が必要になったときには、市場へ買い物に行く。五日に一回、近くの集落に市場が出る。そこまで歩いて行く。山を一つ越え、歩いて三〇分ぐらいだった。市場には肉屋や洋服屋、金物屋などいろいろな店が出る。市場へ買い物に行く人がいる一方で、そこに店を出す人もいる。彼らは市場に自分の農産物・畜産物を持っていき、それを売ったお金で必要な物を買って帰る。家と、畑と、市場と、基本的には、歩いて行ける範囲内で生活が完結する。以前の農村では、中学校ぐらいまではこの徒歩圏の範囲内にあったという。高校になると離れたところに出て行くが、かつては農村の人が大学に行くことはほとんどなかったので、高校を卒業するとまた村に帰ってきた。私はその圏内を歩くことで、農村の生活の感覚を実体験できたわけである。

†社会主義時代の価値観をマジック・リアリズムで語る莫言

その農村のあり方を踏まえて、ここから現代中国の作家を何人か紹介していきたい。

莫言《ばくげん》は、二〇一二年にノーベル文学賞を取ったことで世界的に有名になった。日本では村上春樹の受賞が期待されていたので、「中国の作家に取られてしまった」という悔しい思いをした人が多かったようだ。ともあれ彼は優れた農村小説の書き手である。山東省に生まれ、一九七六年に人民解放軍に入った。中国の軍には軍人だけでなく、文芸関係の仕事をする人がいる。莫言は軍にいる間に小説を書き始めた。そして一九八五年頃から作家として著名になった。一九八六年の『赤い高粱』（井口晃訳、岩波現代文庫、二〇〇三）は後に映画にもなり、非常に鮮烈な印象を与えた（張藝謀〈チャン・イーモウ〉監督『紅いコーリャン』一九八七）。九〇年代以降はコンスタントに長篇小説を発表し続け、二〇一二年にノーベル文学賞を取ったわけである。

彼はノーベル文学賞を取ったときのスピーチで面白いことを言っている。

貧しかった子供時代、莫言たちが家で滅多に食べられないごちそうの餃子を食べていたところ、物乞いの老人がやってきた。「餃子なんてやれるか」と莫言が言うと、お母さんが彼を叱りつけ、自分の椀から半分の餃子をその老人にあげた。彼の子供の頃とは六〇年代前半から半ばぐらいだから、毛沢東時代である。社会主義の価値観が確固として存在していた時代である。社会主義には数多くの問題があるが、そこには「貧しい人に対しては優しく接しなければならない。貧しい人を助け、ともに歩むことが正しく、それは人としてあるべき姿である」という教えが明確にあった。だから、莫言のお母さんは、自分たちも豊かではなかったにもかかわらず、物乞いの人が来たら、当然のように施しを与えた。莫言は「あげたくない」という子供らしい心を持ちながらも、母親のそういった行為を通じて、貧しい人に対して邪険にしてはいけないことを少しずつ学んできたという。

ただこのエピソードの面白いところは、それが別に毛沢東時代に限ったことではないことだ。そもそも老人を大切にするのは昔からの倫理観であるし、また農村では相互扶助がごく自然に行われていた。農村には働ける人もいれば、思うように体が動かない人もいる。農村に暮らし、徒歩三〇分ぐらいの生活圏で暮らしている人にとっては、身体能力がすべてである。農民として生きていく上では、頭の良さよりも、身体能力のほうが必要である。しかし、身体能力が劣る人を見捨ててしまうと、農村共同体は成り立たない。身体能力が多少劣る人がいたとしても、村の中で相互に助け合うことによって共同体を成り立たせていく。そういう昔からの農村の知恵に基づく秩序があったのである。莫言の子供の頃のエピソードが語っているのは、社会主義時代の価値観だけでなく、中国の農村で生きる人々の昔ながらの生活の知恵、中国の農村での人と人との関係でもあった。

また莫言は語り物文芸が大好きで、市場に行ってはそれを聞いて喜んでいた。それがやがて自分の習い性となり、小説家になったと言う。

ここが莫言という作家の面白い部分である。農村の語り物は、近代的な観点から考えると、古めかしくて、洗練されていない演芸である。彼は子供の頃から耳で語り物を聞くことで、物語の種を体に染み込ませてきたという。それは近代的な「芸術」ではなく、むしろ昔からの農村の価値観や想像力を映し出して、面白おかしく語るものであった。莫言はそのような農村の感覚に基づいて小説を書いた。実は彼が書いた小説のほとんどは農村を舞台にしており、農村について語り物のように語っている。本当かもしれないし、うそかもしれない。そういう「虚実のあわい」で農村について語っている。

彼は文学の流派的にはマジック・リアリズム（魔術的現実主義）で、南米のガルシア゠マルケスやホルヘ・ルイス・ボルヘスなどが開拓した流派に近いと言われる。これは、第一に、リアルである。農村の様子をリアルに描いている。ところが、それがどこかうそくさく、うそとも本当ともわからないような描き方になっている。たとえば、彼の代表作で『転生夢現』という作品がある（原題『生死疲労』吉田富夫訳、中央公論新社、二〇〇八）。ある村をめぐる大河ドラマなのだが、その主人公が様々な動物に生まれ変わるという設定である。その設定を借りて、村の変化の様子をリアルに描いている。莫言が好んでいた語り物の世界では、動物が生まれ変わるのも珍しくない。また仏教思想には輪廻転生という考えがあるので、物語の下敷きになっている考え方は、民衆の感覚を踏まえている。だが、様々な動物に生まれ変わって同じ村に現れるというのは、近代小説として考えると、あり得ないことである。そのような設定で語り物としての面白さを引き出しつつ、農村の変化を描いていく。それが莫言のマジック・リアリズムである。

先ほども述べたように、都市の人たちや海外の人たちにとって、農村の様子というのは想像がつかない。莫言は、そういうものに対して、うそかもしれないけれども本当かもしれないという「虚実のあわい」の書き方をすることによって橋渡しをする。つまり、これを読めば、中国の農村、および農村に住む人々の考え方に対して、いくばくか想像力を広げることができるかもしれない、という書き方をしている。それを成功させている点で、やはり優れた作家だと感じる。

†八〇年代前半の農村をリアルに描く路遥

そのような作家がいる一方で、別のタイプの作家もいる。それが次に紹介する路遥《ろよう》である。路遥は陝西《せんせい》省出身である。陝西省というのは中国の内陸部の貧しい土地である。西安という古い都があるが、今はさびれている。また、延安という革命の根拠地もあった。『黄色い大地』（陳凱歌〈チェン・カイコー〉監督、一九八四）という映画で描かれているのが陝西省である。土地が本当に黄色くて、黄色い砂がひたすら続いている。緑もなく水もない。荒れ果てた荒涼とした大地である。

路遥は一般的にリアリズム作家と言われている。莫言も路遥も農村出身の作家であるという点では同じだが、語り口は違う。莫言がマジック・リアリズムであるのに対して路遥はリアリズムである。これは非常に大きな差である。路遥は、虚実ではなく、事実・真実を描こうとする。莫言が真実かどうかわからない内容を描き、人々に読ませるものであったとするならば、路遥はそれとは異なり、農村出身者としての自分が感じていること、自分の身の回りにあることをそのまま描こうとした。

路遥は四二歳で非常に若くして亡くなった伝説の作家である。とにかく天才肌で仕事に没頭する人だったという。毎日、何時間書くと決めたら必ずそれを実行した。しかも、農村の貧しい生活を描くため、豊かなところで安逸とした生活を送ってはいけないと考え、自らを厳しい条件に置いた。冬は寒く暖房もないところで、毎日ひたすらどこにも出掛けずに小説を書き続けた。その結果、早くに体を壊してしまったという。

彼の代表作は『平凡な世界』で（原題『平凡的世界』邦訳なし）、一〇〇万字にも及ぶ長篇小説である。中国語原文で上中下の三巻、日本語に翻訳すればたぶん五巻ぐらいになるだろう。一九七六年、毛沢東が死ぬ直前から話が始まり、一九八〇年代半ばまでの約一〇年間の陝西省の農村および都市の社会生活を事細かに描き出している。主人公は農村出身の孫少安、孫少平という兄弟で、上巻にはとにかくたくさんの人物が出てくるが、下巻では徐々に弟の孫少平が中心人物になっていく。

この弟が何とかして農村から外に出たいと考えて奮闘し続ける。彼は中学校を卒業後、高校に進学する。高校は実家から離れた場所にあったため、寄宿舎で寮生活を送る。貧しいので、裕福な家の友人が良い物を食べているのを横目で見ながら貧しい食べ物で我慢し、一心不乱に勉強して知識を身につけていく。ところが彼は家の都合もあって大学には行けない。それで一度村に帰る。でも、ここでくすぶっていたくない、狭い農村に閉じこもって生活を送るのは耐えられないと考え、街に出る。中国の八〇年代というのは、農村出身の出稼ぎ労働者が都会に出てきた時期である。この小説は、そのような出稼ぎ労働者の第一世代を描いている。

孫少平はやがて炭鉱労働者になる。炭鉱労働というのは肉体労働で、いつ事故が起こるかわからず、常に危険と隣り合わせである。そんな場所で、体を酷使することを通じて、何とか外の世界に羽ばたこうとする。孫少平は農村や労働が嫌いなわけではない。むしろ労働を通じて成長することができると信じていて、だからこそ自ら望んで炭鉱労働者になった。その一方で、彼は常に知識を得たい、自分の知らない世界を知りたいと願い、大学に行くことを夢見ている。ここに、近代化が進んでいく中で、これは中国の農村が向き合わざるをえなかった核心の問題がある。

農村の生活はそれなりに調和のとれたもので、そこだけで暮らしていくのであれば何ら不都合なことはない。しかしそれが世界のすべてでもない。今のように情報がなかった頃は、自分の住んでいる場所が世界のすべてだと思っていられたかもしれないが、近代化が進むにつれてテレビや新聞などから様々なニュースが入って来る。教育の影響も大きい。そうなると誰もが自分の生活圏以外の世界があることを知る。当然のことながら、そこへ行きたいという気持ちが沸き起こってくる。

農村の調和に満ちた世界を愛し、労働が崇高であるという旧来からの価値観を持ち続ける一方で、同時に、外の世界に出て、新しい知識を手に入れることを夢見ている。路遥の時代の農村の人々、まさに八〇年代初頭ぐらいの農村の人々は、価値観が根底から覆る時代を経験し、感情が二つに引き裂かれ始めることを体験したのではないだろうか。路遥という作家は、その当時の中国の農民出身の人たちの精神構造を見事に描き出した人であると思う。

先ほどの莫言の作品と比べると、路遥の作品には普遍性はないかもしれない。路遥が描いているのは八〇年代前半の中国の現実である。莫言が農村の「虚実のあわい」を描くのに対して、路遥はある特定の時代における中国の農村の人々の精神構造を切り取って見せた。ところが、これが今でも人気が高い。二〇一五年、『平凡な世界』は全五六回の連続テレビドラマになり、大きな話題になった。今の中国を読み解いていく上で、これは非常に興味深い現象だと思う。

路遥の作品はなぜ今でも人気があるのか。私を農村に連れて行ってくれた友人は、「自分はまさに路遥の小説の世界を生きてきた」と言う。農村で生まれ育つと、ある年齢になると大学に進学するかどうかが問題になる。そこでは農村で暮らすという道もあったが、私の友人は優秀だったので大学に進学した。彼は「僕の高校はとても優秀で、大学に一〇人行った」と言う。では、それ以外の人たちはどのような進路をたどったのか。村で暮らしている人はあまりおらず、また北京のような大都市に行く人もあまり多くなく、たいていは農村の近くの都市に出てきている。私と同じぐらい、つまり四〇代ぐらいの中国の人たちは、ほとんどそのような道を経てきた。だから、路遥の書いた世界は自分の人生そのものだと感じられるのである。

†破壊された農村に向き合う梁鴻

最後に、もう一人、梁鴻《りょうこう》（リャンホン）という女性作家を紹介しよう。彼女は『中国はここにある』（原題『中国在梁庄』鈴木ほか訳、みすず書房、二〇一八）というノンフィクション作品を書いた。彼女は河南省の出身である。河南省は中国のちょうど真ん中にある。莫言の山東と路遥の陝西の中間にあたる。現在の中国で経済的に発展しているのは沿岸部、つまり東のほうで、内陸部は貧しいと言われる。河南省も発展しておらず、出稼ぎ労働者が多いことで有名である。

ちなみに河南省は優れた農村文学作家が多いことでも知られる。たとえば、日本で紹介されている作家に、李佩甫《りはいほ》（リー・ペイフー）と閻連科《えんれんか》がいる。閻連科は中国のタブーに挑戦する作家として有名で、しばしば発売禁止になる作品を書く。その分、海外の人間にとっては読みやすいかもしれない。李佩甫は中国特有の感覚を書く作家で、閻連科とはちょっと違ったタイプである。『羊の門』（原題『羊的門』辻康吾監修、永田小絵訳、勉誠出版、二〇〇三）は、ある村の村長さんが、奇抜な方法で村をまとめ、村人たちを豊かにしていくという筋で、やや泥くさく、奇想天外ながら、農村のリアリティを感じさせる物語である。

話を戻そう。梁鴻は、このノンフィクションで、自らの子供時代の思い出から始め、現在の状況までたどっていく。そして村の知り合いの人たちにインタビューをし、村人の言葉と自分の観察を組み合わせることで、農村の現在の状況を立体的に浮かび上がらせる。

その結果、様々な問題が明らかになる。たとえば、父母が出稼ぎに行った子供の問題がある。河南省は出稼ぎ労働者が多い土地で、両親ともに出稼ぎに行ってしまうことがある。しかし子供は親に付いていっても、「戸籍」の問題でそこの学校に入れないことが多いため、たいていは農村の家に残り、祖父母とともに暮らす。祖父母が子供の面倒を見て、学校の送り迎えやら何やらを日常的にしている。祖父母が元気なときはまだいいとして、そうでなくなったときは、悲劇的なことが起こる。

また、先ほどから繰り返している教育の問題もある。昔は、中学校ぐらいまでは歩いて行ける距離にあった。ところが近年では生徒の減少に伴い、学校の統廃合が進んでいる。だから、今では、村で小学校にすら通うことが難しくなってきている。昔は歩いて三〇分くらいのところに中学校があったのだが、今ではそこにあるのが小学校で、小学校まで祖父母が送り迎えをしている。そして中学校は歩いて行ける距離ではなくなった。つまり中学校から寄宿しなければならなくなった。しかも子供は中学校すらまともに通おうとせず、すぐに出稼ぎに出てしまう。このような環境で、教育をいかにして成り立たせていくのか。

あるいは、自然環境の破壊という問題もある。河を工事現場にして河原の砂を採取し、それでセメントを作って建築資材に使っている。かつて、村の子供たちは河で泳いでいた。それを工事現場にしてしまえば、子供たちの遊び場が奪われることになる。しかも工事現場になった河で遊んでいた子供が、事故に遭って亡くなるというケースが非常に多い。自然環境が破壊され、村の人々の生活も損なわれていく。梁鴻の作品にはそういった問題が出てくる。

八〇年代初頭には、農村の人々は調和のとれた生活を送りながら、外に出たいと思っていた。ところが、その後の時代の変化の結果、農村の調和が失われてきて、今の中国の農村は、路遥が描いていた時代よりも、はるかに深刻な状況に陥っている。おそらくは、農村も良いけれど外にも出たいという当時の考え方にもともと矛盾が含まれていて、それが徐々に明らかになったのだろう。あるいは、かつての農村には秩序が残っており、そのもとで外に出て発展するという選択肢もあり得たけれども、その後の中国の変化の中で、どちらの道も閉ざされたのかもしれない。今の中国では、かつてあった夢が、悲惨な形で破れることになった。

梁鴻の『中国はここにある』の後記に、次のようなくだりがある。

「古い郷村モデル、村落文化、生存のあり方が確かに大きな変化を遂げている。その意味では、郷土中国は次第に終わりつつある。しかし私から見ると、その結論には熟考の余地が大いにあるし、警戒が必要である。まさに生まれつつある、転換しつつある文化を現実と見なして、そこから出発して未来の方向性を探るとき、私たちが見逃してしまうのは何だろうか？　それは元の文化に留まっている人々である。彼らの感情、思想、生存のあり方は、転換と変化に従うわけではない。逆に、彼らはおそらくもとの伝統的モデルに戻ることを渇望している。なぜならそこにこそ、彼らの感情の基盤があり、彼らがよく知り、頼ることのできる習慣があり、信頼できるものがあるからである」。

これが彼女の結論である。実は梁鴻は人民大学で教える学者でもある。彼女は農村の現状を表現するべく工夫してノンフィクション作品を書いたが、同時に学者として、農村の現状を分析した。彼女が強調するのは、農村が間違いなく根底的な変化をしていることである。私は一週間ぐらい行っただけでは、この部分は十分には理解できなかった。私は農村にはむしろ秩序がまだ残っていると感じた。しかし彼ら、彼女らから見ると農村は変化しており、かつての秩序が完膚なきまでに破壊されている。その最たるものは教育である。かつて、農村出身の人間は学校教育で知識を得ることによって、農村から出ようという夢を持つことができた。ところが今では近くに小学校もなく、両親は出稼ぎに行ったきりほとんど帰ってこない。さらには、近所に遊び場もない。果たしてそのような状況で、子供たちは夢を持てるのか。これはまさに農村の文化の破壊であり、文化が破壊された農村は、かつてのような共同体としての役割をもはや果たせなくなるというのが、梁鴻の結論であった。

破壊されたあと、農村に住むすべての人間が都市の人間のように暮らすことができるならば、それもいいだろう。彼女はそう言う。だが現実はそうではなく、ただ破壊されていくだけである。だから、農村に住む人々は、元に戻れないことはわかっているけれども、昔のほうがよかったと思っている。今の農村において、そのような状況が発生しつつあるわけである。

路遥の小説が今なお広く読まれ、テレビドラマ化されて話題になっていることには、以上のような背景があるのではないか。あの時代はもはや取り戻せないし、変化は望ましいはずであるが、しかし今はかつてよりもさらに破滅的になっている。人々は、そのような痛惜の念を持ちながら、崩壊した精神の廃墟を前にして、呆然としているのではなかろうか。

†夢の崩壊後、その先が見えない

最初の話に戻ろう。

爆買いの報道を見ると、私たちはたいてい「中国人はお行儀が悪いな」と思う。しかし私は、それと同時に「中国では、何かが崩れているのではないか」と感じる。本節では、その手がかりについて考えてみたかったのである。

爆買いしている人には農村出身の人もいれば、都会出身である程度収入を得ている人もいるだろう。実は都市でも農村とほぼ同じことが起こっており、小説などを読むとそういう描写が出てくる。だから、全体的なイメージとして、次のように想像してみてほしい。

確かに生活は豊かになったが、しかし子供の頃に持っていた夢が、完全に崩壊してしまっている。しかもそれは、崩壊というよりは破壊とも言うべき、悲しむべき形で失われている。それに代わる新しい何かはまだ見えてこないし、必ずしもそれが手に入るとは限らない。あるいは廃墟がいつまでも続くのかもしれない。他方で昔に戻りたいけれど、もはやそんなことはできない。どちらに向かったらいいのかわからず、まさに五里霧中の状態にある。今の中国の人たちを見ていると、私はついそう思ってしまう。

そのような境遇にいる中国の人たちの精神を「理解」することが、いかに難しいか、わかるだろう。ただ注意しておきたいのは、「中国を理解する」とは、中国の人たちの苦悩を高みから見物し、同情することではないことだ。同情しようとした瞬間に、中国の人たちの苦悩の深いところにある、言葉で表現しきれない部分は、取り逃されるに違いない。私たちにできることは、彼らの苦悩について答えを言うことではない。そうではなく、彼らの苦悩に共感し、言葉にならないぼんやりとした苦しみを分かち合うことではないだろうか。文学はそのための手がかりになりうる。

ここで紹介したのは、中国の文学のほんの一端に過ぎない。私としては、多くの文学作品に触れることで、中国の人たちの精神の奥深くに思いをはせていきたいと思っている。

さらに詳しく知るための参考文献

銭理群（阿部幹雄・鈴木将久・羽根次郎・丸川哲史訳）『毛沢東と中国――ある知識人による中華人民共和国史』（青土社、二〇一二）……中国の歴史を生きた人間の視点から毛沢東時代の歴史を語る。

柴静（鈴木将久・河村昌子・杉村安幾子訳）『中国メディアの現場は何を伝えようとしているか――女性キャスターの苦悩と挑戦』（平凡社、二〇一四）……メディアの内側で悩みながら今の中国でなにが起こっているかを伝える。

莫言（林敏潔・藤井省三訳）『莫言の思想と文学――世界と語る講演集』（東方書店、二〇一五）……莫言は文学でなにを表現しようとしているのかがわかる。

閻連科（飯塚容訳）『父を想う——ある中国作家の自省と回想』（河出書房新社、二〇一六）……作家が子供のころの農村の思い出を書いたエッセイ集。

余華（飯塚容訳）『活きる』（角川書店、二〇〇二）……中国の農村とその歴史を描いた大河小説。映画にもなっている。

2 映画

佐藤 賢

†イメージにとらわれることの危うさ

私は中国の映画を研究している。この節では映画を通して中国を理解するということを大きなテーマとして考えてみたい。

現在、中国と日本の関係は劇的に変化・多様化している。日本に住んでいても、中国は私たちの生活の身近にある。しかしその中で私たちの中国理解は多様化しておらず、どこか一面的に理解しているところがないだろうか。まず、そういう問題提起をしておきたい。

では、中国映画は果たして本当の中国を映し出しているのか。あるいは、いかにして映し出しているのか。

劇映画はもちろんのこと、ドキュメンタリーであっても、映画というのはある程度フィクショナルな部分を含んでいて、本物の現実ではない。中国映画に関心を持っている人は、映画の向こうにある中国の現実に非常に強い関心を持っている場合が多い。映画を通して中国を理解しようとすれば、作品に対する理解もおのずと深まるだろう。これは非常によいことだ。しかし、その一方で自分の中にすでに中国に対するイメージができ上がっていて、それを補強するために映画を見ているというケースもしばしばある。その映画が自分のイメージに合っていればよいが、そうでない場合、「これは本当の中国ではない」ということになってしまいかねない。そういう危うさを感じることもある。

そもそも中国を理解する方法は他にもいろいろある。では、映画を通して中国を理解するというのはどういうことなのか。そこに立ち返って考えたいと思う。

†インディペンデント映画が作られ始めた九〇年代

今回取り上げる賈樟柯（ジャ・ジャンクー）監督は一九七〇年生まれで、山西省の汾陽《フェンヤン》というそれほど大きくない都市の出身である。中国映画と言えば、「第五世代」と呼ばれる陳凱歌（チェン・カイコー）や張藝謀（チャン・イーモウ）など、八〇年代に国際映画祭で数多くの賞を取って中国映画を世界に知らしめた監督たちが有名である。賈樟柯監督はそれよりも若い世代に属している。私自身、陳凱歌監督や張藝謀監督の作品もすごいなと思うが、賈樟柯監督の映画を初めて見たとき、同時代を生きている監督が撮った映画を見たと感じた。何か心を打つものがあり、それからこの監督にずっと注目している。

賈樟柯監督は九三年に北京電影学院に入学している。北京電影学院は映画監督やカメラマン、俳優や女優志望の人が目指す学校である（「電影」は映画のこと）。そして九八年、二七、八歳の頃に卒業制作として撮った『一瞬の夢』によって国際的に高く評価され、映画監督としての地位を確立した。

九〇年代という時期に、賈樟柯監督が映画人として出発したことには大きな意味があった。それはなぜかというと、彼が「インディペンデント映画（独立電影）」というジャンルから出てきた監督だからである。

中国におけるインディペンデント映画とはどういうものか？

中国において、映画は宣伝メディアとして非常に重視されている。映画の制作、配給、上映、さらには映画審査と呼ばれる検閲は基本的に国家の管理下にある。

では九〇年代以降、中国の映画界にどういう波が押し寄せたか。八九年の天安門事件のあと、九二年に最高実力者であった鄧小平が南巡講話を行い「積極的に市場経済化を推し進めるように」という大号令を出した。それ以降、中国では市場経済化が加速し、社会が大きく変わっていく。これが映画制作の場にも大きな影響を与えた。それまでは社会主義的な映画作りをしていて、基本的に国が作品を買ってくれていた。つまり、映画界は国に守られていた。ところが、市場原理が導入されてくると採算が取れるかどうか考え、利潤を追求しなければならなくなる。従来の体制的な不自由さに加えて市場経済の圧迫も受けるようになり、映画作りが非常に難しくなってくる。中国映画にとって、九〇年代とはそういう時代であった。

そうした中、従来の映画制作のシステムとは別のところ、つまり「体制」の外で自由に映画を作ろうとする若い監督たちが現れる。それが先ほど触れた第五世代の下の世代、「第六世代」とも呼ばれる監督たちである。この「第六世代」というのは非常に定義しにくいので、単純に第五世代の下の世代と理解していただければよいだろう。これが中国におけるインディペンデント映画の始まりで、賈樟柯監督もここから出発している。

また、配給・上映が国家の管理下にある中国では、一般の映画館でインディペンデント映画を上映できない。内容はさておき、従来の映画制作システムの外側で作られたものは上映できないので、アンダーグラウンド化せざるをえない。だから、最初から中国国内での上映を諦め、海外の映画祭に出品して評価を仰ぐことで映画人としてやっていく監督もいる。ただし、賈樟柯監督は『世界』という作品以降、アンダーグラウンドではなく、国のシステムを通して映画を発表するようになっている。

†中国の「今、ここ」を表現する賈樟柯

では、インディペンデント映画は、なぜ九〇年代から二〇〇〇年代にかけて盛んになったのか。その要因を三点ほど挙げよう。

まず、その頃、中国で海賊版のビデオCDやDVDが普及した。海賊版はもちろん法的には問題だが、当時、外国の映画を自由に見る機会に恵まれていなかった若い映画監督たちにとって、それは世界の新旧の様々な映画を見るチャンスとなり、彼らはそこからエッセンスを吸収することができた。

また、九〇年代の後半から高性能かつ低価格のデジタルビデオカメラが普及した。それが映像制作の垣根を低くし、監督志望の若者たちを後押しした。

さらに、九〇年代から二〇〇〇年代にかけて中国社会は大きく変化し、中国の人々を取り巻く風景も大きく変わった。転換期を迎えた中国にカメラを向けたいというモチベーション・欲求が高まったことも大きい。

たとえば、賈樟柯監督のデビュー作『一瞬の夢』は地方の田舎町のスリが主人公で、町がどんどん変化し、昔の仲間たちも変わっていく中で、主人公が一人取り残されていく姿が描き出されている。この映画は犯罪者が主人公というのもさることながら、映し出される風景がそれ

までの映画とは非常に違っていた。中国の絵画的な美しい景色や、陳凱歌監督の『黄色い大地』のような圧倒的な自然風景は出てこない。物語の舞台にしても、北京や上海のような大都市でもなければ緑豊かな田舎の農村でもなく、「小鎮《シャオチエン》」と呼ばれるような地方の小都市である。そこにあるのは猥雑な町のありきたりな風景であり、経済発展の中でやがて跡形もなく消え去ってしまうであろうものだった。

賈樟柯監督はそうしたありふれた風景の変化の中に、九〇年代の中国のリアリティを見出した。それは中国の暗部ばかりで、必ずしも本当の中国ではないという批判もある。しかし、賈樟柯監督の映画を見る時はまず風景に注目してもらいたい。

賈樟柯監督は、中国の「今、ここ」を表現することを重視しているのだ。彼は対談の中で、次のように語っている。電影学院で見た中国映画のほとんどは商業映画かイデオロギーの映画で、今の中国の変化をちゃんと捉えていなかった。だから自分は、今ここにある雰囲気をしっかりと映し出す方法を考え出さねばならなかった、と。

†映画は「本当の中国」を映し出すのかを考える糸口に

ここでは最近の作品である『罪の手ざわり』を取り上げたい。この映画は、中国で実際に起こった四つの事件を基にした四つのエピソードから成る。中国人であれば、映画を見て「このエピソードはあの事件だな」とわかるだろう。監督はこの四つの事件を通して、現代中国を包括的に描こうと思ったという。

そのうちの第三のエピソード、「湖北省の女」を見てみたい。

このエピソードは、湖北省の宜昌《イーチャン》に夜行バスで男が到着するところから始まる。このヨウリャンという男は、この街に住むシャオユーという若い女ともう何年も交際している。だがヨウリャンには妻がいた。シャオユーは、妻と自分のどちらかを選んでほしいとヨウリャンに迫る。ヨウリャンはそれには答えないまま高速鉄道で旅立っていった。このとき、駅の安全検査で、ヨウリャンがナイフを持ったままでは乗れないと注意され、そのナイフをシャオユーが受け取る。

シャオユーは街の風俗サウナで受付係として働いていた。母親に会いに行ってみても、そこは空港の工事現場になっていて、しかも工事が終わると労働者たちもいなくなり、母親の生活も成り立たなくなりそうだ。とても母親の元に帰れる状況ではない。街に戻ったシャオユーがいつも通り受付の仕事をしていると、客として来た男が「マッサージしろ」と言って執拗にシャオユーに絡む。シャオユーが、自分の仕事は受付であって、自分は娼婦ではないと言い張ると、男は、自分が持って来た札束を見せびらかし、その札束で何度もシャオユーの頭を殴って椅子に押しつける。立ち上がったシャオユーの手には、ヨウリャンから預けられたナイフが握られていた。ナイフで男を刺したシャオユーは血のついたナイフを手にしたまま街にさまよい出て、電話をかける。「私は人を殺しました……」。

実際の事件を基にしているため、この映画を見て、「中国人は凶暴である」といった印象を持つ人もいるかもしれない。私は、この映画を通じて、中国が暗黒社会で、中国人が凶暴であると思ってもらいたいわけではない。中国のみならず、どこの国でも暴力事件は起こる。

映画は「本当の中国」の姿を映し出すのか。これは、見る側がその作品をどう受け取るのかという問題にも関わってくる。私はこの映画の暴力シーンから、リアリティをそれほど感じない。それどころか、これまでの賈樟柯監督の映画にあったリアリティが失われているように感じる。

では、賈樟柯監督はなぜこのような映画を作ったのか。映画を通して中国を表現すること、さらにはそれを見るとはどういうことなのか。この映画は、それを考える糸口になるのではないかと私は考えている。

†現代中国の多様性・流動性・関係性

『罪の手ざわり』は、賈樟柯監督のこれまでの作品とはだいぶ違うところがあるので、私自身、この映画をいかに評価すればいいのか考えあぐねている。以下、この映画の特徴を大まかに挙げながら、賈樟柯監督がなぜこのような映画を作ったのかを考えることから始めたい。

第一に、四つのエピソードを並べたオムニバス構造になっていることである。

第二に、従来の賈樟柯監督の作品に比べて「事件」が前面に出てきている。それまでの作品では、テレビのニュース映像やラジオのニュース音声などによって中国の今をそれとなく伝えるといった手法が多用されている。『罪の手ざわり』でも、シャオユーが母親を訪ねて空港建設の工事現場へ行くところで、二〇一一年に起こった高速鉄道事故のニュースが流れている。だから、その手法が使われていないわけではないのだが、この映画では、四つの事件が前景化している。

そして第三に、「暴力」という要素が非常に突出している。しかしここで「中国人は凶暴だ」と考える必要はない。この暴力表現に関して、監督は「武俠映画を参考にした」と言っている。武俠映画とは、中国の剣戟《けんげき》映画のことである。シャオユーがナイフで男に切りつける場面で、このときシャオユーはナイフを逆手に持っている。現実にナイフを持ってとっさに人を切りつけようとする場合にはそんな持ちかたはしないのではないか。使いにくいし、下手をすると自分の体を切ってしまう。ところが、武俠映画の殺陣ではこういう持ちかたが使われる。そのほうが見映えがするからだ。ここでは明らかに殺陣を使っており、非現実的な演出をしていると言える。

第四に、監督自身の過去の作品からの引用が非常に多い。たとえば、シャオユーが札束でしつこく頭を叩かれる場面がある。女性が立ち上がろうとすると何度も腰掛けにたたきつけられる。賈樟柯監督の過去の作品である『青の稲妻』でも同じようなシーンが見られる。そこからの引用なのである。賈樟柯監督の映画を見てきた人であれば、他のエピソードにも同じように引用が多く見られることに気づくだろう。

私は、この『罪の手ざわり』という映画を考えるとき、武俠映画をどう捉えるかが一つのカギになってくると思う。香港に武俠映画で有名な胡金銓（キン・フー）という監督がいて、代表作に『俠女《きょうじょ》』という映画がある。『俠女』の英語タイトルは A Touch of Zen（禅の手ざわり）である。『罪の手ざわり』の英語タイトルは A Touch of Sin で、明らかに『俠女』を意識している。『俠女』には強いヒロインが登場する。

おそらく、賈樟柯監督は武俠映画を参照枠にして、現代中国を「江湖」として眺めようとしたのではないか。「江湖」という言葉は「社会」「世間」と訳せるが、日本語で「江湖に推薦する」などというときのニュアンスとは大きく違っていて、日本だとヤクザ映画などでいう「渡世」の世界に近い。別に中国社会がヤクザばかりだと言っているわけではない。多くの人が寄るべなき存在になり、社会を流れていかなくてはならない。ここではそういう雰囲気を表す言葉として捉えたい。

賈樟柯監督は、現代中国を「江湖」として捉えることで、中国社会の地域的多様性も表現しようとしている。映画のモデルになった事件が起きた場所を地図に示してみると、それらは山西、重慶、湖北、広東と北から南まで分布している。四つのエピソードを見ると、それぞれ気候や風景が違うこともはっきりとわかる。

その広い中国で人が「流れる」ということが描かれている。シャオユーに会いに来たヨウリャンという男は夜行バスでシャオユーのいる街にやってきて、エピソードの途中、高速鉄道で去っていく。そして次のエピソードで広東省に現れる。そして、シャオユーは映画の終わりで第一エピソードの舞台の山西省に行く。こういう中国社会における流動性が描かれている。中国では経済発展やグローバル化にともない、多くの人がそれまでずっと暮らしてきた土地から切り離されるという経験をしている。出稼ぎのため、大都市に農村の人が流れていくなど、中国人の多くが大規模な移動を経験している。映画の中で、空港の建設工事が終わると労働者相手に働いているシャオユーの母親は用なしになるが、そういう場では人は絶えず動かざるをえない。しかも中国の国土・人口は圧倒的な規模で、日本社会で生きていると想像もつかないような人の動きが起こっている。社会がある種不安定な状態に置かれれば、何かの拍子に暴力が発現してしまうことも考えられなくもない。

さらに、このように登場人物たちは、エピソードをまたいで関係している。賈樟柯監督は、人々が動く中で、知らず知らずにどこかで出会っているという、そうした関係性を映画において表現しているとも言える。つまり、賈樟柯監督は『罪の手ざわり』で、現代中国の多様性・流動性・関係性を包括的に表現しようとしたのであり、それが武俠映画の「江湖」のイメージに重ね合わされているのである。

†縦から横への視点の変化

また、武俠映画を参照したこともあって、『罪の手ざわり』はこれまでの作品以上に芝居的な要素が取り入れられている。暴力シーンにおいて、生々しさを見せるというよりは、型を見せているところもその一つだ。

さらに芝居的要素について言えば、映画の中で、中国の昔ながらの伝統劇も重要な役割を果たしている。第三エピソードとの関連については、あとで触れるが、第一エピソードでは、伝統劇が暴力の引き金のようになっている。どちらの暴力も追い詰められた者が、最後に自らの尊厳を守るために振るうかのような暴力である。それはどこか抑圧に苦しむ民衆の蜂起に見えなくもない。そもそも伝統劇とは、基層社会を生きる民衆の苦しみや想いが込められた表現メディアであったのではないか。ここから、賈樟柯監督の中国の基層社会への注目を見て取れるが、この視点は賈樟柯監督の映画において一貫している。

一方、『罪の手ざわり』は、賈樟柯監督のこれまでの作品、とくに初期の作品と異なるところもある。それを「縦の視点」と「横の視点」の違いと言うことができるのではないか。「縦の視点」とは自分のよく知る地方を掘り下げて表現する視点で、とくに自分のふるさとである山西省を舞台にした初期の「故郷三部作」に見られる。彼はこれらの作品で、ある地方に生きる若者たちに自身の姿を重ねるように、その鬱屈した思いや閉塞感をドキュメンタリータッチで、かつ縦に深く掘り下げて描いている。

それに対して最近の賈樟柯監督は、「横の視点」を重視している。つまり自分にとってなじみのないところも含めた様々な地域を、旅人が眺めるように撮っている。中国は地域的多様性を持っているので、賈樟柯監督にとってまったくなじみのない地域もある。彼はそうした地域の現実を捉えるために、あえて旅人の視点を導入しているとも言える。その際、横から表面をなでるように現実を捉えるため、初期の作品に見られたザラッとしたリアリティが好きな人間としては物足りなさを覚えることもあるだろう。

ただ、それがいいか悪いかはまた別の話である。逆に言えば賈樟柯監督は、地域的な広がりをもって中国を表現するために「横の視点」を導入したとも考えられる。武俠映画を参考にして映画を撮るという手法も、「横の視点」で中国を捉えることにつながる。おそらく中国の「今、ここ」をどこに求めるかという重点の置き方が変化し、それに伴って縦から横への視点の変化が起きているのではないか。

映画を見て、自分がその社会に暮らしていなくても共感を覚えるのは、その映画がある種の普遍性を持っているからだと思う。逆説的だが、ローカルであればあるほど普遍的である場合もある。ある一地方のローカルさをとことん突き詰めていけば、普遍性や広がりが見えてくるような。これは賈樟柯監督の初期の映画を見ていて強く感じることである。それに対して、この映画で賈樟柯監督は、武俠映画や「横の視点」によって表層化し、従来のリアリティを放棄してまでも問題提起し、観客にある種の余白を与えようとしている。どう解釈するかは、観客それぞれに委ねる。そういう段階に入っているのではないかと感じている。

†まなざしの転回

では、賈樟柯監督の映画が映し出すものは「本当の中国」なのか。そもそも映画というのは、現実と私たちの間にある「表現」だが、監督は映画を作るとき、現実にどのようなまなざしを向けているか。賈樟柯監督はとりわけ、まなざしに注目している。それが窺えるシーンが『罪の手ざわり』の最後にある。

第三エピソードで殺人を犯したシャオユーは、再就職のため、南から北の山西省へ流れていく。そこで、第一エピソードで殺された男の夫人が社長をしている会社の面接を受ける。その帰りに街外れで、偶然、伝統劇の露天公演に出会う。それは山西省の地方劇で、無実の罪で裁かれる女性を描いた『玉堂春』という演目だった。そこでシャオユーは裁判長役の「おまえは自分の罪を認めるのか」というセリフを聞く。そこで図らずも、自分の罪を言い当てられてしまうのだ。私が面白いと思ったのは、シャオユーの顔がアップで映ったあと、カメラが舞台から観客のほうへ切り換わったところである。そこでは、まなざしの転回が起こっている。

『一瞬の夢』にもこれと同じように、カメラが一八〇度パンするシーンがある。ここから、賈樟柯監督が四つの事件を取り上げ、ただ単に中国社会の暗部を暴露しようとしているのではないことがわかる。そうではなく、ここではむしろまなざしの問題が提起されているのだ。

今、中国には微博《ウェイボー》というツイッターのようなものがあり、これによって誰もが各地で起っている事件について公式メディアを通さずに知ることができる。しかしそういった事件は一瞬、同情や怒りの感情を生むものの、すぐに忘れられていく。そうしたコミュニケーションのあり方がすでに暴力的であると言えなくもない。ショットの転回によって、「あなたたちは罪を認めるのか」と見る側に問いが切り返されている。

これは映画を見ている私たちの問題でもある。日本に住む私たちは今、いろいろな形で中国と関わっている。第四のエピソードは、中国南部の縫製工場で飛び降り自殺をする若者の話である。私自身、ファストファッションの服を着ているが、これも低賃金で働く中国南部の若者が作ったものだとすれば、その「罪」にいくぶん関与していることになる。「罪」というのはこのような関係性のメタファーで、賈樟柯監督はこれをまなざしの問題として提起しているのだ。

中国において、まなざしをめぐる問いは魯迅の文学的起源にもあらわれる近代的なテーマで、これまでに様々な議論がなされてきた。まなざしはいろいろな形で行き交っているわけだが、そのことをどう考えるか。そこで初めて、映画を通して中国をどう理解するかという問いについても考えることができる。

†「見る」プロセスに自覚的になれるか

私は先ほどから「本当の中国」という言葉を繰り返している。しかし、映画からそれを見出すことはそれほど重要ではないと思う。もちろん本当の中国を知ることは大切だが、映画を見るときにより重要なのは「本当に中国を見る」ことではないだろうか。私たちがそれを見るかどうかとは関係なく、「本当の中国」は存在する。その一方で、「本当に中国を見る」の「本当に」は修飾語として「中国」ではなく「見る」にかかる。つまり「見る」というプロセスに自覚的になれるかどうかが問われる。そうすると、中国映画を見て単純に「中国人は凶暴だ」とは思わないだろう。映画を通して中国を見ようとするときに大切なのはまなざし、私たちの

「見る」という主体的な行為なのである。

賈樟柯監督はまさに現代中国を本当に見て、それを表現しようとしている。彼にとって、映画という表現行為はそういうことだと思う。私たちはそれを本当に見ようとし、まなざしに対する自覚を持つことが大切なのではないか。それがここでの私の結論である。

さらに詳しく知るための参考文献

賈樟柯『一瞬の夢』［DVD］（ビターズ・エンド）……故郷の田舎町の風景に中国の「今、ここ」を見出した賈樟柯監督の記念碑的長編第一作。

賈樟柯（丸川哲史・佐藤賢訳）『ジャ・ジャンクー「映画」「時代」「中国」を語る』（以文社、二〇〇九）……第一作『小山の帰郷』から『四川のうた』まで、自作と中国映画を取り巻く状況を、賈樟柯監督が、韜晦することなく、まっすぐに語った一冊。

丸川哲史『魯迅出門』（インスクリプト、二〇一四）……まなざしをめぐる「現代中国」の映像文化的経験を魯迅にさかのぼって考察。

中山大樹『現代中国独立電影』（講談社、二〇一三）……中国インディペンデント映画の世界に飛び込んだ作者が耳を傾ける同時代の独立映画人たちのヴィヴィッドな声。

応雄編著『中国映画のみかた』（大修館書店、二〇一〇）……在日中国人研究者たちによる中国映画を様々な切り口から内在的に論じる試み。

3　絵画

池上善彦

†専門家でない人間として中国をどう理解するか

二〇一二年から一四年にかけて、中国の天津で日本語を教えていたことがある。中国の学校は九月から始まるので、赴任したのは二〇一二年八月であったが、ちょうどその時期は中国との領土問題、つまり尖閣諸島の領有をめぐる問題がヒートアップして、頂点に達していたときであった。石原慎太郎都知事の突然の尖閣諸島購入宣言を受けて、野田政権は国有化を宣言した。そこから中国各地でデモが起こったとニュースは続くわけだが、そこに住むことになる私はかなり注意深くニュースを見ていて気づいたのは、温家宝、胡錦濤政権はこの国有化で手を打とうとした形跡があったことだ。

これはきちんとした検証が必要なのだが、これで事件の拡大を収める方向に、一瞬行きかけたのではないかというのが、そのときの感想だ。しかし、直ちに民衆のデモが中国全土に広がり、政権は強気に出た、というか出ざるをえなかったのではないか。日本では政府が煽り、デモは自発的なものではあり得ないという意見が大勢を占めていた。デモが始まって以降は、様々なことがあるのだが、この一瞬に垣間見えた、ちょっとした政府と民衆のやり取りが私には気になった。民衆と国家は中国でどのような関係にあるのか、それを考え続けた二年間だったのかもしれない。

†日本、現状、個人の歴史への感情

天津では日本人はあまり外出しないようにという日本大使館の達しが出ていたりしたのだが、そうもいかないので外出すると、どうしてもタクシーを利用することになる。タクシーに乗ると何人だと運転手に聞かれ、日本人だと答えると、では降りるか、と言われたことも何回かある。もちろん実際に降ろされはしない。その後彼はいろいろ言うのだが、こちらは中国語が理解できない。しかし、一度だけ中国語に堪能な日本人の友人と同乗したことがあり、運転手が何を言っているのか後で翻訳してくれた。

日本が戦争中中国に対して何をしたのかを君たちは知っているのか、とまず切り出す。戦争中の話がしばらく続き突然彼は、今の政権（胡錦濤政権）が腐敗していることがよくわかるだろうと話が展開する。どういうことなのかと問うと、もしこれが毛沢東の時代であれば、彼はとっくに日本に対して宣戦布告をしているだろうと言うのだ。今の政権は腐敗しているがゆえに、そういう思い切った行為はできないだろう、と。そういうものかと聞いていると、また突然、今横を通っているこの公園を知っているかと話題を転換させる。その公園は天津でも有数の巨大な公園である。彼は、この公園は俺たち天津市民がみんなで作ったんだ、俺ももっこを担いでがんばったものさ、すごいだろうと続ける。かなり長いドライブであったが、そのあたりで目的地に到着し、最後は仲良くしようと言い出し、我々はタクシーを降りた。

こういうふうに記すと、運転手は思いつくがままに、きわめて気ままに我々を相手におしゃべりをしている感じに聞こえるだろう。そうなのかもしれない。しかし、私には彼は一貫して同じ話をしているように感じた。彼は一貫して主体の話をしているのではないか。日本に対する思い、現状に対する主体的判断、社会建設への主体的関与、これが彼の話を貫くテーマであって、決して気ままな感想をしゃべったのではない。判断と関与の仕方には様々なものがあり、決してすべての中国人が一様ではない。しかしこの主体性こそが、中国民衆の一つの一貫した側面であり、生きている中国の断面なのである。

†国民感情に立脚した言葉を見る——竹内好の中国観

竹内好《よしみ》という人がいて、一九七七年に亡くなったが、おそらく日本で一番有名な中国研究者、いやそれ以上に思想家だった。代表的な論考を集めた本に『日本とアジア』（ちくま学芸文庫）がある。彼の本は中国語でもたくさん訳され、中国のほとんどの知識人は読んでいる。韓国語や英語、ドイツ語にも訳されていて、日本、中国のみならず広くアジアに関心がある世界の知識人にとって、今や基本的な文献となっている。

その『日本とアジア』に一九四八年に書いた「日本人の中国観」という短いエッセイがある。新中国が成立する直前、中国から張群《ちようぐん》という人の日本での談話について論じている。それによると日本は敗戦後、民主化に向けて大変がんばっているけれど、少し足りないものがある。それは「思想革命」と「心理建設」で、ここが一番大切だという。竹内は、言葉遣いからは共産党の言葉のように見えるが、実は国民党の孫文の言葉なのだと指摘している（深町英夫編訳『孫文革命文集』岩波文庫、参照）。つまり、一九一九年に始まった五四運動の思想だと言う。

そのとき日本のマスコミはそういった言葉はイデオロギーであり、重要なことはそんなところにないと、全然注目しなかった。日本共産党は、国民党政権の言うことは信用ならない、共産党のほうが正しい、国民党の張群の言うことはブルジョア・イデオロギーだと批判した。竹内は両方の反応を批判して、思想革命と心理建設はイデオロギーではなく、中国の国民感情に立脚した言葉だ、国民党支持者であれ共産党支持者であれ、両方が納得できる言葉だ、そこを見なければいけないと指摘した。

この批判は現在にも通じる。中国の要人の発言があると、すぐに裏を読もうとする。イデオロギーに惑わされてはいけない、その裏に何かがある、と多くは解釈する。そういう読みが必要な場合もあるだろうが、必ずしもそうではないのだ。もっと言葉を真面目に受け取る必要がある、と竹内は言っているのだ。彼はさらに、指導者の言葉と民衆の言葉の乖離が、中国ではあまりないとまで言っている。日本での指導者の言葉の解釈はなかなかそういうふうにはならない。言葉に別の意図があるのは当然であるが、その前に言葉をそのまま受け止め、吟味してみることが、まず必要なのである。張群の言葉とタクシー運転手の言葉をそのまま比べることはできないが、私には竹内の言葉はそう見えた。

領土問題について語るのは、私も緊張するし、中国人もそうである。しかし少し親しくなってくると、意外と素直に意見を交わすことができるようになる。領土問題に対しては、もちろん人によって千差万別の意見を持っていて、中国人の平均的な意見というものを抽出するのは難しい。中国人の根底にある考えはこうである。釣魚島《ちょうぎょ》（尖閣諸島）は当然中国の領土である。そのことに疑いの余地はなく、習近平さんには日本に譲ることなく、ぜひがんばってほしい。ここまでは了解できる。

ところが、その後に「しかし」と続くのである。しかし、日本もまたこれは日本の領土であると主張するのは、それは当然だろう、と。日本の領土かもしれないと、歴史的な考察を加えて慎重に言っているのでは全然なく、地政学的なことを言っているのでもない。あるものがあって、それは自分のものだと主張する人がいれば、必ずいやそれは俺のものだと主張する他者が現れる。世間とは、人の社会とはそういうものだろう、ということなのである。だから結論として、話し合えばいいのではないか、と言うのである。真理ではなく、きわめて実践的な話し合いであり、世間知である。これが指導者の言葉になると、ウィン・ウィンの関係となるだろうか。ウィン・ウィンは場合によっては必ずしも平等を意味しない。肝心なのは、その指導者の言葉の底に、庶民の世間知的な人間関係観があるということだ。

†絵から読み解く中国

天津から高速鉄道に乗ると三〇分くらいで北京に行くことができる。その北京に中国美術館という名前のいわゆるナショナル・ギャラリーがあって、滞在中かなりの長期にわたって「中国現代美術の路」という大規模な展覧会をやっていた。ここで新中国成立からの絵はもちろんのこと、近代からの中国の代表的な絵画が展示されていて、非常に見応えのある展覧会となっていた。中国の絵画というと、多くの人はどのようなイメージを持つだろうか。実際のところほとんどイメージがないのではないだろうか。とくに新中国成立以後の絵画は、毛沢東か紅衛兵のいわゆる社会主義リアリズム然としたものしかないか、あるいはごく近年のシニカル・リアリズムを思い浮かべる人もある程度はいるのかもしれない。あるいは抗日戦争期の版画を、詳しい人なら知っているかもしれない。

ここでは中国の民衆の心を知る、あるいはその民衆の心情をどう表現してきたのかという観点から、中国の絵を少し見てみたい。新中国成立以後、社会主義リアリズム的な絵画が主流をなしてきた。しかし、確かに社会主義リアリズムは国家のイデオロギーを表現してきた側面はあるが、先ほどの張群の言葉ではないが、その底には無視しえない、民衆の姿と信条が織り込まれている場合もまた非常に多いのだ。そこを見なければならない。私の友人で、戦後日本美術史の専門家であるジェスティ・ジャスティンの言葉をかりれば、モダニズム絵画が個人の心情を描くとすれば、リアリズム絵画は自分ではない他者、つまりは民衆を描くからである。

魯迅は日本でも非常に広範囲に受容され、読み継がれてきている。しかし、彼が中国における版画運動の創始者にして、指導者であったことはそれほど知られている事実ではないだろう。一九三〇年代に上海に来た魯迅は、民衆を鼓舞し、啓蒙する手段として、中国に古くからある版画に注目した。しかし彼が目指す版画は伝統的なものそのものではなく、そこにドイツのケーテ・コルヴィッツ、ソビエトのリアリズム版画、プロレタリアート芸術などを取り入れたものだった。民衆に親しみやすい版画の形式を通して、中国の同時代の現実を描こうとしたのだ。そしてその同時代の現実は、やがて抗日戦争へとつながっていくものだった。

魯迅はある日有能な若い中国の版画家たちを集め、版画の講習会を開いた。そのときに呼んだ版画の技術的な先生が、内山嘉吉《かきち》であった。彼は東京の神田にある中国関係の書店である有名な内山書店の創業者、内山完造《かんぞう》の弟であった。内山と魯迅は非常に親しい間柄であったからだ。そして魯迅は若者たちに、版画の見方、その背後の思想と歴史を教えた。その授業の様子は内山嘉吉の著書『魯迅と木刻』（研文出版）に詳しい。

抗日期の版画は日中戦争を描いたものか、民衆の苛酷な日常を描いたものが圧倒的に多い。もちろん戦争のプロパガンダにも頻繁に使用された。中国の苛酷な現状を描いた版画は、日本では戦後岩波書店の『魯迅選集』のケースにこれらの版画が使われ、広く知られるようになった。版画を選んだのが竹内好で、解説が版画家の小野忠重《ただしげ》である。しかし、抗日期に延安などの解放区では別の版画が模索されてもいた。それ

図1　力群「豊衣足食」

は、版画自体を農民から学ぶというやり方であった。構図から彫り方まで農民と相談しながら作っていくのである。したがって、作家の好みから次第に農民の嗜好に合わせた版画へと変化していくことになった。まさに毛沢東の『文芸講話』そのものの実践であったわけだ。この辺の版画とその変遷は『中国抗日戦争時期新興版画史の研究』（瀧本弘之、研文出版）に詳しく書かれている。

そうした中の一枚が、力群《りきぐん》の有名な一九四五年の「豊衣足食」である。どっさりと収獲された農作物に囲まれ、多くの子供に恵まれた家族が、実にカラフルな色彩で描かれている。言われなければ一九四五年の作とは思われないだろうくらいに、伝統的イメージに満ちていて、豊作、子だくさんという民衆の願いそのものがストレートに表現されている傑作である。抗日期版画運動は、民衆の夢そのものと一体化するところまでたどり着いたのである。

†近代化の模様をさりげなく盛り込む

新中国の誕生と共に、絵画の世界が一気に社会主義リアリズムになったわけではない。その間に様々な模索があった。版画もそうであるが、中国の伝統的ないわゆる中国の山水画の伝統を生かした模索もあった。

たとえば、一見遠くから見ると我々がよく知っている、山が霧の中に浮かび、滝があり、雲がたなびくといういかにもという伝統的な山水画に見えるのだが、近づいてよく見ると、山路を歩く人物は仙人ではなく、人民解放軍であったり、流れゆく川の末端に水力発電所があって、木々の連なりに見えるものが電線であったりするのである。公式化すると、古い技法に新しい思想を盛り込むということになるのかもしれない。

†第三世界主義と絵画

新中国になってからの絵画史というものが確固としてあるわけではないが、一九六〇年代のものを見てみよう。いろいろな整理の仕方があるだろうが、七〇年代までの中国はなんと言っても毛沢東中心に回っている。その毛沢東の考え方の中に第三世界主義というのがある。これは西側で言うところの第三世界とは少し違っている。西側では資本主義の発展した第一世界、社会主義の第二世界、それ以外が第三世界となる。しかし毛沢東の言う第三世界とは、アメリカ、ソビエトという覇権国家が第一世界、覇権は握っていないが産業が発達した日本、ヨーロッパは第二世界で、その他が第三世界となる。中国はそうなると第三世界となる。アジア、アフリカ、ラテンアメリカなど、日本、ヨーロッパ、アメリカ、ソ連以外のほとんどの弱い貧しい国は連帯し、アメリカとソビエトの覇権に対抗していく。毛沢東はそう定義した。

図2 「毛沢東と第三世界の人々」

「毛沢東と第三世界の人々」と題された絵は大した絵ではないし、かなり凡庸な絵だ。しかし後に切手の図案にも使われたりして、中国では非常に有名な絵だ。第三世界連帯そのままの絵解きであって、それ以上ではない。描かれている人物も、ほぼステレオタイプな民族衣装を着て、アフリカ、ラテンアメリカ、アラブなど一目でわかるように描かれている。当然その中心

図3　「我々は大きな道を行く」

には毛沢東がいる。見る限りアメリカもソビエトもいないように思われる。典型的なプロパガンダ絵画だが、わかりやすいし、当時、中国にはいわゆる第三世界のアフリカなどから多くの留学生を多く受け入れていて、そういう雰囲気も感じさせる。中国は六〇年代からの非同盟諸国会議はオブザーバー参加に留まるが、一九五五年のアジア・アフリカ会議、通称バンドン会議以来この外交を誇りにしてきていて、今日の一帯一路戦略の思想的起点ともしている。

ほぼ中央、毛沢東の隣に和服の日本人がいる。毛沢東の本来の定義によれば日本は第二世界だ。しかし日本をここに含めているとはどういうことか。一九六〇年代の中国が日本をどう考え、どう捉えているのかが、これでよくわかる。実際にどうなっているかとは別に、こういう姿であってほしい、

あるいはこういう姿を目指すということを民衆に向けて画家、つまり国家はアピールしている。もう一枚「我々は大きな道を行く」という有名な絵がある。これは一九六三年に作られた同名の歌曲を元にした、いわばメディアミックスの芸術である。中国は多民族国家だから、漢民族以外にもいろんな民族がいる。イスラーム教徒も少数民族もいて、互いに手を取り合い、手を結び、横一列になって、ともに大きな道を歩こう、という絵だ。見た瞬間多くの人がプロパガンダであると感じ、事実、意図としてはまったくのプロパガンダである。なんと言っても横並びに腕を組んで歩くというところが、我々には不自然に感じるところだ。

しかし中国に行かれた方は気づくかと思うが、中国では、男同士でも女同士でも、手を組んで道を歩く人がたくさんいる。横一列になり、狭い道をどっどっ、どっどっと歩いている。一日に何組もそういう人たちを目にする。これは中国の日常的な風景なのである。日常風景を少しプロパガンダ風に描いてみた絵なのである。水筒を持っている人物がいるのも日常的で、中国人はこういうお茶っ葉の入った水筒を持って、お湯をつぎ足しながら飲む。プロパガンダであることは確かにそうであるが、その身振りは民衆の日常生活に根ざしたものであるのだ。

†「文革万歳」から文革の終息まで

六〇年代半ばから文化大革命が起こる。文化大革命期には「造反有理」「愛国無罪」などのスローガンが満ちあふれ、毛沢東、紅衛兵などを描いた版画などは、多くの人が憶えているだろう。美術館のこの時代の展示はそう多くない。その中の一枚で一九七二年に描かれた「伝統の奇跡針麻酔」という絵がある。絵そのものは平凡だが、外科手術の様子が描かれている。患者の周りには現代医学のような機材はほとんどなく、患者は麻酔薬ではなく針によって麻酔をかけられている。絵を一見しただけでは何のことなのかよくわからないのだが、針麻酔こそが、西洋の医学を超える、中国独自の技術であることをアピールしているのだ。

私は中国山脈の麓にある小さな都市で育った。小学生の頃私の町に「中国物産展」なるものが、移動物産展として訪れ開催されていた。今から思うと毛沢東思想と文化大革命に心を動かされた人々が、文化大革命の宣伝隊として全国を回っていたものであったのだろう。私は毎日通い、中国、とりわけ文化大革命に夢中になった。向こうとしても小学生が行くと、毛沢東バッジとか『毛主席語録』とかを無償でくれたりする。赤のシンボルに彩られた会場は、小学生の心を揺さぶる雰囲気に満ちていた。私にとってサーカス以上の興行だったわけだ。その物産展に『人民中国』という月刊誌があり、かなりのページがグラビアで構成されていた。

その特集は「針麻酔は、中国の偉大な発明品である」であった。今でも鮮明に覚えているが、上述の絵画のシーンとほぼ同じ情景が写真で紹介してあった。しかし絵と違う箇所が一つだけあった。私が見たグラビアでは、手術する患者と医師たちの周りで、数人の人々が『毛語録』

を朗読していたのだ。針麻酔を称揚すると同時に、毛沢東思想を実は宣伝していたのである。

さらにグラビアの特集は「毛沢東思想が私を飛行機事故から救った」というトピックに移る。軽飛行機のパイロットの話である。飛行中、彼は飛行機の調子が悪いことに気がついた。そのときは気が動転したが、少し取り直し、操縦席の傍らにあった『毛語録』を取りだし、任意のページを開いてみた。そこにはこうあった。「まず細部を点検せよ」。彼はその通りに実行し、計器の細部を点検して片方のエンジンの調子が悪いことを発見した。次のページをめくると、「次に全体を見渡せ」とあった。彼はその教えの通りに、全体のバランスを取りながら、無事飛行場に着陸することができたのであった。そして彼はカメラマンに向かって、私は毛主席の思想によって救われたのだと笑顔で語る。毛主席の思想は針麻酔を可能にし、緊急の事故からも救うことができる力を持っているということだ。まず細部から入るところに、毛沢東らしい唯物論があると今なら考えるかもしれない。私は絵を見ながら、そのようなことを思い出していた。しかし絵からは毛沢東の思想はきれいに消えている。

文化大革命そのものを描いた絵画は、文革が終了した後に現れる。一九八〇年代の美術の特徴について、「抑圧されていた心の傷は早急に癒やされなくてはならない。美術界は率先して「文革」がもたらした厄災を描き、批判し、考察を加えるという「傷痕《きずあと》美術」を打ち出し、傷痕の物語をリアリズムの手法を用いその記憶と苦痛を描いた。彼らは歴史の真実を映し出し、歴史の迷妄を考察し、人間性の回復に努めた。そして、「人間」を描く時代を切り開き、「郷土リアリズム」――農村の生活を描くことで素朴な人間性を褒め称えるヒューマニズム意識――を用いて、飾らない「真実」を表現した」と、この展覧会のカタログである『中国現代美術の路――中国美術館創立五〇周年記念収蔵品大展作品集』の解説は記している。

「文革は誤りであった」というのが現在の公式見解のようだが、文革は部分的には内戦の様相を呈した。重慶ではピーク時に、紅衛兵が二派に分かれていわゆる内ゲバのような感じで、長江を挟んで銃火器を撃ち合ったこともある。そのような凄惨な場面を描いた絵画もあれば、自己批判を迫る絵画も描かれている。まさに「文革がもたらした厄災」を描いているのだ。

一九八一年の「春風がすでに吹き始めた」という題の絵がある。草むらに少女が座り、傍らに牛と犬が寝そべっている。これは有名な絵画で、中国人の多くが知っている。タイトルと絵を見ただけではまったく想像もつかないが、多くの中国人にとって、文革の終焉を象徴する絵なのだそうだ。文革は冬であった。ようやく春が訪れ、暖かい風が吹き始め、草も萌え始めたという季節感で、文革の終焉を象徴している。それが少女のイメージと重なっているのだ。

余談だが、日本は明治維新で近代化して以降、正月は新暦で、つまり西暦の一月一日に祝うことになった。これは今では常識になって誰も疑わないが、東アジアで一月一日に正月を祝っているのは日本だけである。他はすべて旧暦の正月を祝っている。日本でも沖縄とか一部の地域は未だ旧暦なのかもしれない。旧暦の正月は年によって違い、だいたい一月末あたりから二月中頃までの間で祝われる。これはどうということのないエピソードなのかもしれないし、我々もとくに大したことだとは思っていない。むしろ世界標準であることのほうが、重要なのかもしれない。しかし、一月一日という、これから寒さが本格的に始まろうというときに、「迎春」とか言っているのは、何かおかしいのかもしれない。旧暦で正月を祝うと、ちょうど寒さのピークが終わった時期にあたるため、これで寒さが終わりかけ、これからだんだんと暖かくなっていくだろう、という身体的感覚に根ざした喜びというのが実感できるのである。私はこの差は、そのまま日本の近代感覚を象徴していると思うのだが、どうであろうか。

春になる身体的喜びが、文革の終焉と連動するのかどうか、私には判断しかねるが、ほぼそのようなイメージを絵画が定着させている。それと同時に、上記のカタログの文章に「傷痕美術」という言葉が出てくる。文革の裏面を描いた、文革終焉後の絵画を指すのであるが、少し中国文学に詳しい人であれば「傷痕文学」というだいたいこの時期に書かれた小説群を思い出すだろう。やはり文革で傷ついた心理と文革の裏面を描いた文学である。この傷痕文学の文学史的評価をめぐる論争は、今日でも政治を巻き込みながら続いている。傷痕美術とはこの傷痕文学を美術史にも当てはめた評価であろうと思われる。しかし、文革後の絵画の展開はまったく別のところから現れてきたことが、この展覧会からも鮮やかに見て取れる。

†農村を描く

政治的には、毛沢東が死んで四人組は失脚し、文化大革命は終焉する。華国鋒がトップになり、長らく失脚していた鄧小平がもう一回リーダーになって、ゆるやかな改革開放が本格的に始まることになる。思想的には、中国思想の毛沢東主義から転換して、西欧の啓蒙主義などもどんどん取り入れた時代である。その八〇年代前半の中国絵画には、なぜか農村を描いた絵が結構たくさんある。しかもそのことごとくが傑作なのである。

八〇年代までの中国、つまり改革開放以前の中国は圧倒的に農村社会であった。文化大革命中に日本でも「下放」という言葉をよく聞いた記憶がある。文化大革命に参加した若い紅衛兵たちが、毛沢東の指令によって北京、上海といった大都市から農村へと、人民の実態を学ぶために、また人民から中国そのものを学ぶという目的で、地方へと、辺境へと送られた事態を指している。これが文革に参加した若者たち共通の体験であって、そこから次の思想的転換が始まる。映画監督として有名な陳凱歌の作品も、この下放の体験抜きには理解できないだろう。

それはさておき、現在の研究では、下放は毛沢東が文革を終わらせたがっていたこと、そして農村そのものが疲弊していて、大量の労働者を増員する必要があったためである、と説明されている。文革によって社会は混乱したが、農村も疲弊していた。文革の終了と共に、人民公社は解体され、農業の集団化からの脱却を目指した。農業はそれまでの集団作業から、家族中心の農業へと転換し、農家家族請負経営制度が全国で確立されていった。集団で耕作していた土地を農家が請け負う制度である。そして、この制度によって、農業の生産力は飛躍的に高まった。その後、改革開放により、三農問題（農業問題、農村問題、農民問題）と呼ばれる、農村の疲弊が問題にされることになるのだが、それはもう少し後の話である。

再び上記のカタログの文章を参照しよう。傷痕美術の指摘に続いて、「郷土リアリズム」という言葉が出てくる。それは「農村の生活を描くことで素朴な人間性を褒め称えるヒューマニズム意識を用いて、飾らない『真実』を表現」すると定義されている。絵画表現に表れた思想を簡潔に表現しているため、個々の作家の体験、感覚がわかりにくいが、ここに先ほど述べた下放の体験、そして生産力を飛躍的に高めた農村の実態が反映していることは間違いないだろう。それを感じさせる絵画が数多く出展されていた。

たとえば、黄土、中国の黄色い大地がバックに広がり、左側に自転車に乗った農民の若夫婦の後ろ姿が描かれ、右は大きく黄色い風景の余白が空いている「田野」と題した絵がある。素晴らしい絵である。また黄色い大地と農夫を描きながらも、ほとんどミレーの模写かと思わせるような絵もある。ミレーによく学んだ跡が窺われ、一見ミレーの舞台を黄土高原に移しただけだが、構図はミレーとは異質なところから来ていると感じさせる。やはり農村で、黄土ではないが石積みの階段のそばで子供たちが遊んでいる「古い農村」という絵画がある。子供たちが自転車の練習をしている小さな空き地と、左側の石積みの丘というか、階段の対比は素晴らしいものがある。私には中国の伝統画である山水画の系譜を取り入れているように思われる。五〇年代の山水画との融合の模索から始まり、ここで、近代的なものと伝統的なもの、社会的観察が見事に融合しているのではないか。

もっとも、このような「郷土リアリズム」の絵画は、一九八四年をピークにして、この時期だけに見られる現象である。このような傑作を描いた画家たちの一人は、現在ニューヨークに住み、一点描けば数億円という値がつく高価な絵を制作する画家となっている。その絵も、技術的には非常に高度ではあるが、かつてのような農村の叙情はまったく見られない。

図4　「古い農村」

中国の民衆の心情はどのように表現され、どのように読み解けばいいのかをめぐって、おそらく多くの人にとってなじみのないものと思われる、絵画を例にして考えてみた。これはほんの一つの例であって、この展覧会を取ってみても、他にも無数の解釈は可能である。最初の竹内好の教えに忠実に、しかし違う分野で試みるとどうだろうかという試みであった。中国における絵画はまた日本とは違った役割を果たしている。鍵はリアリズムにある。

さらに詳しく知るための参考文献

竹内好『日本とアジア』(ちくま学芸文庫、一九九三)……日本の中国研究を代表する著者の現在手に入る数少ない著書。竹内は中国研究の枠を超えて、現在中国語、英語、ドイツ語、韓国語などに翻訳され、アジア、日本を考える上で、さらに哲学、思想として評価され、さらなる読みと解釈が未来に向かって要請される思想家となっている。

内山嘉吉・奈良和夫『魯迅と木刻』(研文出版、一九八一)……内山書店の創業者である内山完造の弟である内山嘉吉が上海で魯迅の招聘によって行った、版画講習会の回想録。中国の現代美術史の重要な記録である。共著の奈良和夫は日本における魯迅と版画研究のパイオニアであり第一人者。

瀧本弘之、奈良和夫、鎌田出、三山陵『中国抗日戦争期新興版画史の研究』(研文出版、二〇〇七)……中国の抗日戦争期の版画運動の全貌。多数の版画を掲載し、さらに時期区分と解放区、占領区、国民党区という地域別にそれぞれの版画の特徴と発展の後を位置づけていて、非常に有益である。

Michael Sullivan, *Art and Artists of Twentieth-Century China* (University of California Press,1996)……中国の近代から一九九〇年代までの絵画の歴史を綴った美術史。中国の美術史を専門とする友人によると、現代までを通覧した唯一の美術史の本である。作者と中国の画家との交流を通して、美術史の裏側まで窺える。中国語訳もある(『20世纪中国艺术与艺术家　上・下』上海人民出版社)。

第三章

伝統文化の過去と現在

1　ジェンダー

坂元ひろ子

†ジェンダーの視点からみた科挙

ジェンダーとは、生物学的な性別に対して、社会的・文化的に形成された性別を意味する。一番顕著な例は「男らしさ」「女らしさ」という言い方である。つまり、生物学的に男（女）だから男（女）になるというより、育っていく中で、文化的あるいは歴史的な環境の中で形成されていくものである。社会や歴史を考える場合、たとえば階級や民族ですべてを割りきって考えられるのかというとそうではない。やはり社会的・文化的な性別であるジェンダーという要素を考慮しないと、なかなか理解できないことが多い。

では前近代中国から時代を追って見てみよう。前近代中国では、ジェンダーの視点に大きく関わる制度や習慣としてまず科挙がある。これは官僚登用試験で、上級国家公務員試験のようなものと東大法学部のエリート養成学校とがくっ付いたような制度である。科挙試験では経典を中心に大量の古典文献を暗記していないと受からない。こうして学問は経典を中心に作られていき、自己表現は経典をどのように解釈するかということから行われるようになる。

科挙にはランクがあり、最終的には都に行かなければならない。都の試験場には、隣接して「妓院《ぎいん》」と呼ばれる妓女が客を接待する場が置かれていた。妓女はいわゆる芸者である。この妓女も女性としては例外的に教養があり、詩を書くことができ、客の男と詩でやりとりもし、踊りや歌もできる高級芸者である。その妓女と全国——今の中国のように大きくないが——から来る科挙の受験生が疑似恋愛をし、それが中国の才子佳人小説に描かれる（妹尾《せお》達彦氏の説）。男性にとっては疑似恋愛かもしれないが、女性の方はたぶん、お仕事だと思っていただろう。ただそこから中国の小説のタイプが作られていったとすると、科挙は文化的に非常に大きな影響を与えたと言える。男性は科挙に受からないと出世できない。でも、受かる人はごく一部だから、男性のコンプレックスもここで作られていく。男性性の形成においても科挙は大きな意味を持っていた。

南宋の朱子が、『礼記《らいき》』の一篇『大学』、経典ではなかった言行録『論語』、『孟子』、それにやはり『礼記』の一篇『中庸』の四つをこの順で学ぶべき「四書」として定め、科挙でも明代からは四書が用いられるようになる。それまでは「五経《ごきょう》」（易・書・詩・礼記・春秋）と呼ばれる厖大な経典の知識が必要だったので、明代からは試験が楽になった。儒教の大衆化とこの科挙の平易化が併行して進んだ。ほんの上部の大衆化であっても、やはり違う。つまり、貴族でなくても、一族のお金持ちがお金を出し、勉強好きな親戚の子に投資して受験させ、科挙に受かって出世できれば、その一族には見返りがある。だから科挙は、絶対王政を批判したヴォルテールら啓蒙思想家に感心されていた。

†纏足が持った意味

男性の科挙は一三〇〇年続いた。女性の纏足《てんそく》も一〇〇〇年以上続いた風習として重要な意味を持つ。纏足は、だいたい五歳前後から、毎晩、包帯で足指を折り曲げて縛り、大きくならないようにした習慣で、足の大きさは一〇センチぐらいが理想的だとされた。骨ごと足を変形させることになる。もともとは宮廷の芸能者の風俗の真似から始まったらしいこの纏足が、宋のあたりから、漢族といわれるマジョリティーの民族の上流を中心に流行った。最初は上流を中心に一四世紀から一七世紀にかけての明代、それから一七世紀からの清代で広く流行した。「三寸金蓮」といった美称もつけられ、纏足するだけでなく、きれいな刺繍を施した靴を履くようになる。それが美しいというのでファッション化し、審美意識にも影響し、大きな足だと「村女蛮婦」、田舎者とか少数民族の人とかいった形で、見下げられるようになっていく。これが結婚にも影響し、男にとっても小さな足の女と結婚するのがステータスになっていく。ミスコンというのがあるように、地方によっては纏足で小さな足を競う足コンとでもいうべきものも行われるようになった。

ドロシー・コウの研究によると、父系社会で儒教的な社会文化だった明・清時代に纏足の習俗は適合していた。女性は、外に出ず、私的な領域での生活で女性コミュニティを作り、きれいな靴を作って親密な人たちの間で贈り物とする贈答文化もできた。女性独特な文化が作られた。ただこれはやはり、とくに上流の女性が中心で、労働、ことに肉体労働をしないといけない女性は、当然纏足などできない。だからよけいに纏足のステータスが上がる。こういう時代においては、ある意味で合理的と言えば合理的な習慣だったわけである。よく纏足とセットにして語られるのは、清代男性に強制された満州人の風習である弁髪《べんぱつ》である。しかし、弁髪は、切ってもあとで伸ばすことも、つけ毛も、かつらを着けることも可能だし、心理的な苦しみはあっても、纏足のように身体を変形するほどの苦しみは生じない。

さて、前近代から近代へと言うと、近代はいつからか、という大きな問題がある。中国ではだいたいアヘン戦争以降を近代と考えるが、メディアもなかったので、当時のほとんどの人はアヘン戦争があって負けたことも知らなかった。一方、一八九四年から一八九五年にかけての日清戦争で小さな日本に大きな清国が負けたのは、やはり大きな衝撃だった。ここから変法運動、政治変革をしようという運動が雑誌を通じて広まり、一八九八年には、光緒帝《こうしょてい》という若い皇帝が康有為《こうゆうい》・梁啓超《りょうけいちょう》といった受験段階の人たちと組んだ開明官僚に支えられ、かなり大胆な変革を図ろうとする。これを、皇帝権力を握っていた西太后が政変を起こして失敗させる。西太后は一般的には残酷な女性として描かれるが、ジェンダーの観点から言うと、女性が権力をとったから悪く言われるという典型でもある。彼女は二〇世紀には新政を始め、纏足の禁止を勧告し、一九〇五年には科挙をやめて学校制度化する流れも作った。

一九〇五年から一九〇七年にかけ、約一万五〇〇〇人の中国人が日本に留学することになる。それまでもヨーロッパに派遣された人はいたが、いくら一所懸命ヨーロッパで学んで戻ってきても、科挙に受からないと出世できない。この科挙の廃止により、一挙に留学生が増えた。一九〇六年には立憲制に向けた準備が始まり、経済でも民間である程度自由に経済活動ができるようになる。このあたりが「中国」としての近代の始まりだと考えられる。

女性の纏足のほうでは、纏足から「天足《てんそく》、天の足」へという主張が出る。天然の、天から与えられたままの足という意味の「天」である。それに先駆け、宣教師らが「こんな野蛮な習慣は良くない」と言い出していた。この当時、中国ではキリスト教の神という概念はなく「天」と訳していたので、「天（神）が与えた足」という意味でも天足と言われた。中国の男性の改革者たちからも「こんなことをしていたら、中国は異民族に笑われる」と、纏足が批判されるようになった。

梁啓超という人物は、光緒帝の変法運動期に活躍し、政変で日本に亡命してきた。広東出身で、ジャーナリストで歴史家、文学者でもある。梁啓超は、一八九七年、「変法通議」（論女学）等で次のような主張をした。中国女性は生産活動もしないで才能がないのが徳とされてきたけれど、母が子に教えるからには、女性の教育は天下の存亡、強弱のおおもとである。実際、各国は軍備に努め、婦人は皆体操を学んで健康な強い体になって、子供を産むことができる。国を保つには国を強くしないといけないし、種族（その頃には、種族という観念があった）・民族を保つには民族改良＝「進種」が必要だ。けれども男子は女子、つまり母に導かれるので、女性の教育が種族を保つ上での出発点になる。だから女性の教育が必要だが、家に閉じこもって孤立した中国女性は、実際に役立つ学問を学びようもないだけでなく、身体を損ね、血肉をつぶし、いわゆる障害者にするような纏足という拷問にあっている。女性教育は、こういう拷問に等しい纏足を変えない限り、できない。外では異民族に笑われる、と。

当時インパクトを持ったこの主張の背景にあったのは「種族」の争いである。日本でもそうだったように、「黄白種戦史観」とも言われる、黄色人種と白人との戦いが二〇世紀であるという考え方が、この当時、非常に流行していた。それが背景にあり、女性の纏足が民族を損なうんだ、と言われるようになった。

そうしたことを象徴するような事件として一九〇三年に人類館事件が起こる。第五回内国勧業博覧会というのが、大阪の天王寺のあたりを会場に開かれる。そこへの幹線道路は大スラム街で貧困にあえぐ人たちが住んでいたのに、ヤクザを使って暴力的に住民を移動させて会場整備をするという、日本の資本主義の象徴的な出発点だとも言われる（酒井隆史氏の研究）。そういう会場で、日本が自信を強め出した日清・日露戦争の間に、本来なら万国博覧会を開催したいところ、実質的には万博を目指す形でこの勧業博覧会が開かれる（松田京子氏の研究）。

一八八九年のパリ万博では、植民地の人たちを会場に連れてきて、並べてみんなに見せた。それによってフランス人に自分たちは優れていると思わせる企てが行われた。そこで、この勧業博覧会でも人類館を作り、纏足女性も含む近隣の「異人種」を連れてきて見せようという構想が生まれた。展示される側からは当然大反発が起こる。それで、本来なら博覧会の中に作る予定だったのを、正門の外、だが正門の真ん前に、名前も「余興」から「学術」に変えた、学術人類館という民間パビリオンを作り、アイヌや台湾の先住民、沖縄、琉球の人たち、インド、ジャワ、ベンガル等の人々を連れてきて、そこで日常生活を演じさせた。それによって観客が帝国主義的な優越感に浸るための装置になっていたわけである。

当然ながら、清国からの留学生や沖縄の人たちが抗議する。ただ残念なことに、彼らも、日本の先住民であるアイヌや台湾の先住民の、彼らが言うところの「未開の劣等民族」と一緒にされたことが許せない、というような抗議だった。このときの写真などは大阪人権博物館で展示されたことがある。ここが大阪の橋下徹知事・市長時代に財政援助を打ち切られ、存続の危機に陥ったことは記憶に新しいだろう。

†女性の認知のされ方

当時「国民の母」説が出てきて、国民を産む母、生殖の主体としての女性を認知する。女性はまだ決して国民ではないが、国民の母であるという形で、まず認知されようとする。蔣維喬という、先ほどの梁啓超らと親しく、革命運動もした人はこう言った。わが国民は病人として地球万国で笑われるような弱種で、人口では少ないのに白人のほうが強く、同じ黄色人種の日本で「野蛮人類館」(前述の人類館のこと)に置かれた。なぜ劣種なのかというと、もちろん知識が振るわないことがあるけれど、身体が虚弱なためでもある。身体が弱いのは、国民の母がみな纏足するからではないか。男性中国人国民が弱いのは女性が纏足しているからだと、女性のせいにされていく。まったく認知されていないところから国民の母と言われるようになるものの、こういう言い方をされる。

次には「女国民」説が出てくる。当時、日本には中国女子留学生も結構いた。ここが日本と違うところで、男性よりずっと少ないものの、女性もかなり、子供を預けてでも留学して来た。たとえば女子留学生の燕斌《えんひん》は雑誌を刊行し、こう述べている。中国には多数の女国民の身体があるが、多数の女国民の精神はない。国民としての意識を持った女性がいない。これでは民がいても民なきに等しい。中国社会では、世界に例を見ない、最も仁に反する行為である纏足が、女性を少女時代から生涯にわたって悲しませ、そのため歩行困難から全身の血がめぐらず、病気になる。病気になった女性は将来病弱の母親となり、病弱な身体はきっと遺伝により病気の子孫を増やすことになる、と。

この当時、中国人口は四億と言われた。その半数の二億の女性が皆改革されないと、この民族の身体の健全さはえられない。当時、西側が中国を称した「東方の病夫《びょうふ》」という言葉――これは初めはオスマン朝に対しヨーロッパが言った言葉らしいが――を中国の人たちもむしろ奮起のため内面化し、自分たちあるいは朝鮮の人がそう言われていると言うようになる。「東方の病夫」とあだ名がつくのももっともだと、燕斌はここで言っている。

燕斌という人は、北米の近代女性にあこがれてモデルにしている人で、とてもコロニアルでナショナリスティックな「東方の病夫」といった言説を「もっともじゃないか」という形で内面化する。それと纏足がセットにされる。だから、女性がまったく無視されたわけではないけれど、こういう形でしか認知されない。纏足が女性の文化としては合理的でもあった時代は過ぎた。女性は家にだけいたらいいという時代ではない。

✝革命女傑、秋瑾

そして、秋瑾《しゅうきん》という女性がいる。この人は福建の生まれで、原籍、つまり先祖は浙江省の人である。結婚して湖南の曾国藩という大官僚の生家の近くに住み、そのあと夫の仕事の関係で北京に行き、一九〇四年から〇六年にかけ、単身で、夫も子供も放置して、日本に留学する(〇五年に一度帰国)。日本では下田歌子の学校で学ぶことになる。下田歌子は、実践女学校、今の実践女子学園の創設に関わった人で、もともと華族の女子教育にあたっていた人だが、とても野心的な人で、日本風の良妻賢母教育を中国に広めたいと思い、清国からの女子留学生を率先して引き受けることもした。留学機会が与えられたと感謝した中国の女性も、教育改革で下田をあてにした中国人男性もいた。上海では彼女の本が翻訳され、女子学校の開設に協力したりしたので、中国では、当時の日本人女性の中では下田歌子は突出して有名な人だった。

秋瑾はもっとラディカルな人で、当時、東京に多かった反清革命組織に入った。そして帰国すると、一九〇七年にまず上海で『中国女報』という女性雑誌を出し、そのあと大通学堂という教育機関を引き受ける。そこで、暗殺活動をした友人の徐錫麟《じょしゃくりん》という革命家に連座して処刑されてしまう。今の言葉で言えば共謀罪といったところで、彼女自身は、計画はしたかもしれないが何もまだしていない段階だった、

その秋瑾は一九〇七年にこう書いている。わが二億の女性同胞はいまだに暗闇の十八層地獄に沈んでいて、どんどん底の底に沈み、その一層も這い上がろうとしない。足は小さく縛られ、頭はきれいに梳《くしけず》られ、きれいにされて、一生男子に頼ることしか知らない。着る物も食べる物もみんな男子頼みだ。これでは「一生涯の囚人であり、半生の牛馬（働かされるだけの家畜）だ」。そう女性の置かれた地位を表現する。

実は、彼女は元は結構良い暮らしをしていた。女性の苦しみを文字で書ける人はものすごく少ない時代であった。明清までとは時代が変わるし、女性の意識も変わる、そんな時代を、やはり表現していた。

最初、秋瑾は未遂の罪で処刑されたか弱い女性として、文芸界などで評判になる。一九一一年の辛亥革命での武昌起義後、最初の革命女子として、ようやく認定される。それで革命女傑

となっていく。でも初めからそうではなかった。日本に武田泰淳《たいじゅん》という小説家がいた。彼は、『秋風秋雨人を愁殺す』という、秋瑾が処刑される前に残した言葉を取って『秋風秋雨人を愁殺す　秋瑾女士伝』（一九六八）という作品を書いている。ただ、これは、秋瑾というより、むしろ魯迅に思いをよせることで武田泰淳自身に主題を置いた作品である。魯迅は、秋瑾と同じ時期、日本に留学していて、やはり革命派の活動に関係したけれど、魯迅は秋瑾のように過激な行動はとらなかった。秋瑾は革命活動で処刑された。それで魯迅に生じた後ろめたさを作品に託した。そう武田泰淳は魯迅を解釈することで、戦争で生き残った自分のことに、むしろモチーフを置いたと思われる。いずれにせよ、日本ではこれで秋瑾が知られた。

†国民としては認められない女性

一九〇〇年代の清末になると、もう都市部からだんだん天足のほうが進歩的だ、進歩の象徴だという反纏足キャンペーンが行われるようになる。たとえば上海の画報では、纏足をやめたら、女子も冬に革靴を履いて「かっこいいのよ」といったことが図示される。また、ろくろく歩けない纏足女性を天足女性が振り返り「ああ、情けない」といった光景【図1】や、昔は纏足がよくても「今、女性は学問よ」と言わんばかりの図、そして「将来は女兵士」という絵には、男性画家による「女が学問をして、末は兵隊かよ」といったような揶揄も入っていると思われる。

　反纏足キャンペーンに使われた有名な絵で、纏足をすると、痛くて甕《かめ》一杯分の涙が出るほど大泣きをしないといけない、という絵がある。ところが現実には「先に泣いたらあとで笑う」。つまり子供の頃、纏足で痛い目に遭い泣くのは一時だけど、それによって良い結婚ができたら、笑いの一生だ。そのほうが重要で、大きな足のままでいると実際には一生、涙する。結局、抗日戦争の起こる一九三〇年代後半までは、纏足女性はなかなか減らなかった。

図1　「纏足不纏足之比較」（『図画日報』2号、9頁、1909）

　日本女性が「纏足しない足をご覧なさい」「自由な足をご覧なさい」と言っている図は、民族心を刺激するものだ。実は日本の女性は世界で一番女権後進国だと、この時代から言われていた。それでも「足は自由だ」と言っている。

　辛亥革命後、中華民国が一九一二年に成立する。革命では女性もかなり活躍した。一九一三年に憲法に代わる臨時約法ができたとき、中華民国の人民は「種族・階級・宗教の区別なく、一律に平等」であると謳われた。もともとこれには「男女の別なく」という言葉も入るはずだったのに、結局、政治的駆け引きの中でこれを落としてしまう。それどころか、『民立報』という新聞には、女権論は独身主義、無夫主義を煽り、中華民族を根絶やしにするという論評まで出た。この新聞は、革命運動時は、男性が配ると危ないので女性が配るなどして協力した新聞なのに！

女子参政権運動が起こるのももっともなこと。女子参政会の人たちは抗議で議場まで行き、実際にガラスを割ったり、殴ったりしたと言われる。それに対し、当時はまだ欧米にもなかった女子参政権を要求し、野蛮な手段に訴えるとは恥知らずで、民国に汚点を残し外国人にあざ笑われるなどと、女性に理解があると見なされていた新聞『大公報』などでも批判される。革命運動には参加したのに、結局女性は国民として認知されなかったのである。

†新文化運動以後に見られた変化

一九一五年頃から新文化運動が起こり、一九一九年には五四運動が起こる。恋愛神聖であるとか労工（働くこと）神聖であるとかが主張される。そしてフェミニズムも出てきて、産児制限の主張もされる。父系制の社会だったので、とにかく男子の子孫を残さないと家が繁栄しない、息子をたくさん産まないとその家が絶えるので、男児を産まないといけない。だから女性は子供産み機のように思われてしまう。実際、今の日本でも、皇室が男系で続くかどうかが問題になっているが、中国では男系を続けるために、いい家は妾を置いて、妾にも息子を産ませ、保険をかけた。

それに対する青年たちの反発が新文化運動にはあった。そこへ産児制限論が出てきて、日本にも来たマーガレット・サンガーが中国にやって来る。子供の数よりは質である、避妊が必要だと主張する。それはそれで大きな問題があり、「質の良くない」子供は生まれないほうがいいというような考え方にもなっていくので、フェミニズムにとってはとても大きな問題である。もう一つ、もともと『孟子』に人を支配する者は頭を使うし、支配される者は肉体を使うといった考え方があった。また、科挙のため、文が大切、身体よりも頭のほうが大事とされた。それに対して、ロシア革命の影響もあった労工神聖の考えにより、労働を軽んじる思想が覆されるようになっていく。

北京から始まった五四運動の五月四日当日には、男子学生しか街頭デモに参加していないが、そのあとの広がりの中で女子学生も参加するようになった。その後、一九一九年一〇月、中国国民党、ついで中国共産党が一九二一年に成立し、資本主義の発展につれ労働運動も盛んとなり、一九二四年には国共合作して北方の軍閥に対して戦おうと、国民革命が行われる。国共合作の際にようやく、原則的には男女平等であることを確認する。この国民革命のあと、一九二七年から二八年にかけて南京国民政府が成立し、国民党の蔣介石が権力を握り、統一政府ができる。その中で国民の身体作りが大きな課題になる。一九二八年には婦女纏足禁止条例が出て、纏足を無理やりにでもやめさせる運動が繰り広げられる。まず禁止罰則が作られ、罰金やら摘発ノルマ制ができると役人は纏足女性の包帯を人前で無理やり解き、その長さで成果を報告したりもした。さらには拘束して強制労働をさせたり、ひどい場合は引き回しをしたりする。そんなふうにきわめて暴力的に纏足をやめさせる運動まで出てくる。

女性の身になってみると、長年、纏足をしていると骨ごと変形してしまい、纏足の包帯をいきなり解いても足は元に戻らない。頭の切り替えは早くできても、身体の切り替えはそう簡単にはいかない。そのタイムラグによって、重ねて生きながらの苦しみを受ける。「落ちこぼれの足」というふうに、自己卑下してしまう。それに対し、男性は驢馬《ろば》でもなく馬でもない、得体の知れない奇形の足だと酷評した。以前は、男性にとって小さな足の女性と結婚するのはステータスで、大足の女には目もくれなかったのが、今度はこのようにひどい言葉で纏足女性を傷つけるようになる。

第一次世界大戦と第二次世界大戦の間に、中国でも纏足の妓女に替わって、世界の大都市でも見られたような新しいタイプの女性現象が起きる。和製英語の「モダンガール」と同じ「モダン」の音訳（摩登）を使い、外国租界をもってコロニアルモダンといわれる大都会の文化を背景に、新しいファッションリーダーが上海などに出てくる。この人たちは、たとえば日本の

「新しき女」のように非常に高学歴の女性に限定されず、もっと広い層にわたって「私は女だ」「女として生きる」ということを意識しだした。とくに学歴があるわけでもないので、ファッションやライフスタイルでそれを示すモダンガール現象だった【図2】。ことに上海では女工が急速に増えていて、彼女らは朝から夜遅くまで働かないと食べていけない。しかも一家の生計を支えた女工さんが多くいた。彼女たちが、貧しい中、節約をし、モダンガールを真似てちょっとしたおしゃれをする。それを男性たちは、「貧しいのに、おしゃれなんかしなくてもいいのに」と言う。でも、そういうおしゃれがやはり、自分たち女性としての人生だと意識する上で重要だったのである。

図2　魯少飛「摩登先生不敵摩登姑娘一挙足（モダンボーイはモダンガールの一蹴にかなわない）」（『上海漫画』107,1930. 5 .17）

満州事変、抗日戦争時の女性

けれども一九三一年に満州事変が起こり（翌年満州国成立）、民族復興論が出てくる。一九三四年には蔣介石による新生活運動が発動される。その流れの中で、「女は家に帰れ」論とともに、モダンガールに対して強烈なバッシングが起こる。

享楽的で浪費的だというモダンガール・バッシングが男性から出たのはもちろんのこと、インテリ女性からも、モダンガールと言えば白粉、パーマ、香水、お散歩、映画とか、口を開けば自由、口を閉じれば恋愛、女学生も奥様も女優も娼妓もみな同じように虚栄心を持ち、心の中はお金、贅沢品ばかり、などといったバッシングが向けられた。

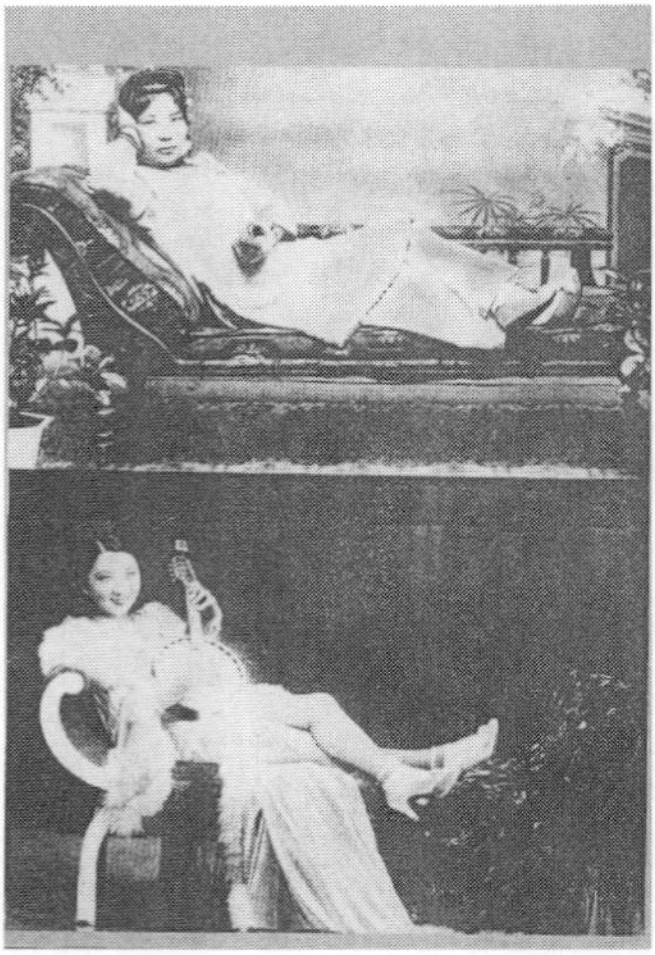

図3　李薫誠「四十年来前後的中国婦女解放観」(『時代漫画』36,1937.3)

男性が見た「中国の女性解放の四〇年」を描いた組み写真作品【図3】がある。四〇年前は纏足した妓女、それからモダンガールで、肌を露出しハイヒールを履いたショーガール風女性がいる。ハイヒールのことを当時「洋纏足」と言った。纏足をした足の形そのものがハイヒールに似ていたから言い得て妙である。「昔、纏足。今は洋纏足。女性の解放と言ってもこんなものでしかない」というような男性の嘲りが聞こえてくる。それに対し、新生活運動時、袖やスカート丈が短すぎると警官が言うので、「じゃあ、脱げばいいんでしょ」と言って抵抗するモダンガールを描く女性漫画家も現れた。これは男性なら描かないだろう。

満州事変を経て、一九三七年からは日本の侵略戦争が本格化し、中国は抗日戦争期に入る。満州国はまさしく偽りの「王道楽土・五族（日・鮮・満・漢・蒙）協和」だった。ことに沖縄の人たちは日本でひどく差別され、当初の農業移民から外されたが、戦争本格化後、満州開拓政策で「満州に行くとみな平等だから」と言われどんどん行かされる。行くと、日本人社会の間ではまったく平等ということはなく、差別されたあげく、自分たちもまた地元の中国人を差別する。中国語の本が焼かれ、中国人は殺されたり強姦されたりしたから、大東亜共栄圏と言っても、ある意味で満州国は丸ごとあの人類館のなれの果てだった。

図4　「猛烈なる抗日ポスター」（『満州グラフ』5－4，1937．4）

満鉄が出していた『満州グラフ』という雑誌に「こんなけしからん反日ポスターが出ている」と抗日スローガンを大書したポスターが出ている【図4】。満州でいかに日本が嫌われていたか、ここからも窺える。日本が満州の経済開発に尽力したからこそ、満州は素晴らしくなったというようなことを日本側はしきりに言うのだが、恩恵にあずかったのはほとんど日本人の

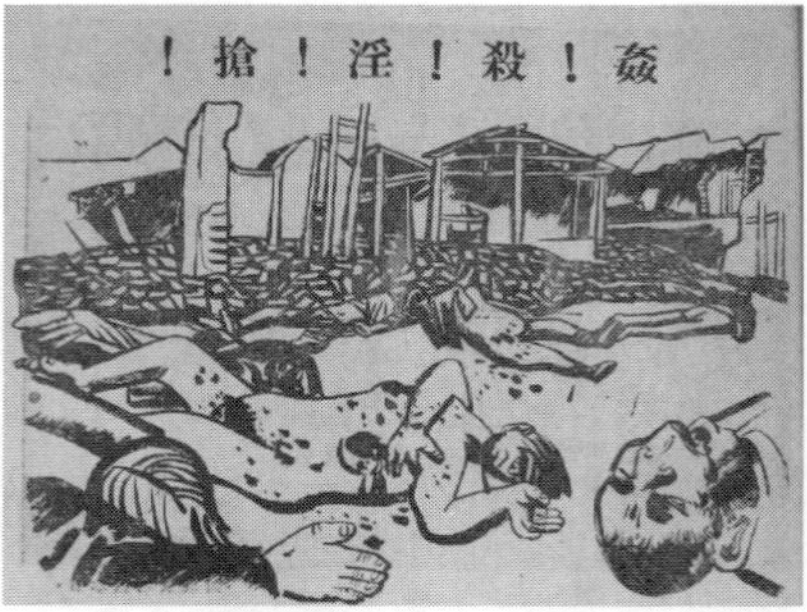

図５　陸志庠「看！“皇軍”的供状！姦！殺！淫！搶！（「皇軍」の供述書を見よ！強姦！殺戮！略奪！）」（『抗戦漫画』７，1938．４．１）

み、差別ができ、一般の中国人には実際にはまったくそう思われてはいなかった。

　さて、抗日戦争の中で女性はどうなったかと言うと、一九三八年、蔣介石夫人の宋美齢が婦女統一戦線の組織化の号令をかける。彼女は大財閥宋一族の娘の一人で、孫文の夫人が姉の宋慶齢である。戦争になると、女性を動員することが必要になってくる。その際、男性は前線に、銃後の女性は生産活動や家事・育児にとジェンダー分業が提起され、共産党側もそれに同意し、抗日戦争や革命に貢献する「新賢妻良母」が唱えられるようになる。

　抗日戦争では戦時性暴力が多発し、日本軍に凌辱される中国人女性が増えたことから、抗戦漫画には中国女性の凌辱シーンがしきりに取り上げられた。敵に凌辱されたり難民化したりした女性被害者の図【図５】により戦意を鼓舞しようとするのはどの戦争でも行われたことだが、女性漫画家ではやはり違っていた。抵抗するモダンガールを描いたあの女性漫画家も、男性は前線、女性は銃後という性別役割分担の漫画を画いたものの、男性漫画家のように凌辱された女性の身体や被害者女性だけを描くことはなく、むしろ男女は責任において平等だと訴えかけ【図6】、それが女性雑誌の表紙にもなった。また、抗日戦争においては女性兵も現れ、北伐戦でも従軍した作家の謝冰瑩《しゃひょうえい》は女性服務団を率いて前戦に赴いた。

その謝冰瑩は、抗日戦争勝利後、一九四六年の憲法制定国民大会で議員に選出された数少ない女性でもある。謝冰瑩は、今で言うクォータ制、女性の一定の当選枠を要求した。ところが、胡適のようにとても民主的だと思われた男性たちからも一蹴され、彼女を落胆させる。彼女は、とにかく女性への圧迫が続き、中国の女は世界の女の中で二番目に哀れな地位にある、と言う。ちなみにその第一位は日本の女である。それでもこのとき、女性にとってある程度の成果を何とか獲得できた。

図6　梁白波「責任均匀的解釈（責任は平等にの解釈）」（『抗戦漫画』2,1938.1.16）

性暴力の被害に遭った女性たちがその後どうなったかを少しだけお話ししたい。纏足で逃げ足が遅く凌辱された農村の女性たちも多く、日本軍が連れてきた慰安婦以外にも、占領地で強姦のうえ慰安婦とされた女性が各地にいる。そうした被害女性たちは多くが殺され、生き残っても自殺したいと思う人も多く、子供や親のために耐えて生き残っても、郷里では心ない隣人たちから嘲笑された。単にそのとき凌辱されただけでなく、長い間苦しめられ、その痛みがどんどん増幅していくような悲惨なありさまになった。だから、今日の慰安婦問題でも、性暴力がいかに一過性ですまない苦痛をもたらしうるかをやはり重く考えるべきだと思う。

図7　「向英雄模範致敬（〈戦闘・労働〉英雄・〈生産〉模範に敬礼）」（『漫画』月刊 6 ,1950.11. 1）

†法的な男女平等

一九四九年の中華人民共和国成立で法的には男女は完全平等になる。だが重工業優先策が打ち出されるようになり、戦闘・生産の英雄は男性、女性はせいぜい生産模範で【図7】、最初、革命のための夫の良き助手、良き妻、子の良き母であるのが模範とされた。それが一九五八年、急速な農工業の大増産政策、すなわち大躍進政策時期になると、農業合作化、人民公社化が急激に進められ、結局は失敗し多くの餓死者を出す。こういう段階になって初めて、農村の女性も含めて女性は無理にでも仕事に動員される反面、家から外へ出ておおっぴらに女性同士で働く喜びを持つようになったとも言える。共同食堂や託児所も作られるようになる。毛沢東が太陽にシンボル化されるにつれ、文化大革命期にジェンダーは抑圧され、「鉄の娘」という男性化した女性像も作られるようになる。生殖面では、文革終焉後に産児制限が再開され、一九七九年から一人っ子政策がとられた（二〇一六年から基本的に廃止された）。

ここまでジェンダーの視点から歩みをたどってきた。もちろんジェンダーだけで歴史や社会を見てもだめだが、階層や民族だけで見てもだめで、それらをやはり併せて見ていくことが中国を理解する上でもとても必要だと私は思う。

さらに詳しく知るための参考文献

小野和子『中国女性史――太平天国から現代まで』（平凡社選書、一九七八）……中国明清史に造詣の深い著者ならではの先駆的な中国近現代女性通史。

夏暁虹（藤井省三監修、清水賢一郎・星野幸代訳）『纏足をほどいた女たち』（朝日選書、一九九八／原書一九九五）……中国近代文学専門家による、近代文人の纏足観を含む女性観についての独創的な研究。

コウ、ドロシー（小野和子・小野啓子訳）『纏足の靴――小さな足の文化史』（平凡社、二〇〇五／原書二〇〇一）……フェミニスト理論による纏足の女性文化形成上の意義の指摘と近代主義的纏足批判への批判。

妹尾達彦「恋をする男――九世紀の長安における新しい男女認識の形成」（『中央大学アジア史研究』二六号、二〇〇二）……中国都市史研究の立場から、科挙＝受験制度と男女の恋愛という文化の成立を考察する。

松田京子『帝国の視線――博覧会と異文化表象』（吉川弘文館、二〇〇三）……第五回勧業博「異文化」展示における、その時代の国民の帝国意識形成を追跡する。

坂元ひろ子『中国民族主義の神話――人種・身体・ジェンダー』（岩波書店、二〇〇四）……民族主義を含む中国近代の問題群を社会進化論や優生学、ジェンダー観点からも読み解く。

末次玲子『20世紀中国女性史』（青木書店、二〇〇九）……これまででは最も詳細な二〇世紀中国女性史の概説。

坂元ひろ子「漫画表象に見る上海モダンガール」（伊藤るり、坂元ひろ子、タニ・バーロウ編『モダンガールと植民地的近代――東アジアにおける帝国・資本・ジェンダー』岩波書店、二〇一〇）……中国での「モダンガール」現象と不可分の新メディア＝漫画雑誌に着目する文化研究。

酒井隆史『通天閣――新・日本資本主義発達史』（青土社、二〇一一）……第五回勧業博の会場整備、その跡地の「新世界」建設を大阪という地域の底辺からあぶりだす資本主義史。

野村浩一・近藤邦康・並木頼寿・坂元ひろ子・砂山幸雄・村田雄二郎編『新編　原典中国近代思想史』一～七巻（岩波書店、二〇一〇～一一）……清末から二〇世紀半ばまでの中国の各種思想文献が系統的に日本語訳で読める。

沖縄女性史を考える会編『沖縄と「満洲」――「満洲一般開拓団」の記録』（明石書店、二〇一三）……沖縄からの開拓団の顛末の貴重な調査記録。日中「民衆の哀史」とみなせるのかも問われるだろう。

坂元ひろ子『中国近代の思想文化史』（岩波新書、二〇一六）……図像史料の多用、ジェンダーの観点という点でもこれまでにない清末民国中心の通史。

坂元ひろ子「中国民族主義とジェンダー」（小浜正子・下倉渉・佐々木愛・高嶋航・江上幸子編『中国ジェンダー史研究入門』第九章、京都大学学術出版会、二〇一八）……これまでで最も包括的な中国ジェンダー史研究において中国近代「民族主義」との関係を焦点化する。漢訳・英訳あり。

2　儒教復興

中島隆博

†近代以降の用語は「儒学」

ここ一〇年ぐらいの間、私は柄にもなく、中国大陸での儒教復興を追いかけてきた。「柄にもなく」というのは、私はもともと哲学を専攻しており、完全にブッキッシュな人間だったからである。ある時、フランス人の友人でジョエル・トラヴァールという文化人類学者に誘われ、儒教復興のフィールドワークを一緒にするようになった。大陸の儒教復興の現場に行き、何箇所かでフィールドワークの真似ごとをさせていただいたのである。ここではその成果などもご紹介できればと思っている。

儒教復興と聞いてみなさんはピンと来るだろうか？　実は、あまり来ないかもしれないと訝しんでいる。というのも、日本にいても中国の情報はいろいろ入ってくるが、儒教復興に関する情報はあまり入ってこないからだ。とはいえ、私がそのフィールドワークを始めた直後だったか、二〇〇七年の年末に福田康夫総理が、孔子の生まれた曲阜《きょくふ》を訪問されていた。これはすごいことだなと驚いたのだが、日本の新聞では数行のベタ記事にしか載らず、「ああ、その程度の扱いなんだなあ」とややがっかりしていた。福田総理は、その後も中国をはじめ東アジアとの関係を非常に重視して精力的に活躍されていくが、在任中に儒教復興にも触れておられたわけである。

さて、まずは言葉について考えておきたい。「儒教」復興と申し上げたが、おそらく日本の文脈では「儒教」という言葉が最もすんなり受け入れられるだろう。ところが中国大陸では「儒教」という語はあまり使わない。その代わりに「儒学」とか「儒家」と言う。韓国では「ユギョ」だから「儒教」である。なぜ大陸では「儒教」でなくて「儒学」という言い方をするのだろうか?

お気づきの方もいるかと思うが、それは、「儒教」という言葉が持つ宗教的な意味合いに配慮しているからである。「儒学」と言うと、哲学や教育学や倫理学という、宗教から少し距離がある語感になるので、「儒学」と言うのが好まれるのである。

しかし、本当のところは、どうしてなのだろうか? なぜ、宗教だと具合が悪いのだろうか? 中国は社会主義の国で、社会主義は宗教に対して距離を置くから、と考える人がいるかもしれない。マルクスが言ったように「宗教はアヘンである」からだ、と。しかし、だから「儒教は宗教じゃない」と言い直してみるというのも、なんだか大人気ない気がしてしまう。

たとえば「仏教」や「道教」という言葉がある。よく中国では「儒・仏・道」、つまり「儒教・仏教・道教」の三つが、究極的には相互につながって一致していると、ずいぶん昔から言われてきた。その場合の「教」は、「教え」という意味である。「仏の教え」「道の教え」「儒の教え」である。近代的な意味での「宗教」とは違う意味合いだったのである。

ところが、近代以降、レリジオンとしての「宗教」という概念が入ってくるようになると、「儒教」という言葉から逆に、「儒教は宗教なのか、そうではないのか」という問いが生じた。つまり、近代以降の学問、あるいは世界観のあり方が、「儒教」か「儒学」かという用語選択に関わっているのだ。

†排除されてきた儒教

中国では、社会主義体制になる前から儒教を排除してきた。中国の近代化は儒教排除の歴史でもあった。近代中国では、儒教は中国の後進性あるいは封建性を体現しているのだから、儒教をとにかくやめて中国は近代化していかなければいけないと考えたからである。

一九一五年に『新青年』という雑誌（最初の誌名は『青年雑誌』）が創刊された。これは、西洋的な近代を取り入れ、それに近づく社会にすることを、文化の面から行っていく運動の中で、フラッグシップになった雑誌である。そしてこの『新青年』や一九一九年に始まった五四新文化運動の中で、儒教は批判の対象になる。

その中に「打孔家店」という標語があった。「打」は「打倒する」というよりは「打ち払う」という意味である。たとえば、「打鬼」というと、「鬼」すなわち我々に取り憑いている亡霊的なものを打ち払って取り除くという意味である。日本でいう鬼やらいがそれに相当するだろう。何とかそれを除くことによって、新しく一歩を踏み出そうという思いで「打」という言葉が使われた。

しかし、それが後には「打倒孔家店」として、「打倒する」という非常に強い言葉に変わっていく。儒教批判が極まったのが文化大革命期である。「批林批孔」といって、林彪と並び、孔子・儒教が過激な打倒の対象になり、非常に苛酷で苛烈なことが生じた。文化大革命期の曲阜の写真を見ると、わざわざ「孔家店」という文字を逆さまにしているものがある。それ自体が引っくり返してやるという意味を持っているのだ。また、孔子像の写真を見ると、そこにも「大悪党」という標語がつけられている。まさに「打倒」が極まったのである。

このように中国近代において、そして二〇世紀のかなり後半に至るまで、儒教は排除されてきた。それにもかかわらず、今儒教復興という現象が生じているのはなぜなのか？　大きな原因は鄧小平の改革開放である。そこで中国は大きく舵を切り、今の中国につながるような改革（社会主義市場経済）が行われた。その中で儒教も見直されていったのである。

†儒教の第三期

なぜ儒教が見直されたのか？　これには諸説あるが、よく言われているのは、正統性（レジティマシー）のためだというものである。つまり、政治的な正統性を担保する一つの重要な資源として儒教が容認されたとする考えである。毛沢東というカリスマの後に中国政治の正統性をどう保証するのかは、かなり難しい問題であった。鄧小平が改革開放政策のもと資本主義を導入した以上、社会主義だけで正統性を保証することは容易ではない。そこで、儒教を見直した上で、正統性の保証に入れてきたのではないかと考えられたのである。

実際には何が起きたかというと、まず大学儒教すなわち中国の知識人の中で儒教がもう一度見直される段階が来た。次に民間儒教、すなわち民間レベルに広がっていった。

大学儒教においては、台湾や香港、シンガポールといった中国大陸の周辺にある地域で継続されてきた儒教研究が、中国に逆輸入された。この周辺での儒教研究は「新儒家」と呼ばれる。朱子学はたぶんみなさんもご存じだろう。朱子学の後の陽明学も含め、宋や明の時代の儒教のことを、ヨーロッパの学者たちが「新儒教」と言った。それは古代の孔子の時代の儒教とは全然違う、仏教を経た後の新しい儒教だと考えられたからである。いわば儒教の第二期である。その概念に掛けて、近代的な儒教を「新儒家」と呼んだのである。それは儒教の第三期と言っ

人民大学の孔子像

てもよい。
上の写真が示すように、今や人民大学に孔子像が設置されている。中国共産党にとって大事な大学である人民大学に孔子像が置かれたことに、私は大変感慨深いものがあった。中国の文化状況、政治状況が大きく変わったことを示す象徴である。

先ほど言ったように「新儒家」は近代的な儒教であり、西洋的な哲学や倫理、宗教学を前提にして儒教を再構築していった。その中には宗教的な要素もかなり含まれている。単なる倫理学や哲学、教育学ではなく、もっと総合的に宗教を含めた近代儒教が「新儒家」だと言ってよいだろう。ではどうしてそれが、台湾や香港やシンガポールで研究されたのだろうか?
伝統的で立派な教えだったから、ということはある。中国文化もしくは中国文明が近代西洋に対峙していくとき、儒教をただ排除、抑圧するだけでは面白くないし、もったいない。儒教の伝統的な体系性や総合性を捨てがたいと思うことは、当然あるだろう。これが、一つの大きな理由にはちがいない。

ただ、注目してほしいのは、「それが大陸の周辺で行われていた」ということである。とくにたとえば台湾では、強力な儒教教育により「我々こそが、中華文明の正しい継承者である」という意識を育むという、政治的な要請があった。「新儒家」の人たちには、一九四九年以降に大陸から逃れてきた人たちもかなり多く含まれている。中華文明の継承者という意識がそこには多分にあったはずである。

†儒教が議論される際の特徴

さて、大陸に戻ろう。儒教が再導入されていく中で、三つの特徴的な議論が出てきた。一つは儒教国家論である。蔣慶《しょうけい》さんがその代表であり、西洋の民主制度では不十分で、儒教に基づいた中国独自の政治体制を作るべきであると述べている。具体的には、議会三院制をとるとして、まず民意を代表する庶民院、次に歴史文化のレジティマシーを代表する国体院、そして儒教価値を代表する通儒院を置こうというのである。

最初の二つは下院・上院ということで、諸国で採用されている。しかし通儒院は非常に特別なものである。それは、「超越的な神性によるレジティマシーを代表する」と言われる。さらに、「儒教は憲法の地位を占めることになる」とまで述べるのだが、こうなると一種の儒教原理主義にも見える。今の中国で、こうしたことが主張されているだけでなく、それが可能だということが面白い現象だと思う。

もう一つも、なかなか強烈な議論で、儒教国教化論と言われる。これは康暁光《こうぎょうこう》さんが唱えられており、「共産党を儒化し、儒に変化させる。儒に変化させて、儒士共同体とする。マルクス－レーニン主義をやめて、孔孟の道に帰る。そして儒教を国教化する」というものだ。これも、かなり強力な儒教の主張である。繰り返しになるが、こうした非常に強い主張ができること自体に、隔世の感がある。先ほど述べた文化大革命のときの抑圧や弾圧とは真逆なのである。

三番目はよりソフトな議論で、陳明《ちんめい》さんによる、儒教は公民宗教つまり市民宗教であるという主張である。市民宗教という言葉になじみはあるだろうか？ 市民宗教はもともとジャン＝ジャック・ルソー『社会契約論』の最後に添えられた議論だった。啓蒙された新しい近代的な市民社会においても、それまでのキリスト教とは違うにしても、市民社会を支える、ある種のスピリチュアリティが必要ではないのか。これが市民宗教である。

ルソーの市民宗教という概念を現代に強く蘇らせたのが、ロバート・ベラーという、アメリカの宗教社会学者である。二〇一三年に亡くなられたが、もともとは日本研究者で、とくに日本の宗教を研究していて、丸山眞男と親しい関係だった。このベラーさんが後に「アメリカという国には、市民宗教がある」と言って市民宗教の概念を持ち出してきた。それは、アメリカの独立戦争、アメリカの憲法、南北戦争のリンカーンの演説に体現されており、ここにアメリカの市民社会を支える非常に重要な精神があると考えたのである。

この概念を使って、彼はベトナム戦争に反対した。ベトナム戦争は、アメリカの市民宗教によって支えられている市民社会に反している、というのである。とはいえ、ベトナム戦争が終わると、その後ベラーさん自身がこの市民宗教という概念を使うことはほとんどなくなっていた。

ところが、この概念が突然中国で蘇り、「儒教は市民宗教である」と論じられるようになった。それを受けて、香港で、ベラーさんが亡くなる二年前に「市民宗教としての儒教」を議論する国際会議が開催された。私も参加したが、非常に不思議な感じを覚えた。いったんベラーさんが手放した市民宗教が、中国大陸で儒教に重ね合わされ、もう一度議論されている。ルソー以来の概念が、今の中国の儒教復興の中で、また使われていく。こうした概念の循環は、なかなかに不思議であり、また面白いことだと思う。

陳明さんは、儒教を宗教と言うよりは市民宗教と言ったほうが社会的に受け入れられやすいと考えている。それはおそらく、これからの中国社会がより成熟した市民社会に向かっていくための、一つの重要な鍵に儒教がなりうるという展望をお持ちでのことなのだろう。

以上のような配置で、中国の知識人は儒教を議論していることが確認できるが、もとより単純な図式にすべてが収まるわけではない。

†できる限り宗教色を薄めて

二〇〇八年の北京オリンピックを覚えていらっしゃるだろうか。私も固唾《かたず》を呑んで、北京オリンピックの開幕式（開会式）を見ていた。その演出で、繰り返し「和」という文字が使われていた。当時、中国では「和諧《わかい》社会（ハーモニー）」ということがよく言われていたこともあって、「和」が選ばれたのだろう。「和」という儒教的概念が公的空間に競《せ》り出てきたのである。

先ほど、大学儒教が民間儒教に広がっていくと申し上げたが、その広がりの中の典型が、書院である。書院は私立大学や私立学校のようなもので、前近代の中国の教育を担った重要な場所である。近代になってそれらは消えていき、代わりに、近代的な大学や初等中等教育機関が登場した。ところが最近、この伝統的な書院があちこちで復活している。当然、この書院で学ぶ中心的なものは儒教的な価値となる。

とはいえ、ただ伝統的な儒教を学ぶだけではない。すでに私たちは近代以降の世界に生きてきているのであって、近代を体現した様々なカリキュラム、たとえば英語教育なども準備されている。それらを含みながら、儒教をもう一度学び直そうというのが、現代の書院なのである。

さて、曲阜という町は孔子の生まれた場所で、文化大革命のときには徹底的に弾圧されたのだが、今は非常に繁栄している。

そこに孔子六芸城というテーマパークがある。「六芸」(礼、楽、射、御、書、数)を通じて儒教的な世界が展開されているのだが、ディズニーランドと言えば言い過ぎだろうが、遊具もたくさんありなかなかに楽しい場所である。たとえばジェットコースターのようなものがあり、それに乗ると孔子の生涯が全部わかるようになっている。「そんなに人は来ないだろう」と高をくくっていたが、案外多くの人が来ていたのには驚いた。孔子をテーマにした映画も、今では結構作られていることを考えると、ポピュラーカルチャーの中に、孔子あるいは儒教が浸透しつつあることがわかる。

北京オリンピックの前年に、私はこの曲阜の孔子廟《こうしびょう》を訪問して、孔子祭に参加した。先ほど述べたフランスの文化人類学者の友人たちがいろいろ手配してくれたおかげで参加できたのである。滞在中に儒教の国際会議(「世界儒学大会」)もあったが、日本からの参加者は私だけで、なんだか居心地の悪い思いをした。

それはそれとして、この曲阜でのお祭りは非常に注意深く作られていた。つまり、宗教色をできるだけ排除して、国際的なお祭りに仕立てていたのである。もともと孔子祭は「釈奠《せきてん》」といって、犠牲の動物を供えたりする宗教色が強いものである。その宗教色を薄めて、犠牲を献花にとどめたり、儀礼をニュートラルなものにしたりしていた。

国際的なお祭りは午前中だけで、午後は孔子の子孫の方々の家祭だった。私は午後もその場にじっと座って見ていた。孔子の子孫が世界中からたくさんやってきているのだが、世界中に散らばり、いろいろな国の方と結婚したりしているので、様々なエスニシティの子孫がいて壮観だった。「ああ、こうやって孔子の教えも広がるのだろうか」とも思わされたが、とはいえ、孔子の直系の子孫は台湾にいて、不参加であったことも忘れるわけにはいかない歴史の綾である。

†民間が支える儒教スピリット

曲阜の数年後に、長春という東北地方の町にフィールドワークに行った。この町はとくに孔子にゆかりがあるというわけではない。長春は、旧満州では新京と呼ばれた首都であった。この地域の中心において、孔子廟（文廟とも言う）を再建し、お祭りを行おうというのである。フィールドワークからわかったのは、長春の企業とか学生、そして地域社会の人たちが相当にこのお祭りを支えているということである。孔子廟ではお祭りだけでなく、いろいろな講演活動や社会活動（成人式など）が行われている。「地方の都市で、儒教を核としたある種のコミュニティができている」と驚きつつも納得した。

その孔子廟を支えている人たちと少し話をした。女性が多かったのだが、その中のお一人は、小学校の先生をされていてお辞めになった方であった。お辞めになって、この長春の孔子廟の活動に参加されている。小学校のカリキュラムだけでは、自分の思いを十分に表現できないとお考えになったようで、儒教を中心とした講演をなさる一方、ご自身で身寄りのないお子さんを引き取って育てるという社会貢献をされている。ここからも民間儒教の広がりが実感できるかと思う。

台湾にも行って台北の孔子廟でフィールドワークをしたが、こちらもいろいろな意味で面白かった。孔垂長《こうすいちょう》さんとおっしゃる孔子直系（第七九代）の子孫の方が台湾におられる。当時まだ三〇代であったこの方がお祭りに参加されていた。台湾のお祭りは宗教性が高いように見受けられた。台湾の釈奠では、孔子の神（スピリット）をお迎えし（「迎神」）、そこでお祭りをして、また戻す（「送神」）。それをこの方が中心になって担っていらっしゃる。

それに加えて、興味深かったのは、郝龍斌《かくりゅうひん》台北市長と、馬英九《ばえいきゅう》総統の代理として内政部長（内務大臣）の江宜樺《こうぎか》さんが参加されていたことだ。「ちょっと待てよ。これを日本でやると政教分離に触れるのではないかという議論が起きはしないか」と思った。気になったので、台湾の友人に、これはひょっとして政教分離という近代の原則、つまり「政治と宗教は分けておきましょう」という原則に触りませんかと聞いてみた。すると「考えたこともないけれど、何の問題もないのではないだろうか」と答えてくれた。「それはどうしてなのか」と聞くと、「儒教は宗教じゃないから」と言う。実は、この言い方の背後には、日本との深い歴史的関係がある。つまり、日本の植民地期の経験が影を深く落としているのである。

台湾文化を守るものとしての儒教

蔣介石の額「有教無類」が台湾の台北の孔子廟にかかっている。つまり馬英九総統になって初めて総統が孔子廟に関わっているのではなく、戦後の台湾が中華文明を継承せんとする正統性を支えるものとして、台北の孔子廟は利用されてきた。

さて、東京の湯島聖堂でも毎年釈奠を行っている。普通、大陸や台湾では九月に釈奠を行う。しかし、湯島聖堂は四月に行う。私は行くたびに多くの感銘を受けるのだが、その一つに、必ず台湾の代表の方が参加されることがある。なぜ台湾の方が湯島聖堂に関わっているかというと、やはり先ほど言った日本の植民地経験と戦後の日中関係が背後にある。

一つ例をお示ししよう。関東大震災で湯島聖堂が壊れると、その後、湯島聖堂を再建しようとなった。伊東忠太《ちゅうた》によって建設された新しい聖堂が竣工なったのが一九三五年であった。そのとき、儒道大会という国際会議が開催されている。奇跡的なことに、当時の蔣介石政権がそこに人を派遣することを許した。孔子直系の子孫（第七七代）である孔徳成さんは来なかったが、孔子の弟子の顔淵《がんえん》の子孫らは来ていた。それ以外の儒者も大陸中国から参加し、もちろん当時の満州、植民地の朝鮮、台湾からも儒者が参加していた。そういう国際会議だった。

その際、「儒教」ではなく「儒道」という言葉が用いられた。「柔道」も近代的に作った概念だが、それと同様に、「道」をつけて、一種の近代的な概念に仕立て上げたのである。日本の近代は最もよく儒教を利用した。たとえば教育勅語などがそうで、日本的に変容された儒教的価値が国民道徳に埋め込まれていったのである。「儒道」という言葉はこうした近代日本の方向性を象徴している。

この儒道大会の直前に、実は、満州国皇帝溥儀《ふぎ》も湯島聖堂を訪れている。満州国を国際的に認めさせていく一連のプロセスにこの「儒道大会」は置かれていて、非常に政治的なものだったと思われる。

台湾に戻ろう。台北の孔子廟のお祭りは朝早くに行われた。私がビデオを持ってずっと立っていたら、和服のご婦人や年配の日本人の方がいらっしゃる。「どうしてここに、そんな方々がいらっしゃるのかな?」と思ったので、後で調べたところ、戦前の儒教を用いた学問のあり方を体現したお二人に関わっていることがわかった。お一人は廣池千九郎《ひろいけちくろう》さんで道徳科学研究所を開いた方、もう一人は安岡正篤《まさひろ》さんで近代陽明学を中心に講学活動された方である。台北にはこのお二人の系譜に連なる方々が参加されていたようである。

一九七二年に日本と中国が国交を回復したのはご存じだろう。それは同時に、台湾と断交することでもあった。この方々はそれに不満を持ち、「台湾を見捨てるのか。国が見捨てるなら、我々が民間レベルで少なくとも台湾との関係を維持しよう」と考え、その後ずっと人を送っているのである。このように、台湾の釈奠には、政治、社会、歴史の問題が詰め込まれていることがわかる。

これ以上詳しくは紹介しないが、台湾で孔子廟を維持していく背景には、台湾側の人々の思いも実はあった。植民地化された台湾の人たちが、自分たちの文化を守っていく一つの拠点にするという思いである。孔子廟は非常に複雑な妥協の産物だったのである。

ちなみに、廣池千九郎さんの系譜には麗澤大学がある。そこで、孔徳成さん、今の孔子直系である孔垂長さんのおじいさんの展覧会が行われたことがあると聞いた。先ほど述べたように、一九三五年には孔徳成さんは来日を拒否された。しかし戦後は何回かいらっしゃっている。そのことに歴史の厚みというか複雑さを感じる。

†儒教復興の多様な意味

ここでまとめをしてみよう。中国での儒教復興は、皮をめくっていくといろいろな背景があり、そんなに単純なことではないことがおわかりいただけたのではないだろうか。そこには近代以降の東アジアの歴史が、様々な意味で影を落としていて、このことに日本も決して無縁ではない。「曲阜のお祭りのときの世界儒学大会で、日本人は私だけだった」と言ったが、これはこれで、一つの歴史的なある種の帰結だと思う。それは、日本の近代とそれに対する戦後の態度にも深く関わってくることなのだ。ところが台湾のお祭りには、述べたように日本の参加者がたくさんいらっしゃった。このコントラストは非常に興味深い。

そういった中、今、復興している儒教の意味を考え直してみよう。

第一に、前近代の儒教がそのまま復興しているわけではなく、あくまでも近代的な、近代の社会を前提にした上での儒教が問われているということである。もちろん、儒教を極端に強調する意見もあるが、市民宗教としての儒教、あるいは民間儒教などの別の展開も見受けられる。

第二に、宗教的な意義が問い直されているということである。「内聖外王」つまり「内において聖人になり、外において王として統治する」という言葉がある。これは、宗教的なプラクティスが政治的な統治につながるというもので、この二つが一致することが、前近代の儒教の理想であった。ところが、近代においては「外王」、つまり統治のほうに、新たに民主主義が入ってきたので、この二つの関係は前近代とは違ってきた。したがって必然的に、内での聖人というあり方も変わらなければいけない。それでも「聖人になる」という宗教的な意義は、近代そして今日においても消えることなく残り、それが改めてどういうものなのかが問われているのである。

第三は、政治との結びつきである。その場合、世俗化、政教分離をどう考えるかが大きな課題となる。近代とは、宗教から離脱していく時代であり、私たちは、世俗的な価値を社会の中で実現していくのだと考えていたはずだった。ところが、現在の世界の状況を見ると、宗教が非常に前面に出た時代になってきている。それは、近代の世俗主義が問い直され始めたということだ。むろん、だからといって「ではもう、政教一致に戻ればいいじゃないか」という単純なことではない。近代の原理であった世俗主義を問い直すチャンスが、あるいは危機が来ており、そこで中国や台湾における儒教が、一つの参照になるのではないかと思うのである。

第四は、日本の果たしてしまった役割である。それは無視できないものだ。戦後の日本で、儒教はほとんど周辺化されていった。たぶん、今の若い学生さんたちは「儒教って、いったい何でしょう?」というところだと思う。それぐらい儒教は、教育の中からも排除されてきた。しかし、日本の近代ほど儒教を利用した時代はない。植民地においてもそれを利用した過去がある。ところが、そうした過去を検証することはほとんどなされていない。「未来にも盲目になる」ことを避けるためにも、やはり日本の近代儒教についてはもう一度検証し直したほうがいいのではないか。

最後の第五は、私が勝手に言っているのだが、「批判儒教」の可能性である。儒教は、おそらく、単純な仕方で体制順応的なものではない。儒教の中には非常に批判的な要素、現状を打破していくような力が備わっているからだ。「批判儒教」を通じて、そういう儒教の可能性も考えることができるのではないか。

たまたま知り合ったアメリカのステファン・アングルという先生は、「批判儒教」では足りない、もっと先の「プログレッシブ儒教」が必要だというようなことを言っている。このように、「前に進んでいく儒教の可能性を、国際的にも追求していく意味があるのではないか」と言う人たちが、少なからず出てきているのである。

ところが、日本では、私は東京大学で中国哲学などを教えているが、学生はわずかしか進学して来ない。中国哲学はこのままでは絶学になりそうだという懼《おそ》れに打ちのめされそうになるときもある。絶学になるのは仕方がないのかもしれないが、そうなると「批判儒教」や「プログレッシブ儒教」のような考えにも関与できなくなる。今の大学ではどこもそうだと思うのだが、中国語を履修する学生はとても多いのに、中国を研究しようと考える学生はかえって少ない。中国の思想や哲学に至っては本当に厳しい状況である。ところが、中国で日本を研究している人は数多くおり、日本の思想や哲学を研究している人もかなり多い。この非対称な状況をどう考えればよいのだろうか。若い学生さんにはぜひ関心を持ってもらい、儒教研究と中国哲学とを、絶学の淵から救ってほしいと願っている。

さらに詳しく知るための参考文献

中島隆博『共生のプラクシス――国家と宗教』(東京大学出版会、二〇一一)……近代における国家と宗教の関係について論じたもので、その枠組みの中で最近の中国における儒教復興を論じた。

朝倉友海『「東アジアに哲学はない」のか――京都学派と新儒家』(岩波書店、二〇一四)……中国近代の新儒家の議論と日本の京都学派の議論を重ね合わせながら、東アジアにおける哲学の可能性について論じた。

マイケル・ピュエット、クリスティーン・グロス゠ロー(熊谷淳子訳)『ハーバードの人生が変わる東洋哲学』(早川書房、二〇一六)……ステファン・アングルと並んで、儒教の思想的意義を回復する一連の世界的潮流を代表するピュエットの議論を紹介したもの。原題は『道』であって、「かのようにの礼」を再定義している。

第四章

忘れられた国家、中華民国

光田 剛

†中華民国とは?

日本と中華人民共和国の間で「歴史認識」問題が取り上げられるとき、日中戦争は大きなトピックになる。では、一九三七年からの日中戦争を戦ったのは、中華人民共和国だったのだろうか？　違う。このときの中国国家は中華民国という国家だった。

また、私たちがふだん「台湾」と呼んでいる国がある。しかしこの国の正式の名称は台湾ではない。中華民国である。

この「台湾の中華民国」(「中華民国在台湾」)は、日本と日中戦争を戦った相手の中華民国とは別の国家なのだろうか？　そう問うたときに、一概に「イエス」とも「ノー」とも答えられず、「立場によってはイエス、立場によってはノー」としか答えられないところに、この中華民国を扱う上での難しさが表れている。

中華人民共和国の立場からすれば、中華民国は、一九四九年一〇月、中華人民共和国が成立した段階で過去の存在となった。現在から見れば、中華民国は歴史上の存在であって、現存する国家ではない。台湾に存在する政府が「中華民国政府」を名のっていても、それは合法的な存在ではなく、単に「台湾を支配する当局」に過ぎない。

ところが、台湾に存在する中華民国政府の立場からすれば、中華民国政府は一九四九年に台北に移転したのであって、現在も台湾島と近隣の小島を支配する政府として存続している（なお、台北に政府を置いて以来、その政府は「中華民国政府」であって、これを「国民政府」または「国府」と呼ぶのは厳密には誤りである）。

しかも、中華人民共和国は長いあいだ、自らの国が国交を結ぶ相手国に、台湾の中華民国を承認しないことを求めてきた。現代の国際社会は中国の存在なしには政治的にも経済的にも円滑に動かないから、多くの国が中華人民共和国と国交を結んで中華民国との国交を断絶しているし、また、多くの国際組織も中華民国の加盟を認めていない。そのため、台湾の中華民国は、九州と同じ程度の面積を持ち、約二三五〇万人の人口を擁しながら、世界のほとんどの国に承認されていない国家になっている。

†台湾の中華民国をめぐる違和感

また、現在、中華民国政府が支配している台湾の人々の中には、「台湾の政府」が「中華民国」を名のっていることへの違和感が存在する。

現在の中華民国政府は、その総統（大統領にあたる）と立法委員（国会議員。国会は「立法院」という）が台湾・澎湖《ほうこ》・金門《きんもん》・馬祖《ばそ》などの人々によって選挙されている。政府機関で働いている人の大多数もこれら中華民国政府支配下の人々である。ところで、「中華民国」は、英語で言えばRepublic of China（略称「ROC」）であり、つまり「共和制の中国」であって、中国国家の名前である。台湾の住民が政府を選出し、構成しているのに、なぜ国名が「台湾」ではなく「中国」なのか。

おおむね一九八〇年代までの中華民国政府は、「台湾は中国の一部であり、中華民国は中国全体を支配領域とする国家である」というたてまえをとっていた。そして、「しかし、中国大陸は中国共産党と称する反乱団体に不法占拠されているので、その不法占拠を免れた台北に政府を置いているだけ」と説明していた。この時期の中華民国政府は議会（立法院）の改選を行わなかった。また、当時は総統は選挙制ではなく（住民の直接選挙に移行したのは一九九六年）、総統を選出する会議体として「国民大会」という機関があった。この国民大会の議員の改選も行わなかった。「中華民国は中国国家であり、選挙は中国全土で行うべきだが、その大部分は反乱団体（共産党）に占拠されているので、選挙が行えない」という理由でだった。したがって、この時期には、台湾を支配しているのは、ごく一部を除けば中国大陸出身の政治家だった。「台湾は中国の一部ではない」と主張することは、この時代には中華民国に対する反逆行為で、厳しく禁止されていた。また、日本の台湾支配が終わる一九四五年以前から台湾に居住してきた人たち（これを台湾の「本省人」という）の固有の言語を公式の場で話すことも抑圧されていた。台湾住民が「台湾らしさ」を表に出すことは、一九四五年に台湾が中華民国の支配下に入って以来ほぼ四〇年あまり、政治的に禁じられてきたのである。この台湾住民に対する抑圧的な体制の上に、「中華民国は中国国家であって、台湾と近隣の小島を除く大陸部分が反乱団体に不法占拠されているので、台湾にその首都を置いているだけ」という体制が成り立っていた。

この台湾住民（とくに台湾の本省人）に対する抑圧的な支配を行っていたのが中国国民党である。現在、中国国民党は、その名にかかわらず、台湾の民主主義を担う政党の一つとして多くの台湾住民に受け入れられていると言っていい。しかし、一九八〇年代半ばまでは、台湾の「台湾らしさ」を非民主的な手段で抑圧して「台湾にある中華民国こそ正統な中国政府だ」という立場を押しつけていた強権的な支配政党だった。

†台湾の民主化と台湾独立論の擡頭

一九八〇年代後半からの台湾政治の民主化の過程で、台湾の総統と議会は住民の直接選挙で選ばれることになった。同時に、台湾の政府は、中国共産党を「反乱団体」と見なすこともやめ、中国の大陸部分が中華民国の支配から離脱したことも事実として認めるようになった。

こうなると、台湾に存在する政府は、「やむを得ない事情で台北に存在する中国の政府」ではなく「台湾の政府」という実質を帯びる。台湾（と近隣の小島）住民はこの政府が台湾の利害や主張を代表して行動することを期待するし、中華民国政府もそれに応じざるをえなくなる。議会制民主主義体制なので、その期待を裏切れば、与党は次の選挙で厳しい審判を受けなければならなくなる。それは実質的に「台湾政府」なのである。

なのに、なぜその国は「台湾」（たとえば「台湾共和国」）と名のることができず、「中華民国」なのか。台湾住民には、そのことへの違和感が強まっていった。

その中で、強権的独裁政党ではなくなった中国国民党は、一九九〇年代の模索の末、二〇〇〇年代からは中国との統一論へと傾いていく。中国国民党も、「中国大陸は本来中華民国が支配すべき領土である」という立場は捨てて、現状として中国大陸と台湾が別の政府を持っていることを認めている。そして、台湾が中国＝中華人民共和国と統一することが台湾の利益にかなうという立場に立っている。

これに対して、一九八〇年代後半に国民党（中国国民党）に対する野党として登場した民主進歩党は、「台湾は台湾であって中国の一部ではない」、「台湾と中国は別の国家であるべきである」という主張を持つ運動家たちが結成した政党である。これを「台湾独立論」という。台湾独立論は、民主進歩党結成の直前まで、主張すれば生命が危険にさらされるほどの「過激思想」と見なされていたし、実際にそれを主張して家族を惨殺された運動家もいた。台湾の民主化が進むと、この台湾独立論も公然と主張されるようになり、民主進歩党は長らくこの台湾独立論を掲げる政党として議会選や総統選を闘ってきた。

現在（二〇一七年）の民主進歩党政権は、中国との関係に配慮して、「台湾独立」をはっきり主張せず「現状維持」を主張している。しかし、二〇一四年、中国（中華人民共和国）との経済関係の一層の深化に反対して起こされた「ひまわり運動」（「太陽花運動」。「太陽花」はひまわりのことだが、「ひまわり運動」と訳するとかなり語感が違うのではなかろうか）は民主進歩党よりも決然とした台湾独立論を背景としている。また、この強い台湾独立論を支持する意見が冷戦後生まれの若者には増えている。この「ひまわり運動」の立場を引き継ぐ「時代力量」（「時代の力」という意味）という政党も議会に議席を持っている。

†中国と「中華民国」の奇妙な関係

「台湾は中国の一部である」という立場を妥協の余地のないものとして堅持する中華人民共和国にとっては、台湾に存在する国家は「中華民国」であるほうが好ましい。少なくとも「台湾共和国」よりは好ましい。だから、中国（中華人民共和国）は、国際社会には「中華民国」の存在を認めさせようとしないよう圧力をかける一方で、「中華民国」がその名を変更することにはそれ以上に強硬に反対する。

一九八〇年代まで、中華人民共和国と台湾の中華民国は激しく対立していた。それぞれを強権的・独裁的に支配する中国共産党と中国国民党も激しく対立した。互いに相手の存在を認めない、まさに「不倶戴天」の敵同士だった。

しかし、この両者の主張には一致している点もあった。それは、「一つの中国」の立場を堅持し、「二つの中国」も「一つの中国、一つの台湾」も認めないという原則だった。その「一つの中国」とは、共産党の支配する中華人民共和国なのか、国民党の支配する中華民国なのかを、二つの強権・独裁政党が争っていたのである。

一九九〇年代以後、情勢は一変した。台湾で「一つの中国、一つの台湾」を主張する台湾独立論が無視できない勢力を持ってきたからである。

こうなると、中華人民共和国にとっては、台湾は「中華民国」でいてくれたほうが望ましい。「中華民国」ならば、中華人民共和国は「台北に首都を置く中国国家（を称する団体）」として対応することができ、「だったら分かれているのは不自然だから統一しよう」と話を持っていくことができる。もっとも、統一派の中国国民党でさえ、中国との統一にはかなり慎重な姿勢を取っているので、すぐにでも統一交渉が可能かというとそうではないが、少なくとも対話の前提を共有できるから中華人民共和国には有利である。

台湾にある国家が、台湾独立派が主張するように「台湾」と改名してしまうと、「中国と統一するも何も、台湾と中国は別の国でしょ?」という主張を相手にしなければならなくなる。原則で妥協できないので、話し合いが難しくなる。そのため、中華人民共和国は、中華民国という国家が現在も存在していることを強く否定しようとしつつ、同時に、その国家が「中華民国」という名を捨てることを認めようとしないのである。

†日本の「中華民国」論・「台湾」論の混乱

このことが、現在の日本の「中華民国」論、または「台湾」論を混乱させている。一九八〇年代以前の認識から見れば、台湾は「反共の中国」であり、この視点からは「台湾は台湾であって中国とは違う」という独立論が十分に理解できない。現在の台湾独立論も伝統的な「反共」の尺度で見てしまう。逆に、現在の台湾を基本に考えれば、台湾はもともと中国とは異なる独立国であって、中国の主張する統一論はその独立国に対する不当な併合論であるという台湾独立派に近い感覚が成り立つ。その視点からは、かつて台湾の中華民国政府が現在の中華人民共和国と同様に「一つの中国」を主張して台湾独立論を厳しく抑圧してきたことが見通せない。台湾の民主進歩党や時代力量は、独立派であり、同時にリベラルないし改革派の政治勢力なのだが、日本からは「台湾独立論 - リベラル」という組み合わせが理解しにくい。

それに、日本が一九四五年の第二次世界大戦での敗戦まで台湾を支配し続けたことへの認識も絡み、さらに議論が混乱する。日本の支配の不当性を強調する人たちは、台湾は日本が中国から不当に奪ったのだから、台湾が「中国の一部」であるのは当然であると認識する。これは基本的に台湾での統一論の立場に近い。それに対して、台湾の独立派は、日本の支配も、中華民国の支配も「外来勢力による台湾支配」であることには変わりがなく、もし中国と統一すればそれはより苛酷な「外来勢力による台湾支配」になると考えている。これは日本の台湾支配の不当性を相対化する立場に近づく。日本自身の歴史をどう見るかが関係するので、現在の日本人にはなおさら台湾を台湾自身に即して見ることが難しくなっている。これは「中華民国」についても同様である。

†歴史上の「中華民国」観も混乱している

このような、現存する「中華民国」をめぐる混乱は、歴史上の、つまり一九四九年に中華人民共和国が成立するまでの中華民国をどう見るかについても及んでいる。

中華人民共和国にとっては中華民国は過去の国家である。しかも、その中華民国が中国を安定的・平和的に支配することに失敗したからこそ中華人民共和国が樹立されねばならなかったという価値観が存在する。これに対して、台湾の中華民国にとって、中華人民共和国成立前に中国大陸を支配していた中華民国の歴史は「自分たちの歴史」であり「国史」である。ところが、これに対して、台湾独立派の立場からは「大陸の中華民国史は中国史であって、台湾にとっての自分たちの歴史ではない」という批判がありうる。さらに、日本から見ると、日清戦争(一八九四〜九五)から日中戦争(一九三七〜四五)に至る日中の戦争の歴史をどう見るかという視点が加わり、歴史上の中華民国に対する見方が混乱する。

もっとも、台湾でも中国でも日本でも、一九九〇年代以後は研究者はイデオロギー的歴史観を脱し、史料に基づいた実証研究が主流になっているから、学術の世界にこの政治的対立がストレートに持ち込まれることは少ない。個人的には独立派に近い心情を持っている台湾の研究者で、大陸を支配していた時代の中華民国史に「自国史」としての関心を寄せる人も多い。中国の研究者には、中国共産党・中華人民共和国の立場を原則論的に擁護する人もいるが、その人たちも基本的には実証研究のスタイルを無視はしないし、そのような原則論にあまりとらわれないで発言する研究者もいる。

ただ、そういう実証研究の成果が国単位での歴史観にきちんと反映されているかというと、必ずしもそうではない。とくに、中華人民共和国の公式の歴史観では、未だに中国共産党中心の歴史観が採用されていて、現在の研究成果とは大きな落差があるように見受けられる。たとえば、一九三〇年代の日本との戦争の時代、多くの中国の「人民」は中国共産党のことなどほとんど知らなかった。せいぜい遠方で活動する「匪賊《ひぞく》」集団として認識されるに過ぎなかった。とても中華人民共和国で主張されているような「共産党が指導する中国人民の抗日戦争」と呼べる実態ではなかった。それが言えるのはせいぜい共産党の支配地域（抗日根拠地）だけであり、日中戦争中はその領域はそれほど広くはなかった。にもかかわらず、中国共産党は「抗日戦争」で「中国人民」を指導したのは中国共産党であるという点を譲ろうとしない。それが、現在、中国共産党が中華人民共和国を独裁的に支配していることの大きな根拠になっているからである。

このような事情は、一九四九年以前の中華民国史を理解しにくいものにし、結果的に、中華民国史を、または中華民国が大陸を支配していた時代の歴史の印象を薄めてしまっている。さらに、そこから「中国共産党政権成立史」や「抗日戦争史」といった、特定の話題をすくい取ろうとする。一九四九年以前の中華民国史は断片的に語られるばかりとなり、その全体像がきわめてつかみにくくなっている。

日本に視点を置くとさらに混沌としてくる。日中関係史や日中戦争史は日本近代史の重要な一部分なので、「日本史の一部としての中華民国史」に重点を置いた理解が行われる。しかも、その日中戦争観が様々なので、その対立の中で、中華民国史はそれぞれの主張に都合よく引用され、やはり中華民国史の全体像は見えにくくなる。「日本史の一部」を超えた中華民国史には関心が向かわなくなってしまうのである。

†中華民国の歴史的役割

では、大陸を支配していた時代の中華民国の全体像とはどういうものか。

それは、「皇帝の支配する中国」から「国民・人民が支配する中国」への転換を成し遂げようとした国家というものである。

転換期であるから、その中では実に様々な試みが行われた。しかもその多くがうまくいかなかった。それは、現在の中華人民共和国の公定的な歴史観がいうように、支配層の腐敗のせいでもあり、人民の政治的・文化的レベルが低かったせいでもある。しかし、うまくいかなかった根本的な要因は、変えなければならないものがあまりに巨大で、しかも国際的な環境も厳しく、その変革があまりに困難だったからである。

この時期、中華民国の政治支配層や知識人は、欧米や日本、あるいはソ連から多くのことを熱心に学び、それをアレンジして中国に適用しようとした。しかし、中国はあまりに巨大で、その社会は欧米や日本の社会と大きく違っていた。中国自身の長い歴史からも様々なことを学んで応用しようとしたが、時代の条件があまりに違いすぎた。その結果、変革の多くが失敗したのである。

しかし、そういう失敗から、現在の中国や台湾に生かされているものもたくさん生まれている。大陸を支配した時代の中華民国の経験から学ぶことがまったくできなかったならば、現在の中国も台湾も、国家や社会を動かしていく上でもっと大きな困難を抱えていたことだろう。たとえば、中国共産党の一党独裁体制だって中華民国の歴史の中から生まれてきたものであるし、台湾の民主化は大陸を支配していた時代に制定された民主的な中華民国憲法があったから順調に進んだという一面がある。

†皇帝専制体制とその変容

宋の時代に中国の皇帝専制体制は基本的に完成した。宋を一度は滅亡に追い込んだジュシェン人王朝の金や金と南宋を滅ぼして中国を統一したモンゴル人王朝の元（大元）も、漢人地域に関してはその支配形式をあまり大きくは変更しなかった。そして、宋や元の支配体制を引き継いで、明（大明）がその皇帝専制体制を完成させた。満州人王朝の清（大清）は再び漢人地域に関しては明の支配方式を基本的に踏襲した。

この中国の皇帝専制体制の特徴は、すべての権力を皇帝の下に統一したことである。すべての官僚（「胥吏《しょり》」と呼ばれる下級官僚などは別として）は皇帝直属の部下とされた。すべての軍隊も皇帝直属の軍隊とされた。たとえ首都から遠いところに駐留していても、それは皇帝軍がそこまで出向いているだけであって、その地方の軍ではないことにされた。

この皇帝専制国家には皇帝権力を制約できるような貴族層が存在しなかった（清の満州人・モンゴル人貴族などは別として、漢人社会では）。皇帝の支配を助ける官僚は、「科挙」と呼ばれる全国統一公務員試験によって選抜された。その官僚は皇帝の代理として赴任先の社会に君臨し、その権力は絶大なものであったが、身分的にはあくまで庶民だった。官僚の子弟を優遇する制度はあったが、官僚の地位は世襲ではなかったし、実際にも官僚の家柄は交流・没落が激しかった。皇帝への政治・軍事権力の極度の集中によって、一一世紀以後の中国の政治は安定させられていた。

しかし、このような専制体制は、支配下の社会が豊かになり、また多様化すると不安定になる傾向がある。一六世紀に明の社会が豊かになると明の支配は不安定になって、一七世紀には満州人王朝の清にとって代わられたし、その清の支配も一八世紀に社会が豊かになると、支配領域の広がりすぎもあって機能不全を起こすようになる。皇帝専制体制では社会を統制できなくなって、民衆反乱が拡大し長期化する傾向が現れた。一八五〇年からの太平天国の反乱は一〇年以上にわたって長江下流域とその南の地域を支配し続けた。

また、一九世紀には産業革命を経た欧米列強が進出してくる。最初は、清の仕組みの中に参入することで利益を上げようとしていた欧米諸国も、産業革命で成長した経済・金融の実力と軍事力を背景に、中国の従来の仕組みを変えるよう圧力をかけてくる。アヘン戦争、第二次アヘン戦争（アロー戦争）などの戦争が起こされ、清は欧米列強の要求を受け入れざるを得なかった。

†紳士中心の共和制か、民衆の民主制か

そこで模索されたのは、科挙を受験して官僚になる人を輩出する社会層を主体として政治を組み直すことだった。官僚は身分的には庶民である。そして、明の初め頃には、社会的にも一般の農民とそれほどの生活水準や生活様式の差があるわけではなかった。ところが、明から清にかけての持続的な経済発展の成果を享受した地域では、この官僚を出す層が大地主として富裕になり、社会的勢力を持つようになった（ただし個々の家の成長と没落は相変わらず激しい）。この層を「紳士」という。なお、この「紳士」は科挙の受験生・合格者を意味する中国起源の言葉であり、もともとイギリスのジェントリーやジェントルマンの翻訳語ではないが、そのステータスや一九世紀から二〇世紀の初めに果たした役割には、確かにイギリスのジェントルマンに近いものがある。

この紳士中心の社会で模索されたのが「共和制」である。「共和制」と「民主制」は違う。「民主制」は平等な国民を主体とするが、「共和制」は身分制とも共存できる。つまり、民衆のなかの富裕な層や知識のある層が主となって政治に参加する方式でも「共和制」の範囲に入る。大地主であり科挙の受験者を出す階層が政治に参画し、地方自治を行う。紳士層が皇帝の政治に参画して、時代に適応できなくなっている専制政治を変革し、一方では文化水準が低い一般民衆を率いて社会秩序を維持する。皇帝制度は維持するが、政治も軍も権力が皇帝に一極集中する制度を、紳士層が共同で参加し共同で運営する制度に変えていく。具体的には、試行錯誤の末、二〇世紀初頭には立憲君主制に近い体制へと変革するという方向に落ち着く。

しかしこれでは困る人たちがいる。貧しい民衆である。もともと貧しい民衆は大地主に厳しく地代（小作料）を搾取されていた。その大地主階層とはつまり紳士層である。その紳士層が地方の実権を握り、皇帝とともに全国政治をも動かすとなると、その搾取はますます激しくなり、貧しい民衆は生きるすべを失う。

そこで、この貧しい民衆を代表する人たちは、社会の大胆な組み替えを提唱する。具体的には、大地主が多くの土地を握っている現状を一度ご破算にして、民衆に土地を分配し直す。そして、その財産的に平等になった社会を基礎に、欧米にも（また日本にも）対抗できる産業力を育成し、公平で豊かな国家を作っていく。

この貧しい民衆の利害を背景に力を伸ばしたのが革命派だった。革命派は皇帝体制自体の打倒を主張し、より急進的な民主主義国家を樹立することを目指す。

紳士の利害を代表する立憲君主制論の立憲派と、貧しい民衆を代表する革命論とが清の皇帝専制支配に変革を迫り、その皇帝専制体制が耐えられなくなったところで、一九一一年、清で革命が起こり（辛亥革命）、一九一二年、中華民国が成立する。なお「民国」は英語の republic にあたる言葉の当時の翻訳語である。

†議会制共和国の失敗

革命の引き金を引いたのは革命派であり、革命派を代表する孫文が中華民国臨時政府の臨時大総統に選出された。しかし中華民国の実権はすぐに立憲派に移る。この立憲派と、清の体制から自立した軍とが協力して、初期の中華民国は運営される。

中華民国は大統領制の議会制国家として出発した。議会の選挙も行われた。だが、広大な国家を一つにまとめるには軍事力が不可欠だった。政府は軍の支えなしには成立しえなかった。さらに、社会の変革を求める民衆は、軍が影響力を持ち、当選するのも相変わらず紳士層の旦那たちであるような議会制国家に早々に見切りをつけてしまった。選挙に賄賂が乱れ飛んだことも議会制の信任を失墜させた。地方議会の中には地元の信頼を得てそこそこ安定した支配を実現した例もあるが、総じて、一九二〇年代に入ると議会制共和国は信任を失ってしまった。

また、それを支える紳士層の変容も大きい。紳士層の権威を支えたのは、大地主や、大地主から転身した資本家としての財力だけではない。超難関の試験である科挙に合格するほどの学識である。しかし科挙は一九〇五年に廃止されていて、紳士層はその権威の源泉を失っていた。中華民国時代の紳士層は、都市の商人や工場主・実業家などのまとめ役として、また農村の農民のまとめ役として発言することで、その政治的・社会的役割を果たした。それが社会を安定させる役割を果たしたことは無視できない。しかし、同時に、それは、それまで学識のオブラートにつつまれていた有産階級による社会の支配という実質を明るみに引き出した。それは、貧しい民衆本位の民主制を求める革命派の運動を活性化させることにもなった。

第一次世界大戦後の世界的な「デモクラシー」の流れの中で、この民衆の革命運動の代表者になったのが孫文であった。そして、孫文の弟子や同志たちが組織したのが中国国民党である。中国国民党は、一九二一年に結成されていた中国共産党と、それを支援するソ連と提携し、そこから組織運営や軍運営の方法を学ぶことで、「王朝打倒の革命」を目指す勢力から近代的革命政党へと脱皮を遂げた。この孫文と国民党を中心とし、またその影響を受けた革命運動によって、北京に首都を置く議会制共和国体制は一九二八年に倒れる（なお国会自体は一九二四年に機能を停止していた）。代わって、南京を首都とする革命勢力の政府が中華民国の支配者となる。

†権力集中とその批判勢力

国民党体制は、民主的な革命を目指しながら、議会制をとらなかった。正確には、「民選政府」の実現を掲げながら、それを先送りし続けた。それに代わって、国民党へ、そして国民党の実質的な統率者への権力集中をその体制の原理とした。実質的な国民党一党独裁である。軍は国民党の下に一元的に統率され、官僚も国民党指導者の下に系列化された。何のことはない、皇帝専制体制の近代版の出現であった。その推進者は孫文の後継者をもって任ずる蔣介石であったが、蔣介石以外の国民党の指導者も基本的には国民党独裁体制を肯定していた。

モデルとしてはソ連があった。民主的な体制といいながら、議会制を行うと紳士や地主・資本家などの有産階級に政治が独占されてしまう。ならば、有産階級の私利私欲を強大な権力で抑圧し、民衆のための政治を行う独裁体制のほうがいいのではないか。そういう発想である。孫文が一九二五年に亡くなった後に国民党と訣別した共産党ももちろん基本的な考え方は同じである（というよりこちらが「本家」である）。

この権力集中体制を是とする考え方は、一九三一年に満州事変が始まり、一九三七年には日中戦争が全面化するという「国難」の中でさらに強められた。国民党の独裁に対する批判はあったが、では国民党批判の主要勢力はというと、国民党と同様に独裁理論を持ち、さらに国民党と同様に政府と軍を党の指導下に置く共産党であった。日本との戦争が終結し、その戦争が生み出した矛盾を一手に引き受けることになった国民党の支配が崩壊した後、国民党よりも徹底した独裁体制を民主主義の名のもとに実現することになる。

有産階級主体の議会制・共和制から、それに対する革命勢力による、民主主義を掲げた独裁体制へ——中華民国の時代とはその試行錯誤の時代であった。独裁を批判するにしても、有産階級主体の議会制もうまく運営できなかったことには注意する必要がある。

しかし、では、民主主義的な目標を掲げる独裁に対する批判はなかったのかというと、そうではない。中華民国時代には自由主義者や穏健な社会主義者による政治批判も根強かった。それは、有産階級と軍の相互依存関係で支配される議会制共和国を批判し、同様に、民主主義を掲げながら独裁を強化しようとする国民党・共産党をも批判した。それは上滑りした無力な運動であったわけではない。一九四六年、国民党政権が憲法を制定することになったとき、国民党主導の政治体制の定着をもくろむ国民党に抗して、リベラルな憲法の制定を実現したのである。この中華民国憲法が半世紀の時を経て台湾の民主化の基盤になったことは前述した通りである。

しかし、憲法制定以後の国民党は、この憲法を離れて強権的な傾向を強めた。リベラルな憲法に対応できなかったのである。それが自由主義者の少なくない部分を共産党支持へと追いやることになる。さらには軍の少なくない部分も共産党に転じた。中華民国が中国大陸の支配を失ったのは、それが大きな原因の一つであった。

中華民国とは「皇帝の支配する中国」を「国民・人民が支配する中国」へと転換させようとする試みそのものであったと言ってもよい。だが、「皇帝の支配」をなくして、どうするのか。皇帝の下に集中していた権力を広く国民・人民のあいだに分散させるのか。だが、権力を国民・人民のものにするとは、具体的に何をどうすることなのだろう？　また、権力を分散させて、しかも国を一つにまとめるとは、どういうことなのだろう？

その問いに、国民党も共産党も「権力を国民・人民に握らせたことにして、実際には自党が独裁を行う」という解答を出した。いまの中華人民共和国の体制はその延長線上にある。しかしそれが永遠に正しい解答とも限らない。そのことを台湾民主化の実績は教えている。

さらに詳しく知るための参考文献

野嶋剛『台湾とは何か』（ちくま新書、二〇一六）……「ひまわり運動」後の現在の台湾に視点を置いて、台湾について、また日本と台湾のかかわりについて論じた好著。日本の左派・リベラルがどうして「台湾独立論」を正当に評価できないかという問題提起の書としても貴重である。

若林正丈『台湾の政治――中華民国台湾化の戦後史』（東京大学出版会、二〇〇八）……現代日本の台湾研究の先駆者にして第一人者による台湾政治についての本格的で詳細な基本書。著者には台湾史・台湾政治についてのわかりやすい概説書『台湾——変容し躊躇するアイデンティティ』(ちくま新書、二〇〇一)もあるが、現在は品切れ。

赤松美和子、若松大祐編著『台湾を知るための60章』(明石書店、二〇一六)……「エリアスタディーズ」の一冊。比較的若い著者が中心になって、台湾の現在を、歴史、政治、経済や文化のさまざまな面から紹介する。

岡本隆司『袁世凱——現代中国の出発』(岩波新書、二〇一五)……中華民国初期のキーパーソンである袁世凱について、悪口や極端な否定的批評も理想化も避けて、その人物像を明らかにし、中国史のなかにその正統な位置づけを図る。同じ著者の『李鴻章——東アジアの近代』(岩波新書、二〇一一)も好著。

劉傑『中国の強国構想——日清戦争後から現代まで』(筑摩選書、二〇一三)……二〇世紀の中国の知識人が、厳しい国際環境の下に立たされながら「強国」中国のあり方を模索した歴史をたどる。

Ⅱ　中国と外部世界

第五章

中国は世界にどう向き合っているか

毛利亜樹

1 対外政策

†主権と領土というシステムの中で

今、アジア海洋では様々な紛争が起きている。その紛争の構造はどういうもので、紛争の源泉はどこにあるか考えたとき、中国国内の海に対する認識が特殊であるという事実は見逃せない。中国の海洋認識や中国の海洋における活動に対して、アメリカ、日本、東南アジア諸国などはどのような反応をしているのか。またそれらの近隣諸国に対して中国がどう反応しているか。これらの話に入る前に、そもそも国際政治とは何か、どのように考えられてきたのかを確認したい。

現在、日本やアメリカ、中国といった、国を単位にした国際政治が当然のように語られている。しかし、歴史上、世界ではいつでも、こういう諸国からなる国際政治があったわけではない。過去、世界政治には三つの形があったといわれる。

第一は、世界帝国システムというもので、一つの政府が、自らが接触している世界のほとんどを統制するという形態である。ローマ帝国がこの世界帝国システムの端的な例である。元も世界帝国の一例で、地域的に帝国のシステムを築いた例であると言える。世界帝国システムにおける戦争とは、支配が及ばず、皇帝のご威光が届かない辺境で、他の異民族との紛争である。それは、ほぼ同規模の国家同士の戦争とは異なる形だっただろう。

第二は封建システムである。その特徴は人々の忠誠と政治的義務が領土に結びついていないことである。中世ヨーロッパの農奴は、その土地の領主だけでなく、遠く離れたローマ教皇にも義務を負っていた。人々の忠誠と義務は、その領土に必ずしも結びついていない。したがって、近代に生じているような領土を前提とした戦争とも、やはり異なる形で戦争が戦われた。

第三に無政府的国家システム（アナーキックシステム・オブ・ステーツ）がある。このシステムは相対的にまとまりの強い国を構成要素とするのだが、それらの国家の上に権力、権威がない。『君主論』を書いたマキャベリが生きた時代のイタリアで、互いにしのぎを削っていた都市国家群は、この無政府的国家システムに似ている。その都市国家群に何かを強制できる政府はなかったのである。無政府的国家システムが転機を迎えたのが一六四八年のヨーロッパだった。ウェストファリア条約が結ばれ、諸国が平等な立場で、国家を前提として条約を取り交わした。これが、領土と主権を前提にした国家と、それらの国家からなる国際政治の出発点になったと言われている。

今の国際システムは、無政府的国家システム、言いかえれば主権と領土を前提にしたシステムである。共通の主権者がいない状況において、さらに、自らより上位の支配者を持たない政治体、つまり諸国より上位の支配者がない状況、この政治体の間で行われる政治を国際政治と考えることができる（Nye, Welch, *Understanding Global Conflict and Cooperation*, 2013, p4）。つまり、国際政治とは世界政府のない世界で諸国の間で行われる政治である。

†倫理の役割が弱い国際政治

では、国家より上の権威が存在しない、国家の上に立つ世界政府がない国際政治はどういうシステムか。セルフヘルプ、自分で自分を助けることが基本になる。このような無政府的システムをトマス・ホッブズは自然状態と呼んだ。ホッブズの世界観では、秩序を強制する高いレベルの支配者がいないために、万人が万人に対する闘争をするしかない。

上に立つ政府がある国内政治と国際政治とは重要な違いがある。

まず、法律に関して、政府がはっきり存在し、その政府が秩序を保っている国内では、国内法は相対的に明確で一貫している。一般的に国内法は遵守される。国内では、法に違反すると警察と裁判所が違反に対して制裁を加える。政府がしっかり機能しているため、国内法は守られる。これに対し、国際法は国内法に比べると実に一貫性がない。複雑な国際政治のある部分に対し法律を作る、ということを繰り返している。そのため、国際法は継ぎはぎだらけで、それぞれに矛盾もある、不完全な法システムである。

さらに国内法と違って共通の法執行機関がない。世界政府がないので、世界警察と世界裁判所もない。国際裁判所はあることはあるが、国際裁判所がある裁定を下しても、それを主権国家が無視すると決めた場合、これに裁判所が制裁を加えることはできない。つまり、国際法を破っても効果的に制裁することは難しい。なぜなら諸国間の上位に世界政府がないからである。

武力に関しても、国内政治と国際政治ではかなり違う。国内では、法を破ったら警察に逮捕される。これは、秩序のある国内政治システムでは政府が警察力と軍隊を独占しているため、国内法に基づいてその武力・警察力を使うことができるからだ。しかし、国際政治では、諸国の上に世界政府がないので、誰も正当な武力行使の権限を独占していない。そこでセルフヘルプが重みを持ってくる。これは、ある国家が武力に訴え、何らかの要求をしてくるかもしれない危険が常にあることを意味している。だから、国際政治では、諸国は基本的に相手国のいうことに疑問を持ち、不測の事態に備える。

ただし、倫理が国際政治において役割を果たしていないのではない。大国が大国であるには、他の国から支持されることが必要であるから、大国としての倫理はある。国際的責任といっても良いだろう。しかし、先ほど述べたように国際法は破られる可能もあり、しかも国際社会では違反を効果的に罰することはしばしば難しい。だから、倫理は国内政治に比べ、国際政治ではとても弱い役割しか果たしていないという状況がある。

†リアリズムとリベラリズムの論争

日本では国際政治や日本の外交政策を「戦争か平和か」に単純化する傾向があると思う。だから、世界では国際政治に対し、大別して三つの考え方があることに触れたい。

まず、悲観論と楽観論から取り上げよう。悲観論はホッブズのような考え方である。自然状態では、生きていくためには闘争しなければならない。その苛酷な状況が国際政治であると考える。これがリアリズム、現実主義につながる。

ホッブズの後の同じイギリス人にジョン・ロックがいる。ロックは、自然状態でも、人間は人間同士の関係を強化し、その関係強化を基礎として契約を結ぶことで万人の万人に対する闘争という状態を避けることができる、と論じた。ロックの楽観論はホッブズの世界観を批判している。

ホッブズはリアリズムの系譜にある。世界はセルフヘルプが基本だから、国際政治で真剣に考えるべきは戦争と武力行使だとするのが、国際政治におけるリアリズムである。戦争をどう起こし、どうやめ、どう起こさないかということが最も重要であり、戦争を発動する、戦争を避ける主体は国家であると考えるのがリアリズムである。日本では安全保障政策を「戦争か平和か」と単純化しがちであり、この中でリアリズムは誤解されている部分があると思う。しかし実は、世界の歴史を振り返ると、リアリズムが国際政治の中心的な立場を占めてきた。

これに対して、リベラリズムは、国家の上に政府がないという世界ではなく、地球社会というものが存在し、国家の行動はその一部であると考える。国境を越えた人や物、お金の流れがある。それは戦争と国家という考え方をとるリアリズムではうまく説明できない世界だと考えるのが、リベラリズムである。

リベラリストに対し、リアリストはさらに面白い反論をする。ロンドンの人は晴れた日にも傘を持って歩く。いつ雨が降るかわからないから。確かに貿易や人の流れは国境を越えているけれど、そういう晴れた日にも傘を持って歩く。つまり、平和なときでも、国家は軍隊を維持し、それを増強している現実は絶対にあるのだ、と。

第一次世界大戦、第二次世界大戦が勃発したことを考えると、リアリストの勝利のように見えるかもしれない。しかし一九七〇年代には貿易投資の時代がやって来た。諸国が経済発展を追求する時代にあっては、戦争はそう簡単に起きなくなってきたというのも事実である。だから、このリアリズムとリベラリズムの論争は、今日もまだ続いている。

†コンストラクティビズムの批判

リアリズムとリベラリズムに対し、第三の考え方に、コンストラクティビズムがある。リアリズムでは、相手に対して、軍事力での優位を保つことが国益だという考え方をとる。リベラリズムも、諸国は国益として経済的利益を追求しているので、戦争は非常に高くつくと考える。しかし、コンストラクティビズムは、リアリズムもリベラリズムも国益をすでにあるものと考えているが、どちらも国益をきちんと説明していないと批判する。コンストラクティビストは、国益とは突き詰めれば主観で、その国益が判断されるある環境、ある文化のもとでは、ある意思決定をする傾向があるという文化的背景も見なければならないとする。コンストラクティビストによれば国益はすでにあるのではなく、ある文脈があって作られる。だから、主観をよく分析することが必要だというのである。つまり、国際政治の現実は、自分が思うことと、相手が思うこととの間に結ばれる像だ、と考えるべきだという考えである。

このように、国際政治には、おおむね三つの考え方がある。これらを簡単に一つにまとめる方向には進みにくそうだし、単一の説明を成功させることが望ましいとも思えない。

†変わりつつある「永い平和」

以上、国際政治の考え方を取り上げてきたが、次に、国際システムの現象の分析に話を移したい。ケネス・ウォルツという学者は、一九五四年の『人間・国家・戦争』という本で、戦争の原因を考えるとき、三つに分解して考える必要があると説明した。ある国家が戦争の意思決定をするのは、他の国が何かしたからなのか。つまり、国際システムレベルで考えるべき現象なのか。それとも、ある国家の戦争を起こすという決定は、その国家の内部で生じる現象を説明することで最もよく理解できるのか。あるいは、意思決定をする指導者個人の考え方に注目すると、戦争の原因を一番うまく説明できるのか。これらを考えることで、戦争の因果関係が説明できるというのがウォルツの説である。

これを踏まえて採り上げたいのは、国際システムと国家の相互作用の部分である。中国の国内政治はその対外行動に結びついている。つまり、この国内政治の要因から国際システムへという方向に注目する必要がある。他方、中国が国際政治の状況をどう認識したかを考えると、国際システムから国家へという動きもある。国際システムと国家というレベルを考えつつ、ここから中国の話に移りたい。

東アジアは実は長い平和が続いていると指摘した学者がいる。『北東アジアの「永い平和」』（植木千可子・本多美樹編著、勁草書房、二〇一二）によれば、北東アジア、日本、朝鮮半島、中国、台湾あたりに限定すると、一九五〇年の朝鮮戦争以降、このエリアで大規模な戦争は起きていない。それにロシア、さらに東南アジア地域を加え、そこにアメリカが参加していることも踏まえて東アジアと捉える考え方をとると、インドシナの紛争、ベトナム戦争が含まれる。この東アジアという単位で考えると、一九七九年の中越戦争以来、国家を単位とする大規模な戦争は起きていない。一九九五年から九六年の台湾海峡危機のように、武力が脅しに使われる状況はあるが、戦争と呼べるものが最後に起きたのは一九七九年である。

なぜ平和が続いてきたのか。この『北東アジアの「永い平和」』では、いくつか要因を挙げている。

第一に、アメリカが圧倒的に強かったから、アメリカに挑戦する国がなかった。

第二に、東アジア諸国は皆、経済発展を追求するようになったから。戦争をしていると経済発展の追求ができない。植民地からの独立戦争を終え、経済発展したいと願う諸国が東アジア全体に行き渡ったのが一九七〇年代である。それ以来、東アジア諸国はどこも経済成長を追求してきたので、戦争が起きにくくなった。

第三に、アメリカとソ連の対立が終わり、二国間外交に加え、多国間外交の場で、相手と意思疎通することが簡単な時代になった。冷戦期は、相手方とのコミュニケーションがきわめて限られていた。たとえば、日本は一九四九年以降、中国大陸の状況に直接アクセスできなくなり、中国で何が起きているか、よく知ることができなかった。それは冷戦という時代だったからである。一九九一年にソ連が崩壊すると、アジアでは様々な多国間協力、地域協力の枠組みが作られ、今日までできている。

ただし、この本が出た二〇一二年はすでにこの「永い平和」は変化しつつあった。まず、アメリカは相対的に国力が落ちていると、世界中で信じられるようになった。二〇〇八年から〇九年にかけ金融危機が起きた。アメリカの経済力が揺らぐ中、その経済力を基礎にしたアメリカの外交や軍事も揺らぐようになる。アメリカの経済が後退するに従って、東アジアに関与しているアメリカも、お金がなくなったら引いていくのではないかとの観測が強まった。つまり、アメリカの覇権という、「永い平和」の重要な要因が揺らいでいると考えられているのが、今の状況である。

さらに、アメリカ・日本を含む東アジア諸国の中国との経済相互依存は深まり、これが安全保障関係を複雑にしている。たとえば、二〇一〇年、尖閣諸島沖で中国の漁船が日本の海上保安庁の船に体当たりする事件が起き、中国政府は様々な苛烈な対応をした。そのうちの一つが、日本にレアアースを輸出しない、もしくは遅らせることだった。レアアースは、携帯電話とかデジカメとか、電子機器を小さくするための素材である。そのレアアースを、日本経済は中国に大きく依存している状況にあった。そこで中国はレアアースを日本に輸出しない措置を取ったわけである。つまり、東アジア諸国は確かに経済成長を志向し、経済相互依存が進んでいるが、それは経済力を使って相手国に政治的圧力をかけることが可能な状況を生み出しているのである。他にも、二〇一二年の四月から六月にかけ、フィリピン沖のスカボロー礁でフィリピンの海軍と中国の法執行船がにらみ合う事態が起きた。中国も海軍を出し、フィリピンの海軍はその場から追い出されてしまい、スカボロー礁は現在、事実上、中国が制圧している。そのあと中国はフィリピンのバナナを禁輸にしたこともあった。

要するに、東アジアでは、「永い平和」の諸条件は以前よりも複雑になった。経済や人の交流があるから友好的だという楽観的な世界観を持つには、難しい状況が出てきた。

†中国の海洋認識

このような中でアジア海洋の対立が続いている。中国の海洋についての認識は国際法と大きく違っている。国連海洋法条約で決められた海域の規程では、陸があり、内水があり、領海がある。その外に接続水域があり、ＥＥＺ（排他的経済水域）があり、大陸棚があって、その外が公海である。この海域の分け方が国連海洋法条約、つまり国際法で規定されたルールである。

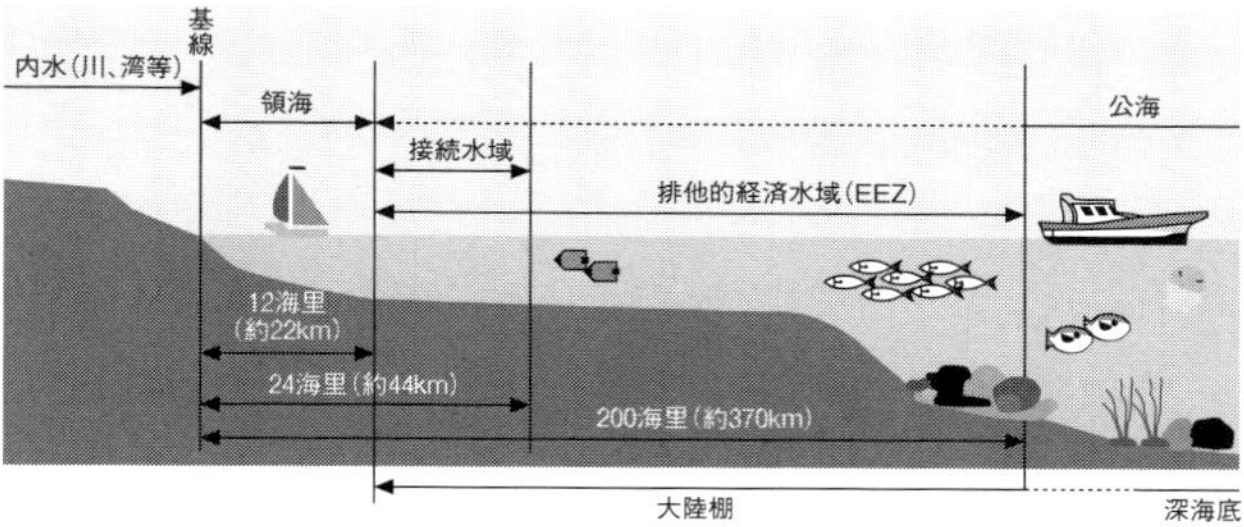

国際法による海域の概念図
出典：外務省
http://www.mofa.go.jp/mofaj/press/pr/wakaru/topics/vol61/index.html#mm05

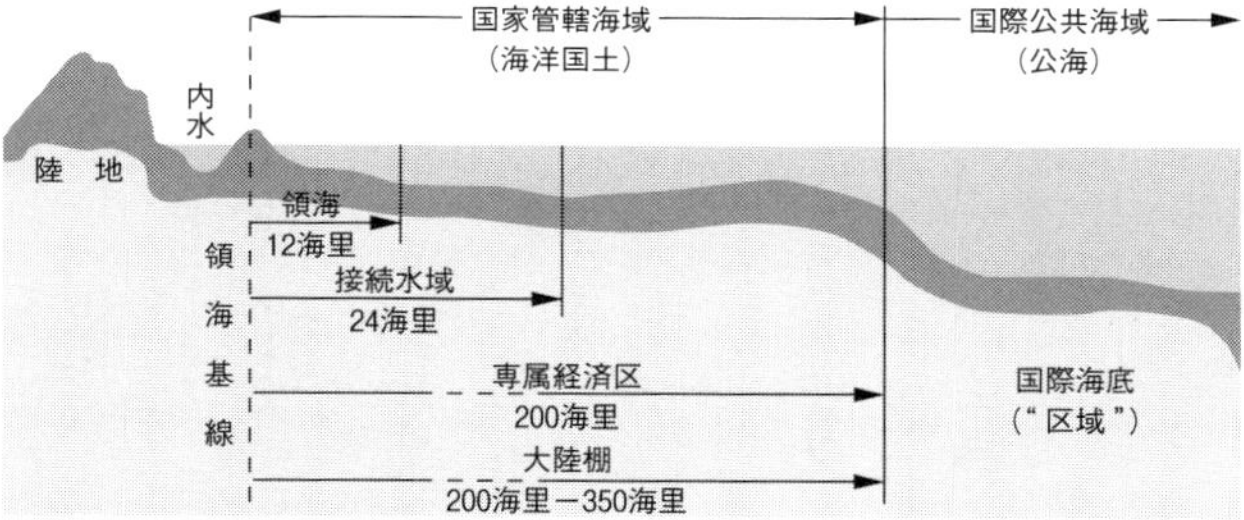

中国の主張する海域の概念図
出典：『解放軍報』2010年10月5日

それに対し、中国ではどのような説明がされているか。二〇一〇年、中国の軍隊の新聞にこれを説明する図が掲載された（『解放軍報』二〇一〇年一〇月五日）。そこでは領海、接続水域、EEZ、さらにはその下の大陸棚も含め、四つの海域がすべて「国家管轄海域」とされている。しかもご丁寧にも「海洋国土」と添え書きがある。国連海洋法条約では、EEZと大陸棚、接続水域は国土ではない。しかし、国際法上の領土、領海に相当するエリアが、ＥＥＺと大陸棚まで広がっているというのが中国の認識なのである。しかも複雑なことに、大陸棚の幅は、ある一定の条件のもとに延長することが認められるケースがある。日本政府もその延長の申請をして認められたエリアを持っている。中国は拡大する余地のある海域を「国土」と考えていることになる。

　こうなると、あなたは国際法違反だという批判が奏功しない。国連海洋法条約における海域についてのルールを、中国は共有していないからである。中国の海洋認識を見ると、根本的に中国は国連海洋法条約の海域のルールと異なる理解をし、それに基づき国内法を整備している。つまり、中国は海域についてのルールを共有しておらず、異なる考え方に基づいて、異なるルールに従っている。これは、海洋における軍事活動をめぐっても表面化している。二〇一五年、米軍は南シナ海に米軍が艦隊や航空機を派遣する意思決定をした。アメリカは、このＥＥＺにおける軍隊の活動は禁止されていないという立場をとる。これに対し、中国は、沿岸国がそのＥＥＺにおける軍事活動をコントロールできるという立場をとる。

九段線（太線部分）

その深刻な状況は南シナ海で顕著である。中国は南シナ海をほとんど囲む、牛の舌とも呼ばれる「九段線《きゅうだんせん》」（ナイン・ドッテッド・ライン）という線を引いて、権利を主張している。しかし、国際法に照らすと、この中国の主張は非常に奇妙である。それは、この牛の舌の内側の海域に、何を根拠にして、中国が何の権利を主張しているかがわからないからである。中国はこの九段線の地図を出し、権利を持っていると言う。しかし、それを国際法で説明しようとすると難しい。

たとえば、中国が、この九段線の内側の海域を、ここにある島を起点にしたEEZだとか、接続水域だとか、大陸棚だと主張しているのであれば、ある程度の説明はつく。しかし、九段線の線自体は説明できない。島に対する権利は国際法上で説明できるけれど、この線は、国際法上、規定されていない。「九段線」を主張している中国は、国際法に照らして何を言っているのかよくわからないのである。さらに、中国は、国内で、歴史的権利に基づき南シナ海は中国の主権の及ぶエリアだと主張している。ところが、歴史的水域に基づく権利は、国際法上、どこにもルールとして規定されていない。つまり、この線全部に対して歴史的権利を持っているという中国の主張もまた、国際法上、正当化できない。これが大問題になり、世界的に批判されている。フィリピンは、常設仲裁裁判所に、中国のナイン・ドッテッド・ラインが、国際法上、説明できないと訴えた。中国の「九段線」をめぐる主張は国際法上違法だと認めてほしいという違法認定を常設仲裁裁判所に求めたのである。

†低烈度の現状変更

国際法上、九段線は非常に異様である。しかし、国際法上何の権限に基づいているのかを全然説明しないまま、中国は南シナ海で領有権を主張している岩や暗礁を、報道にあるように、どんどん埋め立てている。もともと、埋め立てていたところもさらに拡張したことがわかっている。これにフィリピン政府が驚いて写真を公開し、それがアメリカのシンクタンクでも話題になり、定期的に中国がどういうペースで島を埋め立てているかを監視するサイトが立ち上がった（Asia Maritime Transparency Initiative）。二〇一四年から中国が大量に砂を持ち込み、明らかに海に沈んでいた部分を陸地に変えている。中国は武力行使をしていないが、武力行使に至らないままの現状変更をしている。武力行使は高烈度な現状変更と言えるが、中国が南シナ海でしていることは低烈度だと言っておこう。

中国としては、埋め立てによって、自らの支配を非常にビジュアルに主張できる。また、埋め立てることで、自らの南シナ海問題における主張を強化できると考えている向きもあるようだ。これに対しアメリカは、中国政府がいくら砂を積んでもそこを起点に主権を打ち立てることはできない、ここは国際的に開かれた公海であるからアメリカ軍は自由に航行する、と言っている。

東シナ海でも、二〇一五年に日本政府が公開したように中国が現状変更してきている。日中中間線の中国側においてであるが、一方的に、海上プラットフォームを建設しているのである。これらの海上プラットフォームは二〇〇〇年代初めに造られ始め、二〇一三年からは少しずつ、しかし確実に造っている状態だ。

これらはすべて、日中中間線の中国側である。これが非常に重要で、中国としては、日中中間線を越え日本側でプラットフォームを建設していないから、日本側は中国側のプラットフォーム建設を批判できない、と考えるのだろう。日中中間線の中国側でこういう変更を行うことに対し、日本は抗議をしても止められないことを、中国は十分わかっていると考えられる。確かに中国は武力行使こそしていないが、南シナ海では島を埋め立て、東シナ海では海上プラットフォームを建設し、中国から、現状を少しずつ変えようとしていることが、客観的に注目されるようになっている。

こういう状況を中国側はどう説明してきたのか。不気味な話がある。新聞報道もされているので有名だと思うが、太平洋をアメリカと中国で分けましょうと中国側が提案したことがあったという。当時、アメリカ海軍の指揮官であったキーティング提督が、アメリカの上院で証言した。中国海軍の高官から、太平洋をハワイの東と西に分けましょうという提案があったという。ハワイから西側を中国、ハワイから東側をアメリカが責任海域とすることで、アメリカは東アジアに関与するコストを減らすことができるというのが、その提案だったという。キーティング提督は、これが中国海軍の持っているかもしれない将来構想だ、必然的にそれが覇権主義的、つまり攻撃的なものだと単純には理解できないが、中国は明らかに影響力を拡大しようとしていると考えられると議会で証言している。これが二〇〇八年のことである。

習近平主席の時代になり、二〇一三年にオバマ大統領と首脳会談をしたときに言ったことは衝撃的である。二〇一三年、ホワイトハウスでスピーチを行ったとき、習近平主席は「私は、去年オバマ大統領と会ったとき、太平洋にはアメリカと中国を受け入れる十分な空間があると申し上げた。今、そのことをもう一度申し上げる。そして、私は同じことを今も信じている」と言った。その上で、習近平主席は、オバマ大統領に「我々は今日、何のために会っているのかというと、将来の米中関係と太平洋における協力の継続のために会っているのですよ」と言った。太平洋分割論は、当初、中国海軍高官の発言だったが、二〇一二年には中国のトップ習近平主席の発言になっていたのだ。

さらに、二〇一五年九月三日の軍事パレードでも注目されたのが、二つの中距離の射程を持ったミサイルだった。一つが、空母キラーの異名を持つ、DF－21である。一七〇〇キロぐらい飛んで洋上の空母を攻撃すると言われていて、中国の新聞でも、洋上の大きな目標物を攻撃すると書いている。アメリカが横須賀に基地を持っているが、太平洋で活動しているアメリカの空母を中心とする艦隊を、中国はこのミサイルで攻撃することを意図していると、世界では注目していた。

九月三日のパレードで、世界の専門家がさらに注目したのは中距離弾道ミサイルである。DF－26は三〇〇〇キロか四〇〇〇キロ飛ぶので、その射径に当然グアムが含まれ、中国のどこに配備されるかによりインド洋も含むことができる。習近平主席は、太平洋に米中を受け入れる十分な空間があると言ったが、実際に、いわゆる第二列島線（伊豆諸島・小笠原諸島からマリアナ諸島に至る線）、グアムも含んだエリアにアメリカ軍が入ってこないようにできる、そういうふうにするぞという意思を、軍事パレードにこのミサイルを出すことで中国は示したと言えるのではないか。

†中国にどう向き合うか

このような中国に対し、諸国は強く反応している。まずアメリカは、オバマ政権が成立して以来、リバランスという言い方で、イラク戦争、アフガン戦争で、中東に割いてきた政治や軍事の力を、アジア太平洋に振り向ける、と言い続けている。太平洋にアメリカは戻ってくる、ということである。それは、中国が、アジア太平洋で影響力を拡大していることを、アメリカが自覚しているからである。リバランスは、アメリカにとっての優位、有利なバランスを取り戻していこうという政策である。

日本はどうか。二〇一五年、大変な議論になった平和安保法制は、日米同盟でできることを拡大することが中核にある。それがどこまでかが、日本では大変な議論になった。日本には様々な考え方があることは承知しているが、私は、平和安保法制とは、日米同盟の強化であり、これには中国の影響力伸張への反応の側面があると認識している。つまり、中国の影響力が伸張している中、日本の自助努力で日本の安全を確保するには限界がある。だからアメリカとの同盟関係を軍事、政治、経済においてより緊密にし、その役割をアジア太平洋に広げていくことで、安全を確保しようというのである。

フィリピンが国際海洋法裁判所に、中国の主張は国際法上根拠がないことを認めてほしいと提訴している。この提訴を陰で支えている国の一つが、ベトナムである。ベトナムは明示的にフィリピンを支持しているわけではないが、資料を提供したり、この提訴を後押しするような発言を、国際会議で行ったりしている。ベトナムとフィリピンが期待しているのは、アメリカと日本がフィリピンの立場を後押しし、南シナ海で米軍が航行することである。では日本はどうするのかが、東南アジアでは注目されているし、期待されている。東南アジアでは、日本とアメリカが関与し、中国に対してバランスを取ることに期待が高まっている。つまり、平和安保法制をめぐって、東南アジア諸国の日本に対する期待と、日本国内の理解との間には大きなギャップが生じている。

日米は軍事協力や政治協力だけでなく外交努力も行っている。東アジアの多国間協力の枠組み、ASEAN地域フォーラムや東アジアサミットで、議長が取りまとめる声明の中に、「国際法による紛争解決」という言葉が入るよう、強い外交努力を行っていて、二〇一一年からこの文言が入るようになった。多くの東南アジア諸国もこれを支持している。しかし、中国はこの文言が入ることに抵抗している。このため、今は「国際法による問題解決」という、一見して当たり前の原則が東アジアの多国間外交の場で確認され続けている状態になっている。

†課題設定の国際政治

海をめぐる対立があり、中国を批判しつつ一部の東南アジア諸国と日本とアメリカが協力している中、中国としては、新しい経済協力を提案することで、反対する国々を取り込んでいこうとしている。これが「一帯一路」構想の背景である。

これは、東アジアにおける課題設定をめぐる競争である。日本とアメリカ、そして中国と対立する諸国の間では、法による海の問題の解決が重要であると主張し、一方中国は、経済発展が重要であると主張する。中国は国際法と異なる海洋認識をしていて、この認識を前提にして行動していることを踏まえると、中国が国際社会のルールをどう見ているか、中国側の認識、世界観が、中国の対外行動を理解する上では決定的に重要なのである。アジア太平洋の紛争を理解するには、中国の国内政治で何が起きて、それがどうやって対外行動に転換しているのかを理解することが重要だろう。

さらに詳しく知るための参考文献

E・H・カー（原彬久訳）『危機の二十年――理想と現実』（岩波文庫、二〇一一）……権力の要素を無視していた戦間期二〇年の理想主義を痛烈に批判。今日なお重要な国際政治学の入門書。

植木千可子・本多美樹編著『北東アジアの「永い平和」』（勁草書房、二〇一二）……対立が注目されがちな北東アジアで、実は平和が続いてきたと指摘。平和の条件を考える一冊。

大庭三枝『重層的地域としてのアジア――対立と共存の構図』（有斐閣、二〇一四）……アジアに数多く存在する地域制度を舞台に、多国間外交が展開していることに視野を開いてくれる。

ジョセフ・S・ナイ・ジュニア、デイヴィッド・A・ウェルチ（田中明彦・村田晃嗣訳）『国際紛争――理論と歴史』（有斐閣、二〇一三、原書第九版）……国際関係の定評ある入門書。理論と歴史の相互検証を通じ、世界政治の分析概念や道具を紹介している。

毛利亜樹「「法の支配」の国際政治――東・南シナ海紛争をめぐる協調と競争」（加茂具樹編著『中国対外行動の源泉』慶應義塾大学出版会、二〇一七）……アジア海洋での中国等の対外行動の源泉を整理。「法の支配」が国際紛争を作り出すことに注目する。

2　国防政策

杉浦康之

†人民解放軍は中国共産党の軍隊

この節では中国の国防政策、とくに中国人民解放軍（以下、人民解放軍）の実態に関して、私なりの見解を紹介しようと思う。

まず、「人民解放軍は、きちんと中国共産党の言うことを聴いてるんですか」「かつての関東軍のように暴走しているんじゃないですか」という質問をよく受ける。それに対して、私は「人民解放軍は中国共産党の軍隊ですから、党の言うことを聴かないことは基本的には考えられません」と答える。中国共産党の党規約や「国防法」という軍隊に関する国家の法律において、人民解放軍は中国共産党の命令、指導の下で行動すると書いてある。また『政治工作条例』という人民解放軍の重要な条例にも、人民解放軍の役割の一つは、中国共産党の執政党としての地位を強固にするために重要な力を提供するものだと書いてある。人民解放軍は中国共産党の軍隊なのである。だから、党の軍隊たる人民解放軍が党の言うことを聴かないということは基本的にない。

ただし、やはり中国国内でも、本当に党の軍隊でいいのかという疑問はしばしば出されているようだ。これに対し、人民解放軍の上層部は「軍隊の非党化」「軍隊の国家化」は断固として認めないと何度も強調している。何度も強調するということは、軍の中にも「もう党の軍隊なんていう考えは古いんじゃないか」という考え方がある可能性を示唆している。ただ、「党の軍隊をやめよう」「国家の軍隊にしよう」という声が多数派かと言われると、おそらくそんなことはない。軍の多数派は「党の軍隊がいい」と考えているだろう。基本的に人民解放軍の指導部は全員中国共産党の党員である。我々のような西側民主主義国とは大きく異なり、中国の軍隊にはそういう特徴がある。

†軍隊の命令と、行政の命令は別系統

次に「人民解放軍の行動と中国政府の発言がしばしば矛盾しているのはどうしてですか」と訊かれる。これは別に軍が暴走しているからではない。中国政治における指揮命令系統の問題に原因がある。軍隊の命令系統と国務院を頂点とする行政部門の命令系統はまったく別系統である。ここでいう党中央とは、政治局常務委員会や政治局会議のメンバーを意味するものであり、中国のトップリーダーを指す。

この党中央が「中国の国益、領土を断固として守れ。ただし周辺国とは良好な関係を維持し

なさい」という命令を出したとする。その場合、国務院、とくに外交部（外務省）は「周辺国と仲良く」という命令を重視するだろう。一方、軍は「断固として守れ」という命令を重視して行動するだろう。加えて、党中央の命令はだいたい曖昧である。そのため、各々のその命令を「解釈」し、それに基づき行動を決めることになる。その結果、軍の行動と政府の発言に齟齬が生じることになる。最終的に党中央がその齟齬を自覚してようやく調整が可能となる。これが中国の政策執行のメカニズムなのである。

そして今、中国の指導部が非常に重視しているのは、この調整をどのように迅速に行うかという問題である。中国にも党中央国家安全委員会、いわゆる中国版NSCができた。何のためにこの組織を創設したのかと言えば、重要な安全保障問題に関して、恒常的かつ迅速に関係各部門の調整を行うためであると考えられている。いちいち問題が起きてから党中央が判断し調整していたのでは、緊急事態には対応できないからである。

†軍をうまく統制する習近平

「党中央における軍隊の影響はかなり強いのでは」と訊かれることも多い。しかし、政策の最終決定の場面では、軍隊の影響力は弱い。中国の最高指導部である政治局常務委員会（現在七名）の中には一人も軍人がいない。一ランク下の政治局会議でも軍人の占める割合は二五分の二である。政治局会議も基本的に多数決だから、軍隊の都合だけで政策が決定されることはない。

　では、政策決定において軍隊の影響力がないかと言えば、そうでもない。政治局会議のもう一ランク下に党中央委員会がある。年に一回しか開催されない党中央委員会は、軍隊出身者の占める割合がある程度高い。歴代の党中央委員会における軍人の割合は約二〇パーセントである。習近平にとっても、この二〇パーセントの支持、同意が必要で、彼らの選好を気にしながら政策を決定することになる。つまり、政策決定者が政策を決めるときの判断材料としては、軍隊の利益をしっかり考えなくてはならない。

　また、制服軍人というのは、軍人と非軍人の違いを強く意識する。軍人が党の重要な機関に二〇パーセントいるのだから、最高指導者が政策を決定する際には、やはり彼らの考えとか意向、利益を考慮しなくてはならない。また、軍事や安全保障の問題に関して、軍隊は直接自分たちの情報や政策提言を党のトップ、つまり習近平に提出することができる。そして軍事情勢であればあるほど、専門家としての軍隊の判断を政策決定者は重視せざるをえない。だから、情報提供や政策提言の内容によって、軍隊は党中央の政策決定に一定程度影響力を持っていると私は判断している。

　そう言うと「習近平は軍隊をきちんと統制できているのですか」と訊かれる。結論から言うと、習近平は非常にうまく人民解放軍を統制できている。その第一の根拠は党中央国家安全委員会の創設である。党中央国家安全委員会は江沢民のときから創設しようという声があったが、反対意見が大きかった。中国は基本的に集団指導体制で、最終的な政策決定を集団討議を経て行う。しかしこの党中央国家安全委員会は、多数決では緊急事態に間に合わないという理由で、たった一人のトップリーダーの判断が優先される組織である。このような組織を作るとトップリーダーに圧倒的な権限が集中してしまうため反対が大きく、これまでその重要性が提起されていたにもかかわらず、なかなか創設されなかった。ところが習近平は就任の翌年にはこれを創設してしまった。

また、現在進められている国防・軍隊改革では、軍の兵員の削減を行うことになっている。実は習近平の前任者である胡錦濤も兵員削減をしようと考えていたができなかった。しかし、習近平は二〇一五年九月、「三〇万人削減します」と宣言した。やはり習近平にはそれだけの権力があるのだと思う。さらに、郭伯雄《かくはくゆう》と徐才厚《じょさいこう》という前の中央軍事委員会副主席が、逮捕され党籍を剝奪された。中央軍事委員会副主席まで昇進した軍人は、基本的に逮捕されないという暗黙のルールがあった。そうした人たちを逮捕することも、習近平にパワーがなければできない。では、なぜ習近平にこれだけパワーがあるのかは、私にもよくわからない。

†近代化を目指す人民解放軍

人民解放軍の近代化に関して説明したい。

もともと、毛沢東時代の人民解放軍は、基本的にはゲリラ戦を想定していた。相手をとにかく中国の奥地に誘い込み、持久戦を行い、その間に相手の補給路をゲリラ戦で叩くというのが毛沢東時代の発想だった。これには、国境地帯、とくに沿岸地帯に工業地帯を設置できないという大きな欠点があった。鄧小平の時代になって、改革開放政策、すなわち中国も外資を導入し、市場経済化するという方針に転じ、上海のような沿岸地域が重要になった。そこで国境地帯で敵を防ぐという方針に変わる。当時は軍隊の数がだいたい四〇〇万人だったが、こんなに多くは不要だということで、大幅な兵員削減を行った。一方、装備に関するドラスティックな近代化はまだ行っていなかった。

ところが湾岸戦争が中国に大きなショックを与える。中国から見ればイラク軍はそれなりに良い装備を持っていた。だから最終的にはアメリカが勝っても、イラクもある程度は善戦すると中国は予想していた。しかし戦争は米軍の圧勝であった。きわめて優秀な戦闘機や艦船からの攻撃により地上作戦の前にほとんど敵を叩き、相手の戦力がかなり低下した段階で、陸上戦力を一気に投入した。この状況に驚いた中国は、アメリカに比べ三〇年ぐらい遅れたこの状態では危ないと思うようになり、ハイテク兵器の導入を一層進めようとした。だが、天安門事件で、それまで中国に兵器を売っていた西側諸国が中国への兵器輸出を止めたところだった。

しかし運良く、ソ連が崩壊してロシアになり、中国が欲しいハイテク兵器を次から次と売却してくれた。中国はこうしたロシア製のハイテク兵器を活用し、「ハイテク条件下の局地戦争論」という方針を打ち出した。

†情報化の推進

中国は一九九九年のコソボ戦争によってまた衝撃を受ける。この戦争では情報化戦争という新たな戦争形態が明らかになったからである。とくにGPSなどの宇宙空間のアセットを積極的に使用する戦争を米軍はここで見せつけた。そのため中国はロシアからちょっといい戦闘機や軍艦、潜水艦を買ったぐらいでは、アメリカには追いつかないと自覚するようになった。しかしこの段階では未だハイテク兵器の導入も不十分であったため、情報化だけを重点にするのではなく、機械化と情報化を両方進めるという方針を出した。

こうした状況下、再びイラク戦争で中国は衝撃を受ける。陸海空すべての部隊が情報端末によって統一され、第一線の情報・情勢を、部隊の指揮者が、リアルタイムで、まるでテレビゲームを見るように、瞬時に判断できる戦争を米軍が行ったからである。ここから、中国はいよいよ情報化に本格的に着手した。それが「情報化条件下の局地戦争論」という発想である。現在の中国は、情報化を非常に重視する軍事ドクトリンを持っている。その中ではもちろんサイバー攻撃も非常に重要な分野である。しかし最も重要なのは情報ネットワークの統一である。すべての指揮官が戦場を瞬時に判断し、最も正確な情報に基づき、最も正確な攻撃をするのが情報化戦争である。

ただし、情報化を強化するに際して、人民解放軍では陸・空・海軍と第二砲兵（現在はロケット軍に改称）の各部隊が、ばらばらの情報端末を入れてしまった。それだけでなく、陸軍の中でも軍区ごとに全然違う情報端末を導入したようである。情報端末はリンケージできなければ意味がないので、本来、全部統一したものを導入する必要がある。だが、これを怠ってしまった。そのため陸海空及び第二砲兵が合同で作戦行動することが容易ではなくなってしまった。そこで、人民解放軍は、総参謀部の下に情報化部というものを設置して、情報化を一元的に管理することにした。

†「党軍」としての葛藤

もう一つ、人民解放軍にとって非常に難しい問題がある。それは人民解放軍がきわめて複雑な指揮命令系統を持っていることである。人民解放軍は各部隊の中に党委員会があり、トップの書記、ナンバー2の副書記、そして常務委員八名ほどで構成されている。重要な軍隊の方針決定はこの党委員会で多数決により行われる。また部隊の中では司令員（官）と政治将校の二人が対等な関係でトップに立つ。司令員が命令を出しても、政治将校がその命令書に副署しないと、命令が実行されない。

こうした指揮命令系統は軍隊では非常に非効率的なものである。情報化戦争で何が重要かと言えば、トップに立つ指揮官がリアルタイムで末端までの情報を把握でき、それに基づき瞬時に判断を下して、作戦行動の効率を上げることである。いちいち司令員と政治将校の二人で合議していたら意味がない。

現在、人民解放軍は部隊の党委員会と司令部の党委員会を実質的に一つにし、政治将校を副司令員にすることでこの課題を克服しようとしている。ただ、少しシステムを変えただけで本当に戦争に勝てるのかというと大いに疑問である。まさにこうした制度こそが人民解放軍の弱点なのである。

もちろん人民解放軍もこうした課題を認識している。しかし変えられない。なぜならば、人民解放軍は「党の軍隊」でなければならないからである。中国のトップリーダーからすれば、外敵と戦争して勝つことより、中国共産党の一党独裁体制を守ってくれるほうが、軍の役割としては重要である。だからこそ党委員会や政治将校制度は廃止できない。それらを廃止するとなったら「党の軍隊」を維持するためのシステムが崩壊する。だから、戦争では非効率的かもしれない制度を、今でも堅持しているのである。

ただ将来どうなるかはわからない。実はソ連も似たような制度だった。戦争をする中で、この制度が非常に非効率だとわかり、政治将校の影響力を徐々に減少させていった。ところが、その結果、一九九一年にソ連でクーデターが起きたとき、軍隊は中立を保った。ここから中国は「軍隊の国家化」をしたことでソ連は崩壊したと認識するようになった。だからこそ、絶対に「軍隊の国家化」はしないことに中国はこだわっている。ここに人民解放軍の葛藤がある。

†統合作戦体制の強化とその課題

現在中国が進めている軍改革の目的は統合作戦体制の強化である。統合作戦とは、陸海空が一個の司令部を作り、合同で作戦を立てて行動することである。人民解放軍はこれがなかなかできなかった。先ほど説明した情報化部の設置の目的は、統合作戦を展開するために情報端末を統一することであった。また、総参謀部の下で統合作戦訓練を実施するため、軍種・訓練部を軍訓部に改名し、その権限を強化した。さらに中央軍事委員会に統合作戦指揮センターを設置し、ここが統合作戦を実施することになっている。また統合作戦訓練も非常に盛んになっている。

従来、統合作戦は陸軍主導、つまり陸軍が海軍、空軍、第二砲兵に命令するというものだった。ところが、二〇一四年、中国各地で行われた『聯合行動２０１４』という訓練の中では、初めて陸軍抜きで、海軍と空軍と第二砲兵による海上統合作戦訓練が実施された。人民解放軍は本気で海上統合作戦訓練を強化しようとしていると判断していいと思う。これは日本にとっても懸念すべき事態である。

しかし統合作戦はそう簡単ではない。第一に、人民解放軍はやはり陸軍中心だからである。この「陸軍中心主義」を是正できるかどうかが重要である。第二に、人民解放軍二〇〇万人すべてが使える情報端末の構築にかかる莫大な予算をどうするかという問題がある。第三に、統合作戦や情報化戦争に合わない軍内の党委員会や政治将校制度を、どう適応させるかも重要である。このように統合作戦体制の強化に関して、中国は多くの課題に直面している。しかし、後で述べるように、習近平はこの課題を克服すべく、今まさに大規模な軍改革を実行しているのである。

†人民解放軍の戦略

では、人民解放軍はどういう戦略を持っているか。

中国海軍は今、近海防御戦略と遠海防衛戦略の融合を目指している。問題は、中国の「近海」には必ずしも明確な定義がないことである。近海は中国が基本的にコントロールできる場所、というのが中国の定義である。とはいえ、今中国が考えている近海はいわゆる第一列島線（朝鮮半島・九州・南西諸島・沖縄・八重山諸島・台湾）の内側で、第一列島線と第二列島線（伊豆諸島・小笠原諸島・グアム・サイパン・パプアニューギニア）との間が遠海だと考えられている。中国海軍の訓練の動向を見ると、第一列島線の中での訓練はだいたい近海訓練と呼び、西太平洋での訓練は遠海訓練と呼んでいる。最近は東シナ海、南シナ海での訓練が増えている。西太平洋での訓練も常態化している。数年前まで西太平洋での訓練は年に一度くらいだった。現在は、西太平洋でも一年間に複数回の訓練を行っている。

中国空軍は攻防兼備と空天一体をその戦略としている。空天一体とは宇宙軍と空軍を融合することである。今、人民解放軍も宇宙空間の活用を非常に重視し、空軍主導で天軍（宇宙軍）を設置しようという動きがある。しかし、他の軍種も「天軍」を狙っていて、莫大な予算の獲得競争が展開されている。今のところは空軍が一歩リードしている状況である。

攻防兼備とは防衛線を前方に出そうという構想である。少し前までは、自国の領空に入って来た敵だけを撃破するという発想だった。しかし、今は、敵が入って来るのを待っていたら先にやられてしまうので、防衛線をもっと前方にしようとしている。二〇一三年に中国が「東シナ海防空識別区」を発表したのは、より前線で敵を捕捉し、それを撃滅する方針を、正式に発表したことを意味する。それまではこれを実施したくてもできなかった。まず中国空軍のレーダーがそんな遠くまでは届かなかった。しかし、この点を中国空軍は克服した可能性が高い。近年、中国空軍は南シナ海や西太平洋でも訓練を活発化させている。

「防空識別区」の設定に際して、ＡＷＡＣＳ《エイワックス》という作戦機（簡単に言うと大型レーダーを搭載した空中の管制・指揮所）が重要となる。これがないと「防空識別区」の管理は効果的に実施できない。中国空軍は近年自国のＡＷＡＣＳを十分運用できるようになり、「防空識別区」の管理もできるようになった。だから二〇一三年にこの発表をしたのである。ただ現有の人民解放軍のＡＷＡＣＳは四機ほどであり、まだ数が足りない。中国がなぜ「南シナ海防空識別区」を発表しないかと言えば、たぶんまだ管理ができないからだろう。しかし、将来ＡＷＡＣＳを大量に持つようになったら、人民解放軍は「南シナ海防空識別区」を発表する可能性があると私は考えている。

とはいえ、ＡＷＡＣＳはそう簡単には製造できない。まず中国空軍はエンジンを作る能力が低いという大きな欠点を持っている。中国空軍の最新鋭の戦闘機や輸送機のエンジンはその多くがロシア製で、ロシアからエンジンを買わないと大型輸送機や戦闘機が作れない状況にある。この課題を克服するべく、中国は必死になってエンジンの開発をしているのだが、やはり簡単ではない。そこに今の中国空軍のボトルネックがある。ただ、あれだけ豊富な資金がある国だから、今開発ができないからと言って、将来的にはまったく油断はできない。おそらくエンジン開発はどこかの時点で成功するだろう。そして一度開発に成功したら、潤沢な予算に基づき、大型輸送機やそれをベースにしたAWACSもどんどん生産するだろう。さらに第五世代戦闘機も大量生産するだろう。それは日本の安全保障にとっても非常に厳しい状況である。

かつて第二砲兵と呼ばれていたロケット軍は、積極的な抑止戦略と「核常兼備」を謳っている。二〇一五年九月の軍事パレードには多くのミサイルが登場し、しかも中国自身が非常に丁寧に解説していた。自国の核戦力やミサイル戦力を見せたかったのである。昔の中国は自国の能力を意図的に隠すことで、相手に中国の能力をわからなくさせ、抑止力を確保しようとしていた。現在は逆で、積極的に見せ、「自分はこれだけのものを持っているぞ」「逆らったらどうなるか理解しているのか」と、各国、とくにアメリカに示したいのである。

もちろん、中国のミサイル兵器の性能が米国のそれよりも優れているというわけではない。中国の狙いは、アメリカに対して、東シナ海問題や南シナ海問題に介入するなら、「あなたのコストは非常に高くなりますよ」「そんな簡単には介入できませんよ」と伝えることにある。

たとえば今回初めて公開されたDF－26というミサイルは空母を攻撃する能力があると説明された。この対艦弾道ミサイルは米軍にとっても非常に脅威である。三〇ノット（時速五六キロ）で走行する空母に対艦弾道ミサイルが命中するかどうかはわからない。しかし、アメリカも介入するとき「ひょっとして、当たったらやはり嫌だな」と考える。空母は高価な兵器である。たった一発のミサイルで空母が沈むことはないが、甲板に穴が開くと、現在の飛行機は飛ぶことが難しくなり、空母として役に立たなくなる。その修理をしている間に戦争が始まってしまうことを、アメリカも嫌うだろう。そうなれば、アメリカとしても台湾問題や南シナ海問題に対して熟慮した上で行動することを余儀なくされるであろう。

†習近平の軍改革

習近平が今進めている人民解放軍の改革に関して説明しよう。

人民解放軍の改革は二〇一三年に突然発表され、二〇一四年三月、国防・軍隊改革深化領導小組が発足した。領導小組のトップは習近平、ナンバー2は許其亮《きょきりょう》という、空軍出身で初めて中央軍事委員会副主席になった人物である。この許其亮が今回の改革の中心人物である。許其亮は空軍を重視し、空軍主導の天軍建設を進めている。今は人民解放軍の中で空軍の影響力が非常に大きいと、私は考えている。

この国防・軍隊改革は、習近平による腐敗撲滅運動と密接な関係がある。先ほど説明した徐才厚が逮捕された日は、二〇一四年三月一五日で、この国防・軍隊改革深化領導小組の第一回の会合の日にあたっていた。国防・軍隊改革深化領導小組の最初の議題は徐才厚の逮捕だったのだろう。習近平の改革に逆らう者は、徐才厚のような大物でも逮捕するということである。徐才厚がこの改革にどこまで反対だったかはわからない。彼はもともと末期がんでどのみち助からないと言われていた。どうせ死ぬなら、逮捕してみようという考えだったのかもしれない。こういうふうに見せしめを行う習近平の政治は非常に怖いと思う。

†改革の三つの柱

習近平の改革の内容には、大きく三つの柱がある。

第一は、「軍隊体制・編成に関する調整と改革」である。これは先に説明した通り、要は統合作戦体制を強化することである。後から説明するが、これはすでに相当進められている。

第二は、「軍隊の政策制度に関する調整と改革」である。注目点は「軍官職業化」である。単純に言うと、軍人は、きちんと軍人としての教育を受け、軍隊の学校の中の成績や能力をもとに昇進させるということである。これが人民解放軍では当たり前ではなかった。これまで昇進のとき重要なのは賄賂だったからである。中国の軍人の成績評価には、党にどれだけ忠誠を見せたかという「政治性」という項目がある。忠誠心の判断基準はなかなか明確ではないので、上官が判断しうる要素が大きい。そうなると、賄賂を持ってくる部下は、極端な話、「政治性」の評価が満点になる。その結果、質の悪い軍人がどんどん昇進するようになる。「軍官職業化」は、こういう状況の改善を目指している。ハードウェアたる兵器類は非常に良いのに、それを使用するシステムや人間のほうに、人民解放軍はまだ多くの問題を抱えている。ここに人民解放軍の弱点がある。だからこそ、その点を改革しようと考えているわけである。

もう一つ重要な問題は、退役軍人の再就職である。人民解放軍は今三〇万人の削減を宣言している。その三〇万人をどこかに再雇用してもらわないといけない。これが非常に難しい。人民解放軍の年金は地域ごとに支給額が異なる。その年金の半分は地方政府から、半分は軍隊から拠出される。すると、たとえば豊かな上海市出身の人はすごく良い金額がもらえ、貴州省《きしゅう》という中国で最も貧しい地域の出身者はわずかしかもらえない。上海市出身者との年金の格差が約三〇倍になる。また、再就職の面倒も各地方政府が見るので、上海市出身者はいい企業に再就職ができるが、貴州省だとそんなにいい会社に就職できない。この深刻な問題を、中国政府も今改善しようという話になっている。

ではこの取り組みが失敗するとどうなるか。中国では最近、社会暴動が多発している。中国政府が懸念しているのは、退役軍人によるデモである。退役軍人のデモは今や北京でさえ行われるようになっている。退役したとはいえ、軍人は民間人とは異なる。軍人は集団行動がとれ、人間を殺害する能力も鍛えられている。さらに、抗議した軍人を鎮圧するため軍隊を出したところで、自分たちの先輩に銃口を向けづらいので、鎮圧は難しい。この退役軍人の処遇問題は、中国政府にとって重要な問題になっていると私は考えている。

第三は「軍民協力の深化」である。二〇一七年一月には習近平を主任とする中央軍民融合発展委員会が設置され、軍隊と民間部門の協力を一層強化することが謳われた。この際とくに重要なのが、装備品の研究・開発における軍と民の協力をもっと促進しようという動きである。これは日本にとって非常に怖いと私は考えている。軍で装備開発をする人を民間企業に出向させ、五年間研究活動に従事させて、そこで技術やノウハウを学ばせる。日本の企業が中国の民間企業と合弁すると、そこには、中国の国防産業や軍の装備開発に携わる研究者が働いているかもしれない。そこから日本のテクノロジーが人民解放軍に盗まれる可能性が増える。警戒はできても、管理は難しい。日本の民間企業に、中国と合弁しないよう要請することは絶対にできないからである。

†習近平による人民解放軍の大規模な組織機構改革

習近平による人民解放軍の組織機構改革の具体的な内容は二〇一五年年末から二〇一六年二月にかけて、次々と発表された。まず二〇一五年一二月三一日、中国人民解放軍は、①陸軍指導機構の発足、②第二砲兵のロケット軍への名称変更と軍種への格上げ、③戦略支援部隊の新設を発表した。次に二〇一六年一月一一日、それまでの四総部体制（総参謀部、総政治部、総後勤部、総装備部）を改編した新たな中央軍事委員会の体制が発表された。既存の四総部は解体され、軍事委員会弁公庁、軍事委員会統合参謀部、軍事委員会政治工作部、軍事委員会後勤保障部、軍事委員会装備発展部、軍事委員会訓練管理部、軍事委員会国防動員部という七つの部（庁）、軍事委員会規律検査委員会、軍事委員会政法委員会、軍事委員会科学技術委員会という三つの委員会、軍事委員会戦略計画弁公室、軍事委員会改革・編制弁公室、軍事委員会国際軍事協力弁公室、軍事委員会財務監査署、軍事委員会機関事務管理総局という五つの直属機関、合計一五の部門がすべて中央軍事委員会に直属するという中央軍事委員会多部門制度が発足した。

さらに二〇一六年二月一日、それまでの七大軍区の廃止と、それに代わる五大戦区の創設が発表された。新たな戦区は、東部、南部、西部、北部、中部から構成され、それぞれに戦区統合作戦指揮機構が組織された。二〇一六年二月の段階では、各戦区の司令員はすべて陸軍出身で占められ、政治委員にも空軍出身の朱福熙《しゆふくき》（西部戦区）を除き、陸軍出身者が就任した。しかし、二〇一七年一月、海軍出身の袁誉柏《えんよはく》が南部戦区司令員に就任した。それまで軍区や戦区の司令員はすべて陸軍出身者で形成されていたことを考えれば、この点は陸軍中心主義を是正する大きな一歩と言えよう。

このように習近平体制下の国防・軍隊改革における組織機構改革は、非常にドラスティックな内容であった。そのため今回の改革は、中華人民共和国建国以来最大規模の軍改革とも言わ

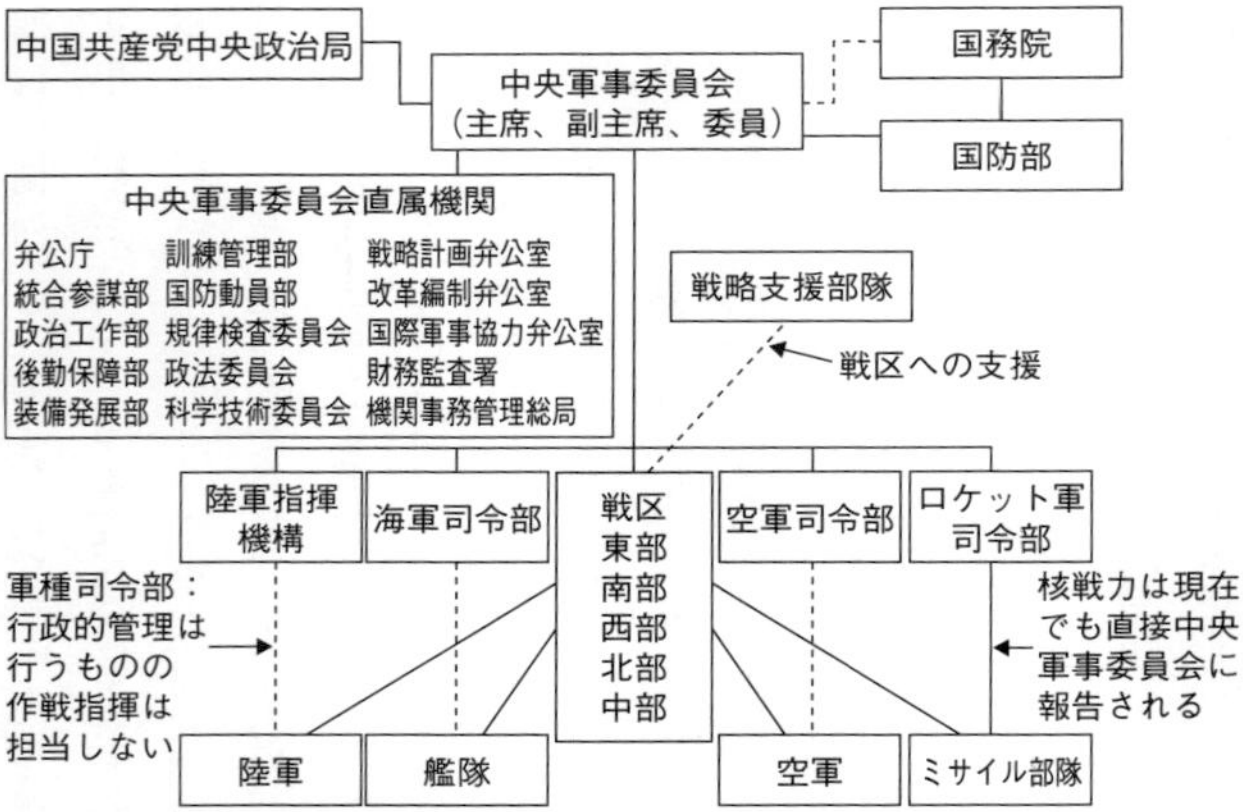

図１　組織機構改革後の人民解放軍の組織図

出典：Phillip C. Saunders and Joel Wuthnow. "China's Goldwater-Nichols? —— Assessing PLA Organizational Reforms". *Strategic Forum*, No.294. April 2016. p. 3より作成

れている。

とくに今回の改革を通じて、人民解放軍の統合作戦体制における指揮・命令系統に大きな変化が生じた。それは、①中央軍事委員会の権限強化と中央軍事委員会主席責任制度の徹底化による、習近平の軍に対する統制力と指揮権限の強化、②指揮階層の削減や平戦一体化（平時の体制と戦時の体制の統合）の強化による軍内の指揮・命令系統の明確化・簡素化・合理化、③陸軍中心主義の部分的な是正、の三点を特徴としている。こうした改革を通じて、人民解放軍の統合作戦体制は従来よりも強化されるようになると言えよう。

胡錦濤時代にもこうした改革を行う必要性は理解されていたものの、それが実現されることはなかった。今回このような改革が断行

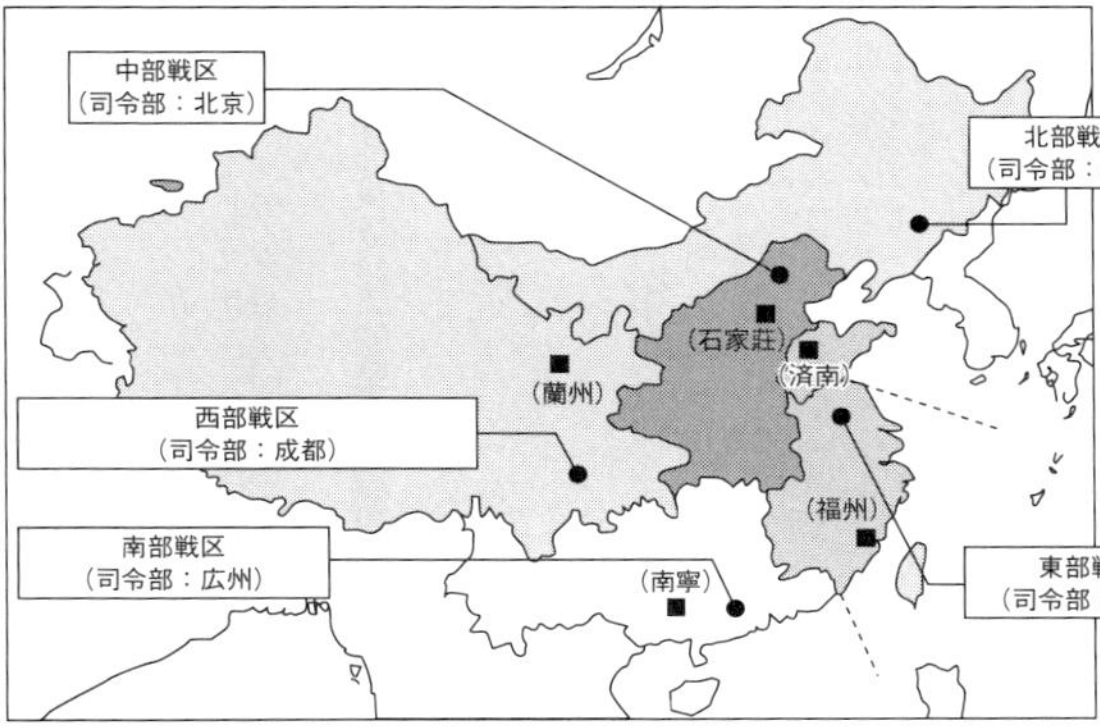

（注１）　●戦区司令部　■戦区陸軍機関
（注２）　戦区の区割りについては公式発表がなく、上地図は米国防省報告書や報道等を元に作成

図２　組織機構改革後の人民解放軍の配置
出典：防衛省『日本の防衛――防衛白書（平成28年版）』49頁。

された政治的背景としては、①南シナ海問題や尖閣諸島問題などによる中国を取り巻く国際情勢の悪化、②統合作戦体制に対する人民解放軍の取り組みの遅れへの懸念、③習近平の強いイニシアティブの存在、が重要な要因であったと考えられる。とくに、習近平が明確なリーダーシップを発揮したことは不可欠な要素であり、それなしでは今回の改革はあり得なかった。そして、反腐敗運動と表裏一体の形で進められたこの改革を通じて、習近平は軍に対する自らの統制力と指揮権限を一層強化し、党内と軍内における権力基盤をさらに拡大することに成功したと言える。

他方、同時に指摘すべきは、こうした国防・軍隊改革はいまだ道半ばであり、なお多くの課題が残っていることである。とくに統合作戦体制における指揮・命令系統の再編という観点からみれば、①党軍としての「呪縛」、②統合作戦指揮を担える人材の養成、③中央軍事委員会、戦区、軍種の役割分担の細部調整、④戦区内の組織機構改革、など重大な課題がなお山積している状態である。こうした課題を克服しない限り、今回の改革の成果は限定的なものになるであろう。

†軍改革の東アジア安全保障環境への影響

こうした習近平による軍改革は、日本を含む東アジアの安全保障環境に大きな影響を与えることだろう。第一に、中国の統合作戦体制が強化されることは、ハード面のみならずソフト面でも人民解放軍が近代化することを意味している。第二に、海軍・空軍・ロケット軍の地位向上は、人民解放軍が陸軍中心主義と国土防衛型の体制から脱却し、より遠くの戦場で戦闘行動を展開する意図を有していることを示唆している。とりわけ海軍と空軍の南シナ海や西太平洋での動向は一層注目されることになるだろう。第三にこのような大規模な改革を実行した政治的背景として、自国を取り巻く国際情勢の悪化を中国が指摘していることである。この改革の目的の一つは、そうした国際情勢を打破する能力を獲得することにある。中国は自国の軍事力をより積極的に誇示することで、自らが置かれた状況を力づくで改善することを意図していると言えよう。

では、中国が直ちに戦争を望んでいるかと言えば、おそらくそれはない。中国は、今、アメリカに対して米中新型大国関係というものを提唱している。米中の大国関係とは、お互いの利益さえ尊重していれば決して衝突・対立しないという提案である。だから、中国は今、アメリカと全面的な対立をする気はない。中国も愚かではなく、現在、アメリカと戦争したら絶対勝てないことはわかっている。とはいえ、安易な妥協もできない。直接対決を回避しつつ、力を誇示することで、中国の利益を最大化することが中国の今の目標ではないだろうか。

そのとき、中国の軍隊がある程度の実力を持っていないと話にならない。中国の言っていることには全然実力が伴っていない、しょせん中国は何もできないと判断されたら、はったりは一切通用しない。だから、少なくともはったりが通用するだけの体制を構築しようというのが、現在習近平が進めている国防・軍隊改革であり、決して今すぐに中国が戦争しようという話ではないと、私は考えている。

さらに詳しく知るための参考文献

岩谷將・杉浦康之・山口信治「『革命の軍隊』の近代化」(川島真編『シリーズ日本の安全保障　第五巻　チャイナ・リスク』岩波書店、二〇一五)……人民解放軍の近代化とその創設から現代の状況まで詳しく解説。

杉浦康之「中国人民解放軍の統合作戦体制——習近平政権による指揮・命令系統の再編を中心に」(防衛省防衛研究所編『防衛研究所紀要』第一九巻第一号、二〇一六)……習近平政権の国防・軍隊改革による人民解放軍の統合作戦体制の実態に関する最新の研究。

防衛省防衛研究所編『東アジア戦略概観』各年度版／防衛省防衛研究所編『中国安全保障レポート』各年度版
……防衛研究所が毎年発表している報告書であり、中国の安全保障情勢に関して最新かつ重要な問題をわかりやすく解説している。

Michael S. Chase, Jeffrey Engstrom, Tai Ming Cheung, Kristen A. Gunness, Scott Warren Harold, Susan Puska, Samuel K. Berkowitz, *China's Incomplete Military Transformation: Assessing the Weaknesses of the People's Liberation Army* (*PLA*), (RAND Corporation, 2015) ……米のシンクタンク、ランド研究所による人民解放軍の「弱点」や「課題」を指摘した最新の報告書。

第六章

日本と中国

井上正也

1　尖閣問題

†「鏡」としての中国

一九七〇年代から存在した領土問題が、なぜ近年になって大きな争点となっているのか。尖閣問題は中国が経済成長に伴って急速に軍備を拡大してきた事実と結びつけられることが多い。日中両国の国力を比較したとき、今世紀に入ってからの一五年間で日本の国力にはそれほど大きな変化はなかった。一方、中国のGDP（実質GDP）は同じ期間で実に四倍近くにまで成長した。しかし、実態と認識の間には常にギャップが存在する。中国の成長が驚くほど急速であったため、多くの日本人は中国の存在を実際以上に巨大なものと捉えがちだ。

これから中国にどのように向き合うべきかを考えたとき、大切なのは「正しく恐れる」ことだろう。今も昔も中国の内部で起こっていることは見えにくい。それが軍事情報であればなおさらである。見えないがゆえに、人々は実像よりも自分が信じるイメージを中国に当てはめがちになる。かつて、国際政治学者の永井陽之助は中国を「己の姿をうつす格好の鏡」にたとえた。多くの人々が中国を語っているように見えて、実は鏡に映る自分の姿を語っていたに過ぎないという皮肉である。

領土問題はその典型であろう。領土はナショナリズムに関わる問題であり、国の威信を懸けた妥協の余地のない争点に見える。多くの日本人は、尖閣問題に対する中国の政策を、海洋進出を通じた対外的野心の現れと捉えているが、本当のところ中国政府は尖閣問題をどうしたいのだろうか。かわぐちかいじの漫画『空母いぶき』(小学館、二〇一五〜)に描かれるように、中国は将来的に武力を用いてでも尖閣諸島を奪おうとしているのか、それとも外交交渉で日本との何らかの妥協点を模索しているのか、真相はブラックボックスの中だ。

しかし、わからないからといって、我々は一面的なイメージだけで中国を語るべきではないし、また思考停止になるべきではない。本節では、尖閣諸島をめぐる領土問題がなぜ発生したのか、そして何が争点になっているかを概観する。歴史は明日の行動を予測する上で直接は役に立たないかもしれない。だが領土問題をめぐる日中関係の長期的な変化を見ることでは、我々に未来に向けた新しい視点を示してくれよう。

尖閣問題の起源

尖閣諸島は東シナ海の沖縄本島と台湾のほぼ中間に位置しており、魚釣島《うおつりしま》、北小島《きたこじま》、南小島《みなみこじま》、久場島《くばしま》、大正島《たいしょうとう》の五つの無人島と岩礁からなる。古い文献や海図には尖頭諸島（Pinnacle Islands）とも記されていて、中国語では釣魚台列嶼《れっしょ》または釣魚台群島と呼称される。

ちなみに日本政府は公式見解として、この尖閣諸島を歴史的に見ても国際法的に見ても、日本の「固有の領土」であるとしてきた。「固有の領土」という言葉は定義が曖昧であるが、単純に言えば、これまで一度も外国の領土になったことのないという意味であろう。なお、同じく領有権問題が存在する領土としてロシアとの北方領土、韓国との竹島が挙げられる。だが、尖閣諸島がこれらの地域と異なるのは、二〇一七年現在、同諸島を日本が実効支配している点だ。

もともと、尖閣諸島はこれといった天然資源もなく大きな注目を浴びることはなかった。戦前の一時期、アホウドリの羽毛採取や漁業の中継地点に利用されたが、一九四〇年以降は長らく無人島であった。

尖閣問題が起こったきっかけは、一九六八年に日本、韓国、台湾の科学者を中心にＥＣＡＦ

E（国連アジア極東経済委員会）が行った東シナ海一帯の調査である。この委員会が台湾北東の海底に石油資源が埋蔵されている可能性を指摘したことから、尖閣諸島はにわかに各国から注目を集め、近隣国がその領有権を主張し始めた。

意外なことに尖閣諸島の領有権を最初に主張したのは中華人民共和国ではなく台湾だ。第二次世界大戦後、中国では国民党と共産党の内戦の結果、敗れた蔣介石は台湾へ逃れて、アメリカの援助を受けながら、大陸奪還の機会を窺っていた。そのため、国際連合における「中国」の代表議席も、まだ台湾の中華民国政府が持っていた。この台湾が一九七一年二月二四日に尖閣諸島の領有権を主張したのである。

†尖閣問題と東アジア国際政治

尖閣問題をめぐる歴史を振り返ると、面白いことに、この問題が浮上した時期は、日本を取り巻く東アジアの国際環境が大きく変化した時期と重なる。

第一は沖縄返還である。第二次世界大戦後、尖閣諸島を含めた北緯二九度以南の琉球（南西）諸島は、日本から切り離されてアメリカの施政権下に置かれた。だが、日本側はアメリカに沖縄返還交渉を粘り強く進め、七一年六月の沖縄返還協定によって、翌年五月にこれらの地域は日本に戻ることが決定した。台湾の尖閣諸島領有権の主張は、明らかに進展する日米の沖縄返還交渉を見据えたものであった。

　第二は米中接近である。アメリカと中国は朝鮮戦争以来対立状態が続いていたが、七一年七月に米国は対中国政策を転換する。いわゆる「ニクソン・ショック」だ。この影響もあって、台湾の中華民国はまもなく国際連合から脱退し、代わって中華人民共和国が加盟した。台湾に代わって中国が国際社会に急速に浮上してきたのである。そして、台湾の尖閣諸島への主張に呼応するかのように、中国も七一年一二月三〇日に尖閣諸島の領有権を主張し始めたのである。

　そして第三が日中国交正常化である。米中接近を受けて日本国内にも中国との国交正常化を求める声が高まった。この国交正常化交渉で尖閣問題をどう扱うかが注目されることになる。

　結果から言えば、この交渉で尖閣問題は議論されなかった。正確には中国側が議論することを避けたというべきだろう。七二年九月に北京で行われた田中角栄首相と周恩来国務院総理との首脳会談で、尖閣諸島をめぐって若干の会話がなされたが、最終的に正式議題には上らず日中国交正常化が実現した。日中交渉での最大の争点は台湾問題の処理についてであり、中国側にとって尖閣問題の重要性は低かった。

　もっとも後年になって、中国側はこのときの首脳会談のやり取りを根拠に、尖閣領有権をめぐって日中両国の「棚上げ」が成立していたと主張するようになった。一方、日本側はそのような「棚上げ」は存在しないと主張し、今に至るまで対立している。いずれにせよ、七二年の日中交渉では、尖閣問題をめぐって基本的な認識すら詰められなかったことは間違いない。

次に尖閣問題が大きな話題になるのは、七八年の日中平和友好条約交渉だ。交渉に向けた動きが活発になる中、尖閣諸島周辺海域に百数十隻の中国漁船が突如出現し、うち数十隻が同諸島沖で断続的に領海侵犯を行った。この事件の真相は今でも謎に包まれている。これらの漁船は武装された海上民兵が乗っており、しかも中国沿岸の軍施設から無線で指示を受けていた。このことからこの事件は、日中平和友好条約を進める鄧小平に反対する勢力による妨害工作だったと推測されている。

結局このときも尖閣問題は大きな争点にはならなかった。当時の福田赳夫《たけお》首相は、いきり立つ自民党のタカ派を抑えながら、領土問題と条約交渉を切り離して冷静に対応した。中国側もこの事件を偶発事件として処理し、最終的に日中平和友好条約が締結された。

このように中国側は、折々において尖閣諸島の領有権主張をちらつかせながらも、日本との交渉で正面から領土問題を議題に掲げることはついになかった。八〇年代に入るとこの問題は鎮静化したように見えたのである。

†海洋権益をめぐる対立と尖閣問題

尖閣問題が再び話題になるのは一九九〇年代以降である。尖閣周辺海域で石油資源の存在は確認されていたが、一九七〇年代当時の技術ではコストに見合う開発は難しかった。しかし、技術革新が進むにつれて、この海域の資源開発の可能性に再び光が当てられるようになった。

また東シナ海をめぐる国際海洋秩序も変わりつつあった。九六年六月、日本、中国、韓国はそれぞれ国連海洋法条約を批准した。この頃から各国が主張する排他的経済水域の重複する海域での資源調査が活発化し、東シナ海では漁船だけでなく、各国の調査船や海洋監視船が入り乱れるようになった。そして、海洋資源をめぐる競争激化は領土問題にも飛び火する。九六年七月に日本の政治結社が尖閣諸島北小島に灯台を建設して、これに台湾漁民が反発するなかで、尖閣諸島の領有権問題が改めて注目されたのである。

海洋権益をめぐって最も活発に動いたのは中国であった。中国側は九〇年代後半から東シナ海の海洋調査を頻繁に行っていた。そして、二〇〇三年には中国が東シナ海で白樺（春暁）ガス田の開発に着手する。このことは日本側を強く刺激した。なぜなら、白樺は日中両国の領海から等距離にある中間線のわずか西に四キロ程に位置していたためだ。日本側は中国側が開発したガス田によって日本の地下資源が吸い上げられることを警戒した。

日本の周辺海域での中国の活動は、領土問題に飛び火することで日本人のナショナリズムを一挙にかき立てた。二〇〇四年三月に中国人グループ七名が尖閣諸島の魚釣島に上陸すると、日本国内では右派を中心に、尖閣問題の主権を守るべきとする声が高まった。尖閣問題はいよいよ海洋権益をめぐる利害対立には留まらない様相を示してきた。

尖閣問題をめぐる決定的事件は、二〇一〇年九月の中国漁船による海上保安庁巡視船への衝突事件である。衝突映像がインターネットに流れたことで、多くの国民の関心を集めた。当時の民主党政権は、中国との対立拡大を避ける目的から、船長を不起訴処分にして釈放したが、国内からは政府の弱腰への批判の声が高まることになった。

そして二〇一二年九月、最大のターニングポイントである日本政府の尖閣国有化をきっかけとした日中紛争が勃発する。この過程は春原剛の『暗闘　尖閣国有化』に詳しいが、石原慎太郎東京都知事が尖閣諸島の私有地を都で買収する計画を立てており、領土問題の紛糾を恐れた日本政府が先に所有権を取得したというものである。

だが、中国側はこれに強く反発して、中国各地でこれまで最大規模の反日デモが起こり、デモ隊の一部が暴徒化した。また尖閣周辺海域での中国空軍や海軍艦艇の活動が活発化し、軍事衝突の可能性まで懸念されるようになったのである。

†先占の法理

ここからは尖閣諸島の領有権をめぐる日中両国の主張を検証したい。やや図式的であるが、日中両国の主張を比べたとき、日本側のそれは国際法に基づく正当性を根拠とするのに対して、中国側のそれは歴史的経緯を重視する傾向がある。もちろん国際法といえどもそれが歴史の所産であることには間違いないが、両国の主張の力点の違いは、尖閣問題をめぐって何が対立しているかを読み解くヒントになろう。ここでは国際法学者である松井芳郎の研究に拠りながら議論を整理したい。

まず日本側は、尖閣諸島の日本領土への編入手続きの法的正当性を主張する。日本政府が尖閣諸島を編入したのは一八九五年である。日本政府はその一〇年前に調査を行っており、尖閣諸島が無人島で中国（清）の支配が及んでいないことを確認した上で編入手続きを進めた。日本側が拠り所にするのは国際法における「先占《せんせん》の法理」という概念である。これは、いずれの国にも属さない無主の土地を、他の国家に先んじて支配を及ぼすことによって自国の領土とすることができるという考え方である。

先占が認められるかは領有の意思に加えて実効的支配の存在が重要であるが、日本はこの点でも実績を積み重ねてきた。一八九五年から太平洋戦争末期の米軍による沖縄占領まで、尖閣諸島は一貫して沖縄県の管轄下に置かれていた。戦後、尖閣諸島を含めた南西諸島はアメリカの軍事占領下に置かれ、一九五二年に発効したサンフランシスコ平和条約によって、日本は植民地であった台湾などの領有権を放棄した。だが、尖閣諸島は台湾の一部には含まれず、南西諸島の一部として日本領のままアメリカが施政権を行使した。そして、七二年五月に沖縄返還協定の発効に伴って、尖閣諸島を含む南西諸島の施政権は日本に返還された。

国際法的に見たとき、中国側の最大の弱点は、一八九五年から一九七〇年頃まで日本の尖閣諸島領有に対して一度も異議申し立てを行わなかった点だ。この事実は国際法では重要な意味を持つ。なぜなら、領土をめぐる国際紛争が勃発した決定的期日（クリティカル・デイト）の設定に影響するからだ。

決定的期日とは、両国間で領域紛争が「具体化」された日を指す。つまり両国が領有権を主張して対立が生じた瞬間が決定的期日であり、そのあとで何か新たな行動を起こして既成事実を作っても国際裁判所では実効支配の根拠とは見なされない。仮にここで決定的期日が国際裁判所によって一九七〇年代初頭と認定されれば、一八九五年からそこまでの期間、日本が尖閣諸島を実効支配していた証拠が認められる可能性が高まることになる。

†歴史の論理

しかしながら、こうした日本の主張に中国側も反論している。中国側は、尖閣諸島は台湾の付属島嶼であり、日本は日清戦争の過程で尖閣諸島を掠め取ったと主張する。中国側の説明は次のようなものだ。日本政府が一八八五年に尖閣諸島の調査を行った際に、即座に同諸島を編入できたにもかかわらず、すぐに行わなかったのは中国（清）が領有権を主張してくることを恐れたためではないか。そして、日清戦争の勝利が確実になり、中国が反対できなくなった一八九五年一月に、初めて尖閣諸島を編入したのだ。

この主張を信頼できる史料で証明することは難しい。もし日清戦争の講和条約（下関条約）で尖閣諸島の割譲が明記されていれば、尖閣諸島はサンフランシスコ平和条約で中国に返還されただろう。だが、日本が尖閣諸島を編入したのは下関条約の締結前であり、当時の講和交渉でも尖閣諸島が台湾の一部として扱われていた事実はない。また日本が尖閣諸島を編入する際に中国からの反発を意識していたことは文書で確認できるが、そのこと自体は、中国が尖閣諸島を実効支配していたという証拠にはならない。

ところが、中国側は、こうした細かい事実検証を重視せず、大きな歴史的文脈から、尖閣諸島は日本が中国を侵略する過程の中で奪われたものに間違いないのだから、我々に返還される「歴史的権利」があると主張する。このように尖閣諸島の領有権をめぐって、日本側の「国際法の論理」に対して、中国側の「歴史の論理」が鋭く対立しているのである。

中国側がなぜ領土紛争において国際法よりも歴史を重視するのか。これには二つの理由が考えられよう。

第一に、近代以前まで歴史を遡れば、多くの史料が残されている中国にとって有利な証拠を示せるからである。実際、中国側は、明代に皇帝が琉球国王に爵位を授けるために派遣した使節の記録（冊封使録《さっぽうしろく》）や古い地図に尖閣諸島の記載があるとして、これを中国の領有の歴史的根拠であるとしている。

第二に、近代国際法そのものに対する中国の不信感である。近代中国は西欧列強や日本からの侵略を受け、不平等条約を押しつけられてきた歴史を持つ。その中国からすれば、歴史的には自国の影響下にあった場所が、西欧列強が定めた国際法によって一方的に「無主地」であると認定されることは納得できないのである。

†二つの国際秩序

こうした中国の主張を理解するためには、一九世紀後半にアジアで並存していた二つの国際秩序観を知る必要があろう。今日の世界では当たり前となった平等で独立した主権国家から構成される国際秩序はヨーロッパを起源とする。いわゆる「ウェストファリア・システム」と呼ばれるこの国際秩序は、一七世紀以降にヨーロッパで徐々に確立され、一九世紀になってアジアに持ち込まれた。アジアで最初に近代化の道を歩み始めた日本は、明治維新後、この西欧列強のルールを積極的に受け入れて生き残りを図り、帝国主義の道を歩んだ。

しかし、一九世紀後半の中国が描いていた国際秩序はまったく異なる。中国の国際秩序は「朝貢《ちょうこう》システム」や「華夷《かい》秩序」という東アジア古来の考えに基づくものだ。中華世界においては天子（皇帝）が中心に存在し、その威徳の及ぶ範囲を天下と呼ぶ。狭義の天下は中国が実効支配している領域であるが、広義の天下になると、朝貢という形で交易でつながっている周辺諸国や諸民族の住む地域まで含まれ、その境界線ははっきりしないのである。

日本が尖閣諸島を編入した時期、アジアにおいては、西欧列強の持ち込んできた「ウェストファリア・システム」と「朝貢システム」の二つの国際秩序の移行期であった。日本が近代国際法に則って尖閣諸島を編入したとき、中国にはまだ明確な国境線を引いて領域を確定するという考えが薄かった。それゆえ、日中両国の議論は平行線をたどったまま堂々巡りを繰り返すのである。

とはいえ、「歴史的権利」を主張する中国側の論理には問題点も多い。中国が批判するように近代国際法には確かに西欧列強の利益を代弁する部分もあっただろう。だが、中国の主張する「歴史的権利」はそれにも増して恣意的な概念である。そもそも、境界が不確定であった時代の中華帝国の版図を、近代国際法の領域と同一のものと見なすことには無理がある。中国の国際秩序を現代の国際関係に当てはめると、ベトナムや朝鮮半島、沖縄も中国の領土と主張できることになる。南シナ海で中国が主張する九段線のように、法的根拠に乏しい「歴史的権利」が、中国の海洋進出の口実に使われているという批判も当を得ているように思われる。

†アメリカと尖閣問題

このように日本と中国とで尖閣問題をめぐる主張は真っ向から喰い違っているが、ここで重要なのが、この問題に深く関わってきたアメリカの姿勢である。二〇一七年二月、ワシントンで開かれた安倍晋三首相とトランプ大統領との首脳会談で、日米両政府は、改めて日米安全保障条約第五条が尖閣諸島にも適用されることを文書で確認した。尖閣諸島に対する中国の武力攻撃を抑止する上で、アメリカの防衛コミットメントの存在が最も重要であることは言うまでもない。

しかし、歴史的に見ると、尖閣問題に対するアメリカの姿勢は常に曖昧であった。ロバート・エルドリッヂの『尖閣問題の起源』が明らかにするように、アメリカ政府は、沖縄返還交渉を進めていた一九七〇年八月の時点で、尖閣諸島の領有権論争に巻き込まれることを警戒して、この問題は当事国間で解決すべきとする「中立政策」を採る方針を固めていた。つまり、アメリカは、沖縄返還に際して、確かに尖閣諸島の「施政権」を日本に返還することを明言した。だが、尖閣諸島の「領有権」については、中国と日本のいずれに帰属するかは関知しない姿勢をとったのである。アメリカの中立政策は最初は台湾からの反発を恐れたものだったが、やがて米中接近で中国との関係が改善されると、なおさらこの問題にはっきりした姿勢をとれなくなった。このときアメリカが毅然と日本を支持してくれていれば、今日の尖閣問題は起こらなかったかもしれない。とはいえ、一九七〇年代初頭の複雑な国際情勢を考えると、アメリカのこうした日和見姿勢を単純に批判できないだろう。

日本からするとアメリカの「中立政策」は好ましくないことは確かである。なぜなら、前述した決定的期日にも関わる問題だからである。日本側は一九七〇年代初頭を決定的期日と考えている。ところが、沖縄返還の時点からアメリカが「領有権」には関知しないという態度をとっていたということになると、領土紛争が以前から存在したと見なされ、決定的期日がアメリカの沖縄統治以前にまで遡る可能性が出てくる。アメリカの尖閣問題に対する姿勢は、実際の安全保障問題のみならず法的論争においても重要なのだ。

†解決策はあるのか?

尖閣紛争を解決する方法はあるのだろうか。率直に言って双方が一〇〇パーセント満足する解決策はもはや存在しない。もともと尖閣問題は、日本が実効支配を確立している以上、日本から騒ぎ立てる必要はなかった。その点では相手側が実効支配している北方領土や竹島とは根本的に異なると言える。

にもかかわらず、日中間のパワー・バランスが変化する中で、日本政府はこの問題に過剰に反応してしまった。日本の尖閣「国有化」は中国側のナショナリスティックな反発を招き、そして今日まで続く領土紛争を引き起こした。外交政策として明らかに失敗である。その意図はどうあれ、日中両国が領土問題をめぐって全面対決するに至った経緯は、改めて歴史的に検証されるべきだ。

日本政府がいかに「領土問題は存在しない」と公言しても、尖閣問題は国際社会に知られる領土紛争となった。そして、この問題が海底資源ではなく、ナショナリズムをめぐる相克に発展した以上、双方ともに安易な譲歩はもう選択できない。そのことを前提に我々は向き合わねばならない。

大切なのはやはり「正しく恐れる」ことだ。国際社会に対して日本の主張を説き続け、中国が武力を背景に現状変更を訴えてくることのないよう、外交環境を整えておかねばならない。中国をむやみに刺激する行動は避けねばならないが、同時に相手につけ込まれない措置をしっかりとる必要がある。現状維持を貫くことに日本の利益があることを忘れてはいけない。

さらに詳しく知るための参考文献

エルドリッヂ、ロバート・D（吉田真吾・中島琢磨訳）『尖閣問題の起源――沖縄返還とアメリカの中立政策』（名古屋大学出版会、二〇一五）……尖閣問題をめぐる米国の「中立政策」の形成過程を、外交文書やインタビューを駆使して明らかにした重厚な外交史研究。

春原剛『暗闘　尖閣国有化』（新潮文庫、二〇一五）……民主党政権による尖閣国有化に至る政治過程を克明に叙述。関係者への幅広い取材に基づく緊迫感あるドキュメント。

檀上寛『天下と天朝の中国史』（岩波新書、二〇一六）……「天朝」という概念をキーワードに古代から近代までの中国の統治論理を分析。中国の国際秩序観を理解する手がかりになる。

松井芳郎『国際法学者がよむ尖閣問題――紛争解決への展望を拓く』（日本評論社、二〇一四）……国際法学者による尖閣問題の分析。国際法の観点から日中両国の主張を検証し、紛争解決に向けて国際法に何ができるかを冷静な筆致で論じている。

Smith, Shelia A., *Intimate Rivals: Japanese domestic politics and a rising China* (Columbia University Press, 2015) ……米国の日本政治研究者による日本の対中外交の分析。靖国問題、東シナ海の海洋権益、食品安全政策、尖閣問題の四つのケースから過去一〇年の日中関係の変化を読み解く。

2　自民党と中国

†日中関係はなぜ悪化したのか？

尖閣問題が浮上した二〇一二年は日中関係にとって転換の年であった。戦後の日中関係を振り返ったとき、日本がサンフランシスコ平和条約を発効した一九五二年から二〇一二年までの六〇年間は三つに区切られる。第一期は、冷戦下で両国が国交を持たなかった時代、第二期は七二年の日中国交正常化から九二年の天皇訪中までである。この時期は、靖国問題や教科書問題などの歴史認識をめぐる対立はあったが、おおむね両国関係は安定しており、戦後最良の時代であった。

そして、第三期は九〇年代以降の両国関係が悪化していく時代である。なぜ日中関係がこの時期から悪化したのかについては様々な要因が考えられる。国際政治学の見方からすれば、中国の「大国化」による両国のパワー・バランスの変化が原因にあると言えよう。また日中両国のナショナリズムも重要な要因として無視できない。本節ではこれらの要因に加えて、日本の対中政策の前提とも言える日本の国内政治の変化に着目したい。

日本政治は九〇年代以降大きく変化した。小選挙区制度の導入と政治資金規正法の強化によって、自民党の派閥は弱体化し、派閥政治は見る影もなくなった。また統治システム改革が進んだことで外交・安全保障をめぐる政策決定過程も大きく様変わりした。

かつて宮沢喜一元首相は、日本の総理大臣は山手線の運転手みたいなものだと揶揄《やゆ》した。それは国家を実際に動かしているのは官僚なので、誰が総理の座に坐っても同じだという皮肉だ。九〇年代以前の日本政治は多元的で、首相の権力も今ほど強くはなかった。首相のリーダーシップが強化され、総理官邸が力を振るう今日とは大きく異なっていたのである。

このような日本政治の特徴をよく理解していたのが中国だ。戦後日中両国に外交関係がまだなかった時代、中国側は日本の世論や民間団体などへの働きかけを重視した。政界工作も中国は活発に行っていたが、中国を支持する革新政党が弱かったため、日本の外交政策になかなか影響を与えられなかった。

そのため、中国側が着目したのは自民党の派閥だった。たとえば、かつて岸信介政権において安保闘争が盛り上がった際、中国側は石橋湛山《たんざん》や松村謙三《けんぞう》といった自民党内の反主流派を中国に招待した。日本の世論が中国びいきであることを背景に、中国は自民党の派閥対立をうまく利用して、当時中国との関係が悪化していた岸政権の打倒につなげようと考えたのである。しかし、こうした派閥対立につけ込む戦略はうまくいかなかった。なぜなら自民党内で親中国派と呼ばれた派閥は、少数派であり政争に勝てなかったからだ。中国側の思惑とは裏腹に、逆に権力闘争に敗れた政治家たちが親中国派に転じて、「権力の敗者は北京を目指す」という皮肉な状況が生まれてしまった。

†田中角栄と大平正芳

この状況が変化するのが七二年九月の日中国交正常化だ。日中国交正常化は、田中角栄首相、大平正芳外相が中国を訪問して、わずか四日間の交渉で共同声明を発表した。

近年、田中角栄は再評価されてブームを引き起こしている。しかし、政治家としての田中の評価には功罪半ばする点があることを忘れるべきではない。田中の「功」は、官僚出身の政治家では難しかったであろう大胆な政策を持ち前の行動力で実現した点である。裸一貫で政界にのし上がった田中は、政界にも官界にも強いネットワークをはりめぐらした。

しかし、田中の残した「罪」は自民党の金権政治の根幹を作り上げた点である。もちろん、田中以外の政治家がすべてクリーンであったはずはなく、公職選挙法が適用されない自民党総裁選は昔から「実弾」が飛び交っていた。だが、「政治は数であり、数は力、力は金だ」という哲学の下、田中は権力の頂点を狙うべく政界に積み上げる賭け金を桁違いに増やした。「政治とカネ」をめぐる風景を大きく変えた点で、田中の罪は大きい。

さて、話を戻すと田中と大平は国交正常化を機に最大の親中国派となった。中国政府は国交正常化によって自民党の有力派閥の指導者に初めて食い込むことができた。また田中と大平の側も日中国交正常化の実現を大きな外交業績と宣伝することができ、中国との密接なつながりは自らの政治資源となった。

しかし、こうした政治家と中国との蜜月関係にも光と影があった。中国側からすれば、何か問題があれば自民党内で絶大な力を持つ田中・大平ラインを頼りにできた。このラインは日中関係の様々なトラブルを水面下で処理する役割を果たした。だが、そのことは中国側が、田中や大平など特定の人脈を通じた非公式ルートにばかり依存することにつながった。そして、日中関係に問題が起こったときは、田中などの政治家が介入して曖昧な政治決着で処理されることが多くなった。

七〇年代以降、この方法が定着した理由は二つあった。第一は田中角栄による政界支配である。金脈問題で首相を辞任し、その後ロッキード事件で起訴された後も、田中は自分の派閥を際限なく拡大させた。自民党最大派閥の領袖である田中は「闇将軍」として、中曽根政権までの歴代政権に隠然たる力を持ち続けた。

第二に、国際環境の変化もあって、自民党内で親中国派と激しく対立していた親台湾派が、七〇年代を通じて弱体化したことが挙げられる。とりわけ、七八年に田中のライバルであった福田赳夫政権が親台湾派を説得して日中平和友好条約を締結したことで、中国問題が自民党内の派閥抗争と結びつく時代に終止符が打たれた。それによって、田中派や大平派が親中国派として活動できる余地が広がったと言える。

†「チャイナ・スクール」と「廖班」

田中と大平によって作られた中国とのパイプは、やがて同じ派閥内の実力者に継承されていく。七〇年代、田中派では田中角栄自身がロッキード裁判で表に出られない中、田中の懐刀である二階堂進が親中国派の顔を担った。しかし八四年の二階堂擁立工作の失敗もあり、二階堂もやがて影響力を失っていく。

その後、田中派で親中国派のパイプを引き継いだのは後藤田正晴であった。後藤田は警察官僚出身である。警察にはありとあらゆる国内情報が集まり、その中には右翼団体の動向も含まれている。中国の要人が来日するときや、駐日代表部が日本で活動するとき最も懸念されるのは右翼団体の動向であった。後藤田は、要人来日時の警備体制をめぐって様々な面倒を見たことで中国側から信頼を得ていた。

大平正芳の派閥である宏池会《こうちかい》はどうだったのか。大平は八〇年に総選挙のさなかに亡くなる。大平没後、親中国派の流れを継いだのは伊東正義だった。八〇年代初頭、鈴木善幸政権で外務大臣を務めた伊東は、日中民間人会議の開催に尽力し、日中友好人脈を次の世代に継承しようと努力した。それは親友であった大平の遺志を継ぐことでもあったのだろう。

後藤田や伊東といった実力者の下で日中関係を支えた実務家集団にも触れておきたい。まずは外務省の「チャイナ・スクール」である。一般的にこの言葉は外務省で中国語の研修を受けた人たちを指す。だが、戦後長らく中国とは国交関係がなかったため、この頃はまだ中国語以外の研修を受けた外交官が「チャイナ・スクール」の中心であった。彼らは中国関係のポストを一貫して歩むことで、専門知識と人脈を築いていった。そして日中関係にトラブルが起きたときには、水面下で問題解決に向けて奔走し、対立の拡大を防いだ。

一方、中国側で同じような役割を果たしたのが廖承志《りょうしょうし》を中心とする「廖班《りょうはん》」である。「廖班」の歴史は五〇年代まで遡る。廖承志は中国の各部門から日本語に長けた人たちを選抜して対日工作を担わせた。日本と異なるのは、官僚機構のようなしっかりした制度の裏づけはなく、あくまで廖承志というカリスマに依存した組織だったことである。廖は周恩来や鄧小平といった最高指導者からの信頼が非常に厚かった。そのため、廖に話を通せば、その内容が中国政府の最終決定につながることも多かった。「チャイナ・スクール」と同じように「廖班」も常日頃から日本側の各方面と接触を重ねており、情勢判断を政府上層部に挙げていた。また危機においては日本側との水面下のパイプ役としても機能した。

こうした親中派の有力政治家や実務家集団が、最も大きな役割を果たしたのが八〇年代だ。鈴木善幸内閣当時の八二年七月に第一次教科書問題が起こった。日本の教科書における中国に対する戦争の記載が「侵略」から「進出」に書き換えられたと報じられた事件である。この報道は誤報であったにもかかわらず、日中関係における大きな問題となった。

日本側では、宮沢喜一内閣官房長官が「チャイナ・スクール」の橋本恕《ひろし》情報文化局長に問題の処理を委ね、橋本が官房長官談話を起草した。橋本は中国側の意向を探り、こういう表現なら向こう側は収まると判断して談話を作成したという。この当時においても歴史問題は対応を誤れば大きな対立へと発展する危険性があった。「チャイナ・スクール」は水面下で中国側と折衝して落としどころを深り問題を穏当に処理した。

さらに、中曽根政権期になると靖国参拝問題が起こった。中曽根首相は憲法の改正を最終目標に掲げ、様々な戦後のタブーから脱却したいと考えていた。だが、中国側の反発もあって靖国神社参拝は一度限りに終わる。それには当時の内閣官房長官であった後藤田の反対も大きかったと言われている。

このように八〇年代の日中関係は良好のように見えて、靖国や教科書などの歴史認識問題が芽吹いていた。だが、これらのトラブルが大きな対立に発展しなかったのは、親中国派による安定した政治基盤と、それをバックにした実務専門家たちが裏方として支えるメカニズムが機能していたからである。

†経世会支配と日中関係

政界における田中支配は長くは続かなかった。八五年に竹下登が田中から離反して新派閥を立ち上げたためである。田中はまもなく病気で倒れることになる。中国側にとっては、これまで田中派を中心にした自民党との強力なパイプを、いかに維持していくかが大きな課題となった。

しかし、結果的には竹下も親中国路線を継続した。竹下が重視したのは対中ODA（政府開発援助）である。ODAは日本からの経済協力を求める中国と、中国への市場拡大を狙う日本の思惑が一致して大きく発展し、日中関係の安定基盤となっていた。八八年八月に竹下は訪中して、これまでの第二次円借款の一・五倍にあたる総額八一〇〇億円の第三次円借款の供与を決定した。円高の昂進や貿易黒字の積み上げもあって、竹下は対中経済協力に積極的であった。

さらに重要なのは竹下も田中と同じように歴代政権を裏から支配する手法を取ったことである。いわゆる経世会支配である。竹下は八八年に発覚したリクルート事件で首相を辞任するが、その後も派閥基盤の弱い総理大臣を立てることで、裏から政権をコントロールし続けた。こうした二重権力構造の中で、中国側は経世会を軸に政界工作を行えば、田中派時代と同じように影響力を行使できたのである。

冷戦の終結によって中国をめぐる国際環境が大きく変化する中、経世会支配は中国の対日外交にとって大きな政治資源となった。八九年六月に天安門事件が発生すると、学生運動への弾圧を重大な人権問題と捉えた欧米諸国は一斉に中国への援助を停止する。日本もこれにならって第三次円借款を凍結した。だが、その後に援助凍結を真っ先に解除したのは日本だった。中国側は各国からの制裁解除を実現するために、まず日本への政界工作を強化して援助凍結解除を実現したのである。

また九二年には今上天皇の訪中が実現した。天皇訪中は中国側の長い悲願であり、実現のために経世会・「チャイナ・スクール」・「廖班」の関係者がすべて関与した。中国政府は経世会の最高幹部だった金丸信《かねまるしん》などを通じ、天皇訪中の実現を働きかけた。そして、天皇訪中の直前には田中角栄が中国を訪れている。田中はこの時政界を引退してすでに影響力を失っていたが、中国側は田中を手厚く歓迎した。

中国側にとって天皇訪中は二つの狙いがあった。一つめは日中間の歴史問題である。天皇の中国訪問によって歴史問題に区切りをつけようとした。もう一つは西側諸国の対中制裁の突破口にする狙いである。中国側はそのために日本の政界工作に力を傾けたのである。

†政界再編と日中関係

しかし、天皇訪中が実現したとき、経世会支配にも終わりが訪れようとしていた。九二年に東京佐川急便事件が発覚して金丸信は議員辞職に追い込まれる。そして、経世会から小沢一郎グループが離脱して同会は分裂した。その後小沢グループは党からも離党し、これを機に自民党は下野して、ついに五五年体制が終わる。しかし、小沢を中心とした非自民連立政権は長続きせず、まもなく自民党と社会党の連立による村山富市政権が発足した。

日本の政界再編の中で、日本の歴史認識問題に関しても大きな変化があった。いわゆる「村山談話」の発表である。この「村山談話」の中核部分を起草したのは外務省の「チャイナ・スクール」出身である谷野作太郎内閣外政審議室長であった。「村山談話」が歴史に真摯に向き合う姿勢をとり、韓国・中国に対して反省の意を示すスタンスをとったことは、かつての「宮沢談話」からの連続性がある。しかし、村山政権がこの談話を出したことは、自民党内の保守派からの反発を招いた。

この頃から政界では保守派の動きが活発になる。利益政治が崩壊する中、従来からの利益供与に代わって過剰なイデオロギーやナショナリズムを強調することで、国民の支持を得ようとする政治家が目立ってきた。そして、こうした政治家の発言が中国や韓国で報道され、歴史認識問題をめぐる対日感情の悪化をもたらす現象が九〇年代に顕著になってきた。

自民党における利益政治の崩壊プロセスは反経世会の流れと重なる。経世会支配の終わりは日中関係の最大の後ろ盾が消滅することを意味した。その中で、九〇年代後半に新時代の日中関係を考えていたのが橋本龍太郎だった。経世会出身の橋本は、自民党政治の裏表を知り尽くした政治家であった。だが、選挙制度が変わり、政治資金を最も集めた者が派閥を率い、派閥力学の中で総裁選を勝ち抜いた者が首相になるやり方は通用しなくなってきた。橋本と彼の後任となった小渕恵三は、新時代に向けた政治・行政改革を進めながら、経世会以来の日中関係の伝統を守ろうとした最後の政権であった。

橋本龍太郎にとっての大きな難問は靖国神社参拝問題であった。自民党厚生族であった橋本は、日本遺族会という厚生省主管の圧力団体から支援を受けていた。もともと遺族年金問題などで日本遺族会との関わりの深かった橋本は、彼らの支持を取り付けるために靖国神社に参拝する必要があった。しかし、首相になった橋本は、国内支持調達と日中関係のどちらをとるかで苦しむことになる。最終的に中曽根と同じく一度の参拝に留める折衷的な選択をした。

さらに台湾海峡危機が九〇年代中頃に起こった。日米安保条約に新たなガイドラインを制定し、日本の周辺有事に備える流れが出てくる。ところが中国側はこれに反発したため、安全保障をめぐる問題が日中関係にも浮上してくることになる。

橋本自身は田中角栄などとは異なり中国にあまり良い感情を持っていなかった。しかし、読売国際経済懇話会でのスピーチ「新たな対中外交を目指して」に見られるように、橋本は二一世紀を目前に控えて中国といかに新たな関係を築いていくかを考えていた。橋本がとりわけ力を入れたのは日中防衛交流である。古い友好人脈が姿を消し、中国が徐々に軍事的に台頭してくる中で、実務レベルの交流深化を通じて両国の信頼醸成を図ろうとしたのである。

だが、九八年七月、景気低迷の中で参議院選挙に惨敗した橋本は志半ばで退陣し、代わって小渕が首相になる。小渕政権下では江沢民国家主席が九八年一一月に訪日し、歴史問題に対する日本の姿勢を執拗に批判した。そのため世論の中国に対する印象も急速に悪化していく。その小渕首相も首相在任中に病気に倒れ、二〇〇〇年五月に亡くなり、そのほぼ一カ月後に竹下登も病没した。経世会を率いてきた有力政治家は、野中広務や橋本を除いてほとんど姿を消したのである。

✝小泉純一郎政権の誕生

小泉純一郎政権の誕生は経世会の凋落を決定づけた。「自民党をぶっ壊す」と宣言した小泉が実際にぶっ壊す対象としたのは経世会支配だった。

外交よりも財政再建と行政改革に強い関心を向ける小泉政権の登場は、日中関係にも影響を及ぼした。最大の争点はここでも靖国参拝問題である。小泉はもともと靖国問題に強い関心があったわけではない。だが、小泉は自民党総裁選挙の最中に、首相になったときには靖国神社を八月一五日に公式参拝すると発言したことから、この問題が再び注目された。

小泉首相が靖国参拝に固執したのは二つの要因があった。第一は、世論を前に中国の要求に屈しない姿勢を示すという考えである。第二に、日本遺族会からの支持調達である。小泉は靖国参拝を強行することで、一度の私的参拝に留めたライバルの橋本首相との違いを強調することができた。中国に譲歩しない姿勢を示すことで、最大の政敵たる橋本の支持基盤である遺族会を切り崩す狙いもあった。

しかし、靖国問題を考えるときに重要なのは、中国側に小泉の靖国参拝を押し止められる有力なパイプが失われていたことだ。中国側は様々なルートを通じて参拝抑制を働きかけた。当時の唐家璇《とうかせん》外交部長は「廖班」の薫陶を受けた外交部の代表的な知日派であった。唐は、自民党の有力政治家や、連立政権を構成する公明党、保守党にも働きかけた。しかし、懸命の努力にもかかわらず、中国側は小泉を翻意させるに至らず、辛うじて靖国参拝を八月一三日に前倒しさせたに過ぎなかった。

小泉の靖国参拝を阻止できなかったとは言え、中国側の対日批判はまだ抑制されていた。同年九月に小泉が訪中し、盧溝橋にある中国人民抗日記念館を、日本の首相として初めて訪問した。これによって歴史認識をめぐる対立も一時は沈静化した。〇二年四月、小泉は朱鎔基国務院総理と会談し、日中経済パートナーシップを事務レベルで設置すること、さらに秋の日中国交正常化三〇周年における小泉の中国公式訪問が話題になった。

ところが、この会談から九日後に小泉は再び靖国神社を参拝した。そのため、国交正常化三〇周年の小泉訪中は中止となり、以後、小泉退陣まで日中両国首脳の交流は断絶したのである。

†落日の経世会

日中関係が悪化する中、経世会が関係改善に貢献できる力はなかった。小泉の反経世会姿勢に加えて、政治資金規正法や小選挙区制度の導入によって、派閥は弱体化の一途をたどっていた。派閥に頼らず総裁選に勝利した小泉首相は、組閣人事に際しても派閥の影響力を無視することができた。

また、内閣官房の権限強化は中国側による政界工作を無力化させた。〇一年の中央省庁再編で、首相の重要政策に関する主導権が強化された。また首相を補佐する政治任用の内閣官房副長官補が新設された。小泉政権はこの統治機構改革の恩恵を最初に享受した政権であり、官邸主導外交を可能とする制度が整いつつあったのである。そのため中国側がいかに自民党親中国派への工作を強化しても、首相の外交方針を翻意させることが難しくなっていた。

経世会の利権と関わりの深い対中ODAも転換期を迎えた。九〇年代以降、世論の批判にさらされながらも、対中ODAは拡大し続けた。しかし、二〇〇〇年五月、ついに日本政府は対中ODAの見直しに着手した。小泉政権が成立した後も対中ODAの削減は続けられ、〇三年度には総額一〇八〇億円とピーク時の半分以下となった。

小泉政権は経世会の影響力の源泉であった人事権と利権の双方を根底から掘り崩したのである。

経世会の凋落は「チャイナ・スクール」批判へと波及した。その発端となったのは〇二年五月の瀋陽日本総領事館への北朝鮮人亡命者駆け込み事件であった。前年から外務省機密費流用事件や、田中真紀子問題などで外務省スキャンダルが報じられる中で発生した瀋陽事件は「土下座外交」と論じられ、右派メディアから激しい批判が展開された。

外務省の「チャイナ・スクール」を一枚岩の組織と見なし、日本の外交を左右してきた存在と捉えるのは事実と異なる過大評価である。だが、日中関係の安定を重視し、ときには政界工作をも厭わなかった「チャイナ・スクール」は、対中世論が大きく変化する中で、経世会と同じく影響力を失うことになったのである。

このように絶大な力を誇った経世会も昔日の力はなく、小泉政権の対中政策に影響を及ぼすことはできなくなっていた。そして、小泉が長期政権を確立する過程で、残された経世会幹部も政治の表舞台から姿を消していく。竹下と小渕亡き後、経世会の最大の実力者は野中広務であった。野中の中国側とのパイプは、江沢民の右腕として「上海閥」の中心であった曾慶紅《そうけいこう》である。曾は〇三年に国家副主席に就任したが、経世会の影響力低下もあり、野中－曾ラインが日中関係の好転に活かされる局面はなかった。

自民党内で反小泉の筆頭であった野中は、〇三年九月の自民党総裁選で、経世会内部で主戦論を唱え藤井孝男を擁立した。しかし経世会内部をまとめきれず分裂選挙となり大敗した後、自らも政界引退を表明した。総裁選の惨敗はかつてはキング・メーカーとして君臨し、鉄の団結を誇った経世会の落日を象徴していた。そして、橋本龍太郎も翌年の日歯連闇献金事件によって派閥会長を辞任し、政界引退に追い込まれ、再び復帰することなく〇六年に病没した。

経世会の分裂後、自民党の他派閥で中国とのパイプを持っていた政治家も次々と政界から姿を消す。加藤紘一は二〇〇〇年の「加藤の乱」で影響力を失っていたが、〇二年三月に秘書の逮捕を受けて宏池会会長を辞任した。山崎拓も〇三年九月に自民党副総裁に棚上げされて実権を失った後、同年一一月の総選挙で落選した。小泉政権期において、かつての親中国派の流れを汲む有力派閥の領袖は、政治の第一線から姿を消したのである。

†特殊関係から「普通の二国間関係」へ

外交にとって重要なのは政権の安定性、つまり国内政治基盤がどれだけしっかりしているかだ。明日潰れるかもしれない政権とは誰も真面目に交渉をしない。政権の安定性という点から考えれば、七〇年代末から九〇年代初頭まで田中派・経世会支配が続いたことは日中関係に大きな意味があった。

田中や大平はなぜ日中関係に影響力を行使できたのか。それは彼らが中国に対して強いシンパシーを感じていたことに加えて、派閥全盛時代の国内政治において比類ない力を持っていたからだ。外交は交渉で相手からの譲歩を勝ち取るだけで終わりではない。決めた約束を国内に持ち帰り、その約束を確実に履行できるかが重要である。さらに必要なのは正確な情報と交渉の相場観である。外務省の「チャイナ・スクール」や中国の「廖班」のような専門家集団が様々なレベルでの折衝を通じて落としどころを探り、それを政界の実力者を経由して政治決定に落とし込む。このように日中関係には、公式と非公式のルートを巧みに組み合わせて安定させるメカニズムが機能していたのである。

しかし、九〇年代以降の日本の政治改革は、こうしたメカニズムを機能不全にさせた。派閥が力を失い官邸主導外交が成立すると、首相や外相より力の持つ派閥の領袖に非公式に働きかけることは不可能になった。小泉改革は経世会の基盤を破壊し、結果的に彼らが調整してきた日中関係にもきしみが生じた。

小泉以後の歴代政権は対中関係の修復を進めた。とりわけ、第一次安倍晋三政権から福田康夫政権にかけて日中関係は好転の兆しが見られた。だが、ねじれ国会の下でこれらの政権は安定して持続できなかった。民主党政権はより心許ない存在であった。結局民主党政権下の尖閣諸島をめぐる紛争により、日中両国はあとに引けない状況になる。もし、「チャイナ・スクール」や「廖班」が機能し、安定した基盤を持つ政権が状況をコントロールできたなら、二〇一二年の尖閣紛争は避けられたのではなかろうか。

だが、それでは日本の選挙制度を中選挙区制に戻して派閥政治が復活すれば、かつてのような安定した日中関係が再現されるかというとそう簡単ではない。何より中国の経済規模がかつてとはまったく異なる。そして、中国の軍事的拡大は今や日本の安全保障における重大な脅威となった。その意味で本節が扱った時代の日中関係は、日本の政治制度がいびつであったときに、中国側が非公式ルートを活用した特殊な現象であった。九〇年代以降の政治・行政改革を通じて日本が「普通の国」になるにつれて、日中関係もまた人脈に依存した特殊関係から「普通の二国間関係」へと変化したのである。

さらに詳しく知るための参考文献

井上正也『日中国交正常化の政治史』(名古屋大学出版会、二〇一〇)……サンフランシスコ平和条約から日中国交正常化に至る日本の対中外交の変遷を明らかにした研究。自民党の派閥政治が日中関係といかに相互連関していたかを分析。

王雪萍編『戦後日中関係と廖承志——中国の知日派と対日政策』(慶應義塾大学出版会、二〇一三)……中国の対日政策に大きな影響力を及ぼした廖承志とそのグループ「廖班」の活動の実態を明らかにした共同研究。

城山英巳『中国共産党「天皇工作」秘録』(文春新書、二〇〇九)……天皇訪中に至るまでの中国の対日工作の全貌を明らかにしたドキュメント。日中両国の関係者一五〇名に及ぶ取材を基に多くの新事実を発掘。

高原明生・服部龍二編著『日中関係史 一九七二—二〇一二 Ⅰ政治』(東京大学出版会、二〇一二)……日中国交正常化から民主党政権の誕生まで、約四〇年間の日中関係の重要トピックについて論じた通史。日中関係を規定した国内事情や国際情勢といった諸要因を分析。

第七章　南島地域と中国

丸川哲史

1　台湾

†統独問題を超えた台湾問題とは

日本のマスメディアや日本に生活の場を置く者にとって、台湾問題はどのように表象されるだろうか。近年の傾向として、中国と統一すべきかそれとも中国から独立すべきか——この問題（統独問題）をクローズアップして議論されることが多いであろう。しかし、この「統独問題」は台湾問題と呼ばれるものの一部に過ぎない。先んじて結論めいたことを言ってしまえば、いわゆる台湾問題は、より大きなテーマとして、東アジアの平和と発展に関わるものである。

ここではまず、台湾問題の一部としての統独問題の議論が形成される前提を分析の俎上《そじょう》に乗せつつ、台湾問題の全体像への接近を考えたい。

台湾ではほぼ四年に一回総統選挙があり、かなり盛り上がる。だが、台湾の若い人たちにはもう選挙に飽きたという感覚もあるようだ。民進党（民主進歩党）と国民党（中国国民党）がいつも選挙で争う課題としては、台湾内部の民生問題より統独問題に傾きがちであり、それで投票行動が決まってしまうことが多々ある。つまり、台湾を一つの政治共同体と認めるとして、その外の要因が選挙に非常に色濃く反映してしまうのだ。逆説的に、私たちが知る統独問題とは、多分に選挙制度の進展とともに生まれたもの、と言ってよいかもしれない。

では統独問題を超えつつそれを含んだ台湾問題、とは端的に何であるのか。二つほど有名なエピソードを分析しながら、その歴史的淵源に入ってみたい。

一つは呂秀蓮《ろしゆうれん》副総統の「下関条約肯定説」である。民進党政権（陳水扁《ちんすいへん》）の副総統となった呂秀蓮が二〇〇五年、一八九五年の下関条約で台湾が日本に割譲されてからの一一〇周年たることにちなんでこう述べた。台湾は下関条約によって日本に割譲され、大陸中国の歴史的・文化的なつながりから切り離され、これが今の台湾の「独立」現状を規定した、と自説を展開したのである。端的に、下関条約に感謝する立場を表明したことになる。ほとんど同じ内容の発言は、一九九五年の段階（まだ政権担当者ではなかった時点）で、アメリカ合衆国での講演でもすでに行っている。下関条約に対して肯定的な意味合いを加えるのは、台湾以外の東アジアの中では事件となってしまう。たとえば朝鮮半島の観点からすると、「日韓議定書に感謝する」といった話に類するものである。ところが台湾ではそういったことが成立してしまう。こういう発言は、国際的な感覚・価値観から見てどうなのか、深刻な疑問が誘発されてしまうだろう。台湾問題を表象する一つの例である。

さてもう一つ、陳水扁氏が総統になっていた期間、陳氏が一九四三年のカイロ会談に対し「無効だ」と言ったことがある。カイロ宣言と言われる文書には「台湾は中国に復帰する」ことが記されている。陳水扁総統は、カイロ宣言なるものが、条約として適正で公的に認められた文書であるのかどうか疑わしい、無効だ——このような主旨を述べたのである。この発言も台湾問題の問題性を明確に表している。

✝カイロ宣言の背景

陳水扁氏のその発言は、やはり国際的に大きなスキャンダラスな出来事となった。戦後世界の政治家、政府の役職についた人間で、「カイロ宣言無効説」を唱えたのは陳水扁氏が初めてではないかと思われる。ちなみに、「カイロ宣言無効説」発言以降に彼の不正な蓄財（台湾の外に公的なお金を持ち出し私的に蓄えていた）が主に米国経由で暴露され、そして彼は今、中華民国の法により裁かれ、罪人の立場にいる。

陳水扁氏はカイロ宣言の次の箇所に反応したことになろう。「右同盟国ノ目的ハ日本国ヨリ千九百十四年ノ第一次世界大戦ノ開始以後ニ於テ日本国カ奪取シ又ハ占領シタル太平洋ニ於ケル一切ノ島嶼ヲ剝奪スルコト並ニ満洲、台湾及澎湖《ほうこ》島ノ如キ日本国カ清国人ヨリ盗取シタル一切ノ地域ヲ中華民国ニ返還スルコトニ在リ」。興味深いのは、カイロ宣言とその後のポツダム宣言がリンクすること――さらにサンフランシスコ講和条約（以後サ条約と称す）を含め、この三つの連関には注意していただきたい（後に詳述）。

もう一つ面白いことがある。またカイロ宣言の一部として「前記三大国ハ朝鮮ノ人民ノ奴隷状態ニ留意シ軈《やが》テ朝鮮ヲ自由且独立ノモノタラシムルノ決意ヲ有ス」とある。ここで、朝鮮を独立させてもいいんじゃないか、と提案したのは蔣介石であるらしい。そういった提案は、日清戦争（甲午農民戦争を含む）以来の出来事と関係する。すなわち、この日清戦争のとき、中国（清）の発想にはまだ近代国民国家の領土概念が明確でなく、中華世界における「朝貢―冊封《さくほう》体制」のままだったということである（「朝貢」とは、王朝同士の貢ぎ物ネットワークによりその地域を安定させるという発想、「冊封」はその王朝にお墨付きを中華王朝が与えるという儀礼の形である）。

朝鮮半島の王朝（当時は李朝）は、当時の清国にとっては冊封国であって、清国のほうが権威的に上の立場となる。そういうことで、「独立させたものとして認める」という言い方を蔣介石がしたのは、「朝貢―冊封体制」の主宰者の名残を残しつつも近代国家の価値へと移行する――そのような立場を表したことになる。砕けた物言いで表すと、朝鮮はもう冊封国ではない、近代的な国民国家として独立してもかまわない、という態度を見せたわけである。

もう一つの問題として、カイロ会談においては沖縄に関して完全な取り決めが行われなかった、ということがある。初めて沖縄の(潜在的)領有権がはっきり出て来るのは、サ条約においてである。

†カイロ宣言とポツダム宣言とのリンク

カイロ宣言に話を戻すと、問題の磁場の発生を「第一次世界大戦後」としつつも、満州、台湾、澎湖島を「清国人ヨリ盗取シタル」ところとある。すなわち、一八九五年に結ばれた下関条約を覆さなければならないと書いてあるのがカイロ宣言なのだ。

日清戦争と台湾割譲の問題は、日本人にとって、やはり考えなければならない問題である。とくに、下関条約によって二億三〇〇〇〇両の賠償金を日本が獲得したことの重要性である。二億三〇〇〇〇両と言えば、日本の国家予算の四年分である。日本では二〇一五年に世界遺産の候補として、八幡製鉄所や三池炭鉱を推薦する運動をしていた。それらの施設は、その二億三〇〇〇〇両の資金で建てられたものであり、石炭を掘り、鉄を生産し、軍艦やタンクや武器を造る道へと日本は驀進することとなる。逆に、清朝はこの賠償金の支払いにより大きな財政的打撃を被ったことになる。

さて次に、ポツダム宣言とカイロ宣言とがリンクしているという事実を指摘しておきたい。ポツダム宣言の第八項に「カイロ宣言ノ条項ハ履行セラルヘク又日本国ノ主権ハ本州、北海道、九州及四国並ニ吾等ノ決定スル諸小島ニ局限セラルヘシ」と書かれてある。では、この「吾等」が誰かということであるが、ポツダム宣言の主体は連合国ということになっている。日本語で考えている国際連合（国連）は、中国語で翻訳すると「連合国（聯合國）」で、英語では"United Nations"となり、戦前から戦後までずっと同じである。だから、この「吾等」は継承関係としていわゆる国連のことだと解釈できる。いわば国連が日本の領土を決定すると言っているわけだが、このときには具体的に沖縄のことは書けなかった。ただ「吾等ノ決定スル諸小島ニ局限セラルヘシ」である。いずれにせよ、ポツダム宣言を日本は受け入れた。

今日の日本の政府はたとえば中国を非難する場合に「国際法に則って……」とよく言う。しかし、国際法はいろいろなネットワークにより成立しているので、一元的に矛盾なく存在しているわけではない。国際法として作られた諸々の条約や法規というものはネットワーク的に星座のように存在していて、それぞれの結びつきを強く言うか弱く言うか、という問題がある。日本政府は当然のこと、国際的な取り決めの一つとしてポツダム宣言を守らなければならないし、それとリンクしているカイロ会談の内容を尊重しなければならないはずである。しかし、日本外務省の指針はそうではないようにも見受けられる。

†サンフランシスコ講和条約との関連

台湾問題の歴史的背景としてもう一つ加えると、太平洋戦争の末期においてなぜ台湾は戦場にならなかったのか、という問題が浮び上がる。その答えを端的に言うと、カイロ会談で台湾は中華民国に返すことが決定されていたからだ。一方、沖縄は未確定のままだった。蔣介石の遺した日記には、実は琉球の領土は潜在的に自分たちのものだと思っているのだが、この太平洋における戦争の主体は米国であって、米国を中心にした信託統治でもかまわないと私はトルーマンに申し上げた、といった内容が記されている。米国は、それを踏襲するような形で、己を主体として沖縄の施政権を持つことになった。しかして、それを実行に移す行動の発端に沖縄戦があった、ということになる。

サ条約では、「日本国は、台湾及び澎湖諸島に対するすべての権利、権原及び請求権を放棄する」という文言が書かれている。ここが最大の問題点である。つまりカイロ宣言では台湾の帰属がはっきりしていた内容が、このサ条約では実に帰属先が書かれていないのである。そこで一つのエピソードを紹介しよう。ビザの発給など大使館の役割を担っている台湾での日本の出先機関に「交流協会」がある。この交流協会（台北）の会長は日本の外務省から派遣された人物であるわけだが、二〇〇九年時の会長がある台湾の大学での講演で、「台湾の地位は未確定である」と話した。これに対して、当時の馬英九政権が厳重な抗議を行う、という事件が起きていた。

一九四五年のポツダム宣言（カイロ宣言とリンクする）から一九五一年のサ条約の間、この六年間で何が生じたのか。大陸中国では、中華人民共和国の成立が宣言され、一九五一年にはもう朝鮮戦争が始まっている。サ条約には、中華民国の代表も中華人民共和国の代表も呼ばれなかった。それから、朝鮮半島の二つの政権も参加することができなかった。そういうわけで、戦争と旧植民地の当事者が参加できず決められたのがサ条約なのである。そして周知の通り、日米安保条約はサ条約とセットとして存在するものである。結果として、カイロ宣言からポツダム宣言までの流れに対して、サ条約は一つの断絶であると言える。いずれにせよ、日本の外務省は「台湾がどこに復帰したかは関知しない」という立場を、このサ条約から引き出していると予想できるのである。

さらに、サ条約と同時に発効された（日本と中華民国との間の）日華平和条約はサ条約をほぼ踏襲したもので、ここでも「台湾が」どこに「復帰した」のかが明確になっていない。興味深いことに、二カ国間条約であったためか、中華民国側は当時、中華民国に復帰したと思い込んでいたようである。一方先ほど紹介したように、日本国政府の外交官が（台湾の帰属は）「未確定である」と二〇〇〇年代に述べていることからも、台湾の復帰先が未確定であることを日本の外務省はずっと基本方針としていたことになる。

しかしここで考えてみるに、カイロ宣言からポツダム宣言への流れを日本が受け入れていない、と国際社会に向けて言えるのか――非常に難しいだろうと思われる。極端なことを言えば、もし「私たちはポツダム宣言を受け入れません」と言った瞬間には、日本は日独伊三国同盟の一員に戻っていることになる。同じように「カイロ会談は無効だ」と言った瞬間に、このロジックでは陳水扁総統は図らずもファシズム陣営の人間になってしまう。当然のこと米国は、建て前上そういったことに対して肯定的な反応を絶対に発せられない。陳水扁氏の民進党政権がなぜあのような形で崩れていったのか。それはやはり米国に承認されなくなった、ということに尽きよう。これがまた台湾問題が抱える大きなモメントである。つまり台湾は歴史的契機として、米国の力に規定された存在だ、ということである。

†東アジア全体との連関性

話を元に戻すと、サ条約の成立にとって朝鮮戦争はやはり大きなモメントであった、と言わねばならない。朝鮮戦争は一九五〇年の六月に始まり、一九五三年に停戦を迎えたが、現在もまだ終わっていない。形式的には停戦状態である。その最中に、サ条約、日米安保条約、日華平和条約が結ばれているのである。その大前提となるのは四九年の人民共和国の樹立であり、それへの反応であったと言える——そこから東アジアにおける冷戦構造が形づくられたのである。

ではそれと即応するように始まる、日本の戦後の民主化における逆コースとはいつ頃からのことであるのか。具体的に言うと、一九四九年の七月一九日に新潟大学でＧＨＱの民間情報教育局顧問のイールズが「共産党員である人間は大学教授になっていることはできない」と講演したことに端を発する。いわゆるレッドパージの始まりである。

興味深いことに、台湾でも似た状況があった。台湾でいわゆる赤狩りを意味する「白色テロ」が起動し始めるのはだいたい一九四九年四月である。それは、大陸中国で共産党軍が長江を渡った瞬間ぐらいだと見られる。大陸全域を中国共産党軍が制圧することが予感されたのが、ちょうど一九四九年四月段階であったのだ。そして中華人民共和国の樹立、さらに朝鮮戦争の勃発によって冷戦構造のある種の体制（システム）が遂行的に作り上げられていくのだが、いわゆる日本における逆コースとは、それらに対する反応なのである。

また一方の台湾であるが、朝鮮戦争が勃発したのが六月二五日で、すぐさま日本の横須賀にいた太平洋第七艦隊が台湾海峡に入ることになる。一九五〇年一月までは、大陸の共産党軍が台湾を解放することに関するアメリカ合衆国の公的態度は「中立政策」（当時の国務長官アチソン）だった。当時の米国国務省は、国民党政権は腐敗した政権であり、敗れていくのは仕方がない、くらいの感覚であったようであった。ところが、朝鮮戦争の勃発と同時に極東政策の一大転換が起こり、共産党軍の台湾上陸を阻止する軍事行動が採られるに至った。共産主義勢力が南下、あるいは、東進してくるのではないかという恐怖感が、米国政権内で巻き起こったのである。

これに関連するのは、中国が人民志願軍を朝鮮半島に差し向けるという行動が引き起こされ、人民共和国は台湾「解放」を実施的に放棄せざるをえなくなった、という史実である。これにより台湾において、中華民国の政治共同体としての一つの地位、また物理的な根拠というものが与えられ、ここで私たちが今知っている政治共同体としての「台湾」の地図が定まったのである。これこそが台湾問題の直接的由来である。

思い返してみれば、日清戦争の主な動因は、日本と清国（中国）との間の朝鮮半島に関わる主導権争いだった。朝鮮戦争は、その「日本」を米国に入れ替えたということで、日清戦争の構図を反復していると言えなくもない。一八九五年から一九五〇年まで、大きな力関係が台湾と大陸だけではなく、東アジア全体に連関する形で行使され、そして私たちが知る冷戦国家群体制が生じたのである。

†米中接近と台湾問題

今まで述べた東アジア冷戦の角逐状況は、五〇年代後半から六〇年代半ばまで、世界的な規模で冷戦のデタントが生じ、相対的に安定期に入る。しかし、大陸中国では六〇年代半ばより文革が始まり、国内の混乱状態に向かう。しかして、その混乱は単なる混乱とは言えず、大陸中国のその後の巨大な変化へとつながるのである。

すなわち、いわゆる米中接近が一九七一年にやって来る。また同年、国連において中華民国と人民共和国との間で議席が交替し、国連における中国の正統の「座席」を中華人民共和国が占めることになる。原因としては、国連において、つまり主たる第三世界の後押しからの投票で、その動議が決定されたと言える。そして日本も六〇年代後半より、日中国交正常化に向かって動いていたのであった。田中角栄首相が周恩来首相と握手するシーンはご存じであろう。

さて、そういった流れの前提条件としてあるのは、中華人民共和国が相対的にソ連圏から離脱し始めたことに存する。そのことと文革も深い関連性がある。端的に、中国は一九六〇年代より、ソ連の影響を受けずに外交方針を決められるようになっていた。さらに一つの画期点として、六四年の核実験の成功がある。この核開発の成功以降、中国は外交の「自由」を獲得するのである。核兵器の被害者たる日本人からすると見たくない現実ではあったとしても。

もう一つとして、中国文化大革命それ自身のインパクトを考慮しなければならない。六六年に始まった文革について、実は二〜三年後には当初の軌道から逸脱しており、ほぼ失敗に帰していたという見方もある。文革は学生が初発の行動を採り、内部変革が進行しようとした。が、六九年には学生たちは都市から農村に追いやられ、さらに文革のプロセス全体を解放軍が仕切ることとなり、総じて文革のプロセス全体が派閥闘争へと堕することとなった。これにより文革の性格は完全に変わってしまったことになる。しかして、文革の失敗により、また改めて外交上の活路を求めていくしかなくなった。ただしソ連からの離脱の線はもう修復しようがない。すなわち、こういった閉塞状況が米中接近をもたらしたのである。これがまた、実に台湾問題、あるいは日本との関係に非常に大きな影響を及ぼすこととなるのである。

さて、中国はソ連からの離脱を果たし、是々非々の関係として米国との関係への修復を図り、米中接近に向かっていく。そこで一九七〇年代に唱えていたのが、自らを世界の第三極として定位する「三つの世界論」である。その内容を以下に記しておく。

中国からするならば、現状では米国とソ連が世界を牛耳っていて、これを第一世界と定位する。では第二世界とは、ヨーロッパ、また日本のような米ソ以外の先進国のことだが、それらはどの方向に向かうか不安定である。しかして今、圧倒的に世界を構成し、世界の動向を決めるのはその他第三世界であって、中国はその第三世界と連帯し、さらにそのリーダーとして活躍するということ。以上が「三つの世界論」の骨子であるが、中国はこれをソ連・東欧圏の崩壊時まで維持していたことになる。

†概念の変遷の中で

さて、日米安保条約には、その条約下での行動は「国際連合憲章第五一条の規定に従って、直ちに国際連合安全保障理事会に報告しなければならない」とも書いてある。これは得てして見逃しがちな部分である。個々の条約はこの例にもあるように、別の条約や機構に媒介されてあることを意識する必要がある（これは前にも述べたことであるが）。そこで今度は、一九七二年の日中国交正常化の際の共同声明、いわゆる日中共同声明に焦点を当ててみたい。

共同声明の中に記されている領土問題に関して、端的に以下のような内容がある。

「第三項　中華人民共和国は、台湾が中華人民共和国の領土の不可分の一部であることを重ねて表明する。日本国政府は、この中華人民共和国政府の立場を十分理解し、尊重し、ポツダム宣言第八項に基づく立場を堅持する」。

サ条約を飛び越え、日中国交正常化の共同声明の中にもう一度ポツダム宣言とのリンクが入ってくるのである。さらに前言したように、ポツダム宣言はカイロ宣言にリンクしているのであれば、日中共同声明はカイロ宣言にまでリンクしている、ということにもなる。さて共同声明に至って、サ条約を飛び越えたリンクを張っているということで、これは裏返せば、中国側は沖縄（琉球）に関して日本の領土であることを承認しているわけではない、ということになろう。

さらに共同声明では「日本国に対する戦争賠償の請求を放棄することを宣言する」と記されている。非常に重要な部分である。ここは別の意味で、主に日清戦争後の賠償との関連で興味深い感慨が出てこよう。端的に、これによって日本人は賠償から免れたわけであるが、このことを日本人はどれだけ意識しているだろうか。一八九五年からの数年の分割払いで、日本は二億三〇〇〇両の賠償金を手に入れている。素朴な疑問として、日清戦争のときの被害と、日中戦争のときの被害の度合いはどれぐらい違うのだろうか。日清戦争を基準にするなら、二億三〇〇〇両を何倍にすればよいのだろうか。かなり膨大な賠償金を日本は中国に支払わなければならないはずで、中国はこれを棒引きにしたのである。このことの重みを日本人は考えなければならないであろう。

次に、共同声明第七項には「日中両国間の国交正常化は、第三国に対するものではない。両国のいずれも、アジア・太平洋地域において覇権を求めるべきではなく、このような覇権を確立しようとする他のいかなる国、あるいは国の集団による試みにも反対する」と記されている。ここでの「覇権」とは誰のことを指しているか。その答えは簡単で、米国とソ連である。先の

「三つの世界論」によってそう推測できるのである。中国は今でも「わが国は覇権に堕落しない」ことを何回も表明している。中国外交にとって「覇権」は非常に重要なキーワードとなっている。一方、日本では「覇権」という言葉をあまり使わないようである。

さて、一九二四年の孫文の「大亜細亜主義」講演の中で「今後、日本が世界文化の前途に対し、西洋覇道の鷹犬《ようけん》となるのか。あるいは、東洋王道の干城《かんじょう》となるか。それは、日本国民の詳密な考慮と慎重な採択にかかるものであります」とある。ここで「覇道」とは暴力的不正義な力関係によって平和を崩す者、という意味合いである。その後の近代的外交の文書においては、その「覇道」は「覇権」となる。「道」から「権」へ、これもやはり一つの前近代から近代への切り替わりを表象する。我々の東アジア世界全体は、前近代的な素地のある社会状態から、近代的な社会に移り変わった社会であって、そこでは国家や世界に関わる概念が変わっている。カイロ会談の際の蔣介石がそのように演じたように、である。

†台湾問題の裏側

いずれにせよ、日中共同声明の中での台湾の地位に関して、そこでは大陸中国の主張がはっきりと打ち出されている、と言える。今の台湾に住んでいる人々からすると、自分たちの頭を飛び越しているので、非常に不安になるような書かれ方であるかもしれないが。事実状態として、現在の台湾内部の生活者にとって、自分たちにとっての政治共同体はどうしても台湾にある中華民国となるだろう。現在の台湾ではすでに、大陸全土を潜在的領土とするような教育はなされなくなってしまった。すると勢い、大陸全土が自分たちの政治共同体であるとは想像しづらくなっている。

しかし繰り返し述べたように、台湾という政治政体を作った歴史的きっかけは、朝鮮戦争に始まる米国の極東政策の一大転換である（またその歴史的反復として下関条約による台湾割譲がある）。そして米中接近が一九七一年、次の米中国交樹立は一九七九年となる。その頃の国際的な感覚に則った場合（一つの中国の原則で行動していたこともあり）、中華民国（台湾）は、米国と国交を断絶せざるをえない方向に追い込まれたことになる。

それと関連して、台湾には米軍の基地がなくなっていることを特筆せねばならない。それは端的に、米中国交樹立の際、北京政府が米国に要求したからである。国交を樹立したいのであればこれが条件だ、と突きつけたのである。台湾の人々は現在、それについてやはり複雑で曖昧な気持ちになるということである。これも台湾問題の裏側にあるストーリーである。

米中が国交を樹立した一九七九年一月の後、いわゆる安全保障の問題が微妙な問題になった。原則として、正式な国交がない国との軍事同盟はあり得ないからである。そこで、「台湾関係法」というアメリカの国内法が成立し、台湾のいわゆる安全保障が保たれている、ということになる。

台湾の民主化を促した正体

いわゆる八〇年代以降の台湾の民主化、と呼ばれるものについて述べてみたい。台湾の民主化として、一九八七年の戒厳令の解除がまず念頭に置かれるであろう。そこから、中華民国政府は憲法をきちんと機能させなければいけなくなった。これが一番重要な歴史的モメントとはなっている。もちろんその前、八〇年代前半から、いわゆる民進党という野党が成立しているのだが。

それでは、このような台湾の民主化を促したものは何か。台湾研究者のトップである若林正《まさ》丈《ひろ》氏の説は非常に興味深い。米中国交樹立の一九七九年、中華民国（台湾）は見捨てられそうになり、非常に不安定な立場に立っていた。台湾当局者（蔣経国など）は民主化を進めないとさらに米国に見限られるのではないか、と考えていたようである。ここでも、台湾（中華民国）の生命は米国に握られているという現実がプレッシャーとなっていた。すなわち、台湾の民主化を進ませたのは米国の圧力だった――こういう説を若林氏は唱えている。私もほぼその通りだと思う。

つまり台湾の民主化は、米国と中国が正式な国交を結ぶ中で、台湾の中華民国がどのように生き延びるかという選択として生まれてきた動きである。このこともやはり考えなければいけないことで、だからこそ、台湾の「安全」は米国国内法により維持されているのである。

これが台湾問題というものの核心部にある問題である。民進党政権時代の陳水扁氏がなぜ追い落とされる結果になったのか。米国の許容を超えた言動はやはり許されない、ということである。だから極言するならば、台湾問題とは、東アジア地域における米国の特殊なヘゲモニーの行使の仕方によって決定されたもの、と結論づけられることになる。

†大陸との相互関係

筆者は一九九〇年から九三年にかけて台湾にいた。ちょうど戒厳令が解除された後で、台湾の中でいうと、かつて大陸中国で選ばれた万年国会議員をすべて退場させ、台湾で選ばれた人物が議員になっていく時期であった。印象として、その時期の台湾は経済的にはバブルがはじけた後で暗かったが、政治状況としては非常に明るく見えていた。この道をたどれば台湾の民主化はうまくいくだろう、とみな考えていた時期であった。

しかし、台湾という政治政体の根源的な問題にもう一度向き合わざるをえない事件が起きる。台湾の背景にあるのは、やはり大陸中国との対話を欠いた選挙民主主義一辺倒の方向性であった。台湾の広さでの住民が分母となって総統を選ぶ総統選挙が九七年に行われた。そのこと自体、やり大陸中国の政府には容認できないことであったようだ。九五年から九六年にかけて大陸政府が台湾海峡でミサイル演習を行った。そしてまた（朝鮮戦争の反復として）、横須賀から米国太平洋第七艦隊が台湾海峡へと入ることとなった。当然ながら、台湾の人にとって非常にショックな出来事であった。私の印象として、恐ろしいことに、歴史が反復する構造は朝鮮戦争から変わっていない、とも言えるのである。

しかし反復されながら、違った結果になることも事実である。朝鮮戦争の後で金門島の砲撃戦が起きたようなことはなかった。いずれにせよ、九〇年代ではまったく戦闘状態には発展しなかったし、また政治的抑圧が起きるわけでもなかった。その最大の要因は、戒厳令解除宣言が出る一九八七年より少し前の段階から、台湾からの大陸中国への資本投資が許されるようになっていたことである。台湾から大陸への投資を許可したのは、端的に米国なのであった。

八〇年代後半から台湾の商人たちは、大陸に行って投資し、大陸（労働力と市場）をその資本によって開発し始めていた。その初発の時期において、八九年まで米ソの対決状態があったからだ。台湾から大陸への投資が是認された背景として、ソ連包囲という国際構図が存在していたのだ。大陸も台湾も含んでウィン・ウィン状態にすることが、そのときの米国の発想だった。つまり、台湾と大陸との間の交易を促進させること自身が、反ソ連貿易網にとって有利であると考えられ、そのように実行されたからだった。

そういった台湾から大陸への投資の流れがずっと九〇年代から続いていたが、最近はむしろ大陸から台湾への逆の投資が問題化することとなった。こういった資本の逆流は、だいたい二〇〇〇年代後半から顕著になっていた。またすでに、大陸と台湾との間で両岸FTA（自由貿易協定）が締結されている。資本のグローバリゼーションが引き起こした、第二ステージの出現である。二〇一四年「ひまわり運動」という学生運動が起きたのであるが、それは両岸FTAが総体として締結された後の各論的な「取り決め」が議会においてゴリ押しされたからであった。大陸からの台湾への巨大投資が台湾社会を従属的にしてしまうのではないか、という危惧への反応であった。

「ひまわり運動」の主張の弱点として、先に台湾のほうが投資する側であった歴史を無視し、台湾が被害者となるイメージだけを押し出したことがある。若者世代の「ひまわり運動」のリーダーたちは、台湾の九〇年代から二〇〇〇年代にかけての台湾の経済成長は、ほぼ大陸頼みだった事態を無視している。それは、誰も否定できない事実である。大陸中国とどのような対話をなすのか、これが今後とも台湾で生活する人々の大きな枠組みである。現に「ひまわり運動」に参加した学生たちの多くは、より大きな市場として大陸中国に就職口を求めて台湾海峡を渡っているのである。

†条約の内容を知ることの重要性

では、今の大陸中国と台湾の関係について総体としてどのように見ればよいのか。私のような研究者には、「こうあるべき」と政治家のように言う資格もないし、またそういう欲望もない。ではどういう企図があるかというと、今に至るまでの歴史と政治構造の歪みを点検することである。今に至る東アジアの歴史と政治構造をきちんと考え直して、そこで初めて日本人として発言権が得られるのではないか、と思っている。

そのための初歩の初歩として、まず条約関係の整理から始めた次第である。個々の条約には、お互いに継承関係もまた矛盾関係もあり、それらが絡まり合って網目状、あるいは星座のようになっていると言える。昔、ギリシャの人が無秩序にある星々を組み合わせたところ、蟹や天秤のように見えたことと同じ原理である。国際条約の相互の関係もそれに似ている。いろいろな条約をつないでいくと一つの絵になるが、もう一度やってみると別の絵に転化する機縁も出て来る。「蟹」に見えるけれど実は「馬」であるとか、まったく別の何かになる可能性も蔵されている、と言わざるをえない。

難しいのはまた、国際条約は一つ一つ、国民国家として成立した国民同士の「約束」でもあって、その国民からまったく遊離して政府が勝手に取り決めた、とも言えないことである。日中共同声明にしても、やはり両国に生きる生活者の個々の感情や様々な思いが乗り移っているはずである。それとまったく関係なく政府が勝手に調印しただけ、とは言い切れないものである。もちろん大陸中国にとって悩ましいことが、だからこそ生じる。日本に対する賠償を放棄することは、単純な政府の決断ではなく、国民がその損得を引き受けなければならないことであった。つまり、国民全体に関わる問題として、共同声明が存在しているのである。政府からの説明もあり、日本を追い詰めてはならない、と当時は納得した人も多かったそうなのだが。

しかしやはり、納得できない人もいた。九〇年代後半から、廃棄されていた毒ガスの被害に遭われた人が、補償を求めて訴訟を起こすこともあった。前提として、共同声明の文言もあり、国家間の賠償は大陸政府も日本政府も済んだという考え方になっていた。しかし、民間の次元からそういう要求が出ていた事態は、やはり注視しなければいけないことである。というのも、これは中国社会が民主的になっている証拠でもあるからだ。中央政府の見解を超えて被害者が行動した、ということになる。

さて、台湾を切り口にし、日中関係、また大陸中国のことを考えて来た。また同時に、大陸中国の視点から、また台湾を見直すとどうなるかについても論じてきた。大まかなスケッチではあったが、この中でいろいろな条約の内容を紹介して来た。私たちはカイロ宣言、ポツダム宣言、サ条約、日中共同声明といったもののネットワークを、やはりある程度知っていないといけない。なぜかというと、私たちにとって、条約は外在的なものではなく、先に述べたように国民同士の「約束」でもあるからだ。

　ただそうした約束の内容に、個々に矛盾する可能性があることも先に指摘した通りである。しかし、国際条約が「約束」としてあることは、やはりそれが平和とか連帯の基礎として想定されるからである。中国側からすると、ポツダム宣言と日中共同声明を受け入れた日本人を信用しているはずであり、このリンクは非常に強く意識されている。そしてその中で、台湾の位置が定位されているのである。一方、台湾で生活している人々からすると、やはり頭越しにされているという感覚があるのも事実なのだが。

　しかし、そのようにして台湾を主語にして考える主体条件そのものも、実に日清戦争後の下関条約、カイロ宣言、ポツダム宣言、サ条約、日中共同声明といったリンク（またリンクの矛盾）の中にあることであり、あるいは、日本もまたそのリンクにリンクしながら存在しているのである。だから、日本の首相はときに「ポツダム宣言の内容を知っているのか」と質《ただ》されることもあるわけだ。首相への好みや所属政党の好き嫌いなどとは無関係に、そうなるはずのものである。それは「日本国憲法を知っているか」という問いと同じようなものである。憲法は、国家と人民との間の契約であり、「約束」である。同じように国際条約も、政府間のまた国民同士の「約束」である。その「約束」の内容についてある程度知り、その「約束」をどう読むかと考えることは、やはり国民一人一人の政治的自由の基礎になるものであり、やはりそれが基礎になければ国際平和もまた自分たちのものにならないのである。

さらに詳しく知るための参考文献

汪暉（丸川哲史編訳）『世界史のなかの東アジア——台湾・朝鮮・日本』（青土社、二〇一五）……東アジア内部の冷戦政治を中国の観点から読み解き、知的分断を乗り越えようとする。

孫歌『アジアを語ることのジレンマ——知の共同空間を求めて』（岩波書店、二〇一五）……東アジアにおける対話は、私たち自身の歴史への対話の先にあることを知らせてくれる。

陳光興（丸川哲史訳）『脱帝国——方法としてのアジア』（以文社、二〇一一）……視点を台湾に持ちながらグローバルな地政と歴史に入ろうとする、著者の実践的な思考の記録となっている。

松永正義『台湾を考えるむずかしさ』（研文選書、二〇〇八）……台湾を考えるには、中国とともに、また東アジアとともに考えなければならない。台湾を考えるための必読書。

孫歌・陳光興・白永瑞編『ポスト〈東アジア〉』（作品社、二〇〇六）……東アジアの知的交流はすでに始まっている。次の東アジアのイメージを探求するために作られた合作アンソロジー。

2　沖縄

仲里　効

†竹内好に刺激されて

私の個人的な中国との関わり、私的中国体験から話を始めよう。私は一九四七年生まれで、いわば団塊の世代に属している。一九六〇年代の後半から七〇年代の初めにかけて米軍占領下の沖縄から東京へ出て大学生活を送るが、ちょうどその頃は、全共闘運動、七〇年安保・沖縄闘争、ベトナム反戦運動など、大学の内部だけではなく社会全体が揺れ動いた時期と重なり、その熱と渦の中に放り込まれていく体験をさせられる。

そんな揺れ動く時代の中で、沖縄のこと、アジアのことにあれこれ思い悩んでいるときに出会ったのが竹内好の中国やアジアに関する著作だった。とくに竹内が中国戦線に出征する直前に遺書のように書いたと言われる『魯迅』には心を揺さぶられ、大いに刺激を受けた。いわば、竹内〈魯迅〉や中国論を通して中国への関心を抱いていった。当時、中国では文化大革命が起こり、紅衛兵運動も日本の中国を見る眼の中に入ってくる。今振り返るといろいろ問題のある運動だったにしても、文化大革命は熱いまなざしを向けられ、第三世界的な想像力を喚起していく力を持っていたことも否めない。

沖縄の施政権がアメリカから日本に返還される一九七二年五月の直前の二月に、まだ文革の熱気が残っていた中国に、沖縄の青年たち一〇名ほどで訪ねる機会に恵まれた。広州から入り北京までの、革命中国の足跡を辿る三週間近くの旅だった。なぜあのとき沖縄の青年たちが招待されたのか、今もって私たちにもよくはわからない。天安門では紅衛兵たちが行進する姿があり、農村でも『毛沢東語録』をかざす光景を見せられもした。

中国を訪ねる前に、行きたい場所を聞かれ、魯迅の足跡をリクエストしたが、叶えられなかった。それでも上海では魯迅が亡くなった寓居《ぐうきょ》を見ることができたし、上海の文芸家協会の方々とディスカッションする機会も設けてもらえた。ところが話がかみ合わない。後でわかったことだが、当時の中国では革命と強く結びついた魯迅像が主流で、竹内好の中国の闇や実存の底を凝視する魯迅像は、魯迅研究者の間では敬遠されていたところがあり、あまり評価されていなかったようである。沖縄の生き方と魯迅の作品を思い入れたっぷりに熱っぽく語る私たちに、文芸家協会の人たちから怪訝そうな顔をされたことが思い出される。それでも貴重な体験であった。

†「昭和の脱清人」と呼ばれた旅

ところで、日本による沖縄統合と沖縄基地の日米共同管理体制への移行でしかなかった七二年の「日本復帰」は、沖縄では「第三の琉球処分」という言い方もされた。沖縄の人たちの意思を無視して日米両政府の都合で取り引きされたという認識からくるものである。その起源をたどれば一八七九年（明治一二）に明治国家が沖縄を強制的に併合したいわゆる「琉球処分」に行き着く。これを第一の琉球処分と言っているが、沖縄の命運が決定される歴史的転換点で「処分」は繰り返されるという歴史認識がある。起点になった明治の「琉球処分」は、それまでの、中国との朝貢体制下でのネットワークに関係づけられてきた東アジアの秩序を切断し、強引に国民国家体制に組み込むことを意味した。一九七二年の「日本復帰」の内実もそのような歴史記憶を想起させ、一九五二年のサンフランシスコ講和条約で沖縄が一方的にアメリカの排他的占領に囲い込まれた第二の「処分」に続く、日米が合作した三回目の「処分」だという受け止め方をさせたのである。そこで口の悪い友人たちから私たちの中国行は「昭和の脱清人《だっしんじん》だ」と揶揄されたりもした。

「脱清人」とは、明治の「琉球処分」に抵抗し中国に支援を求めたり亡命したりした一群の志士たち、いわば亡命琉球人である。その「脱清人」たちの運動が最近では「琉球救国運動」と捉えられるようになっている。琉球処分は一八七九年に断行されて終わったわけではなく、一八九五年の日清戦争までの幅をもって認識されるようになった。その間、琉球内部では、中国につくのか日本につくのかの論争や対立が続き、それが清国の敗北により救国運動の志士たちの夢も断たれた。私たちを「昭和の脱清人」呼ばわりをしたのは、第三の琉球処分直前に中国に行ったことがそういう歴史記憶を喚起したからなのかもしれない。もちろん私たちは「脱清人」ではなかったし、「琉球救国運動」のような高い志もなかったのだが。

†旅を通して触れる中国

二回目の中国への旅は一九九二年だった。ちょうどその年は沖縄が日本に「復帰」して二〇年の節目ということで、「日本復帰」後日本本土との系列化や一体化で沖縄の個性が喪失していく危機意識のようなものが浸透し、改めて沖縄のあり方が模索され、中国やアジアとの関係を問い直し交流の歴史を再創造していく流れがアカデミズムの世界でも民間レベルでもなされていた。そうした中国やアジアへ向かう関心を具体化するように「中国大陸三〇〇〇キロ踏査行」が、沖縄地元の新聞社の沖縄タイムス社が中心となり、県や那覇市などの行政まで巻き込んで企画された。

このプロジェクトは、朝貢システム下の琉球の中国における活動の拠点となった福建省の福州市や泉州市を起点にし、かつての進貢使《しんこうし》たちが北京までたどった三〇〇〇キロのルートを、沖縄の青年たちが八月から一〇月まで二カ月かけてたどり直す、今考えれば無謀とも思える取り組みだった。

スタッフの一人として私も同行させてもらった。基本的には歩いて、一日平均三〇キロ進む、結構ハードな旅になった。中国は改革開放に向かって扉を開いてまだまもない段階である。外に向かって変わっていこうとする中国の風景の中を歩いて、見て、身体で通過していくという得がたい体験をさせてもらった。

図１　（上）「中国大陸3000キロ踏査行」一行を歓迎する人びと（福建省）
図２　（下）「中国大陸3000キロ踏査行」出発式（福建省泉州市）

三回目は北京の魯迅博物館での取り組みに参加させてもらったときである。ド

図3　北京の魯迅博物館での佐喜眞美術館所蔵ケーテ・コルヴィッツ展開会式（2011年9月17日）

イツのケーテ・コルヴィッツは魯迅が敬愛した版画家だと言われる。二〇一一年はちょうど中国新興版画運動八〇周年と魯迅生誕一三〇年が重なり、「魯迅と新興木版」の一環としてケーテ・コルヴィッツの版画展が浙江美術館と北京の魯迅博物館で巡回して行われた。その巡回展に、沖縄の佐喜眞《さきま》美術館が収蔵するケーテ・コルヴィッツの作品が選ばれた。コルヴィッツの出身地のドイツや他の美術館のコレクションではなく、沖縄の佐喜眞美術館だったことには中国の特別な思い入れがあったようである。

その関連企画として開催された「東アジアにおける魯迅精神の受容について」というシンポジウムに参加させてもらった。このときは中国でも竹内好の存在や魯迅観についてはかなり知られているようだったし、台湾からも参加があった。東アジアにおける魯迅の受容の広がりを見る思いがした。一九七二年の上海での文芸家協会のメンバーとの意見交換で感じた齟齬感からすればずいぶん変わった印象を受けたが、しかし現代中国における魯迅の受容のあり方も一筋縄にはいかないように思え、違った難しさがあることも感じさせられた。

このほか、桜井大造《だいぞう》さんが主宰し、台湾、日本、韓国、中国など東アジアを横断して活動するテント芝居『変幻痂殻城《へんげんかさぶたじよう》』を、北京の中心街と郊外の出稼ぎ労働者の村で上演した際も、竹内好研究会のメンバーから誘われ同行させてもらった。繰り返すことになるが、私は魯迅を通して、正確に言えば竹内好の『魯迅』を読んだときの衝撃をきっかけにして中国と出会い、興味を持っていった。

†中心からではない世界の見え方

さて、沖縄から中国大陸の懐に入るには香港という場、というか、中国の内部と外部が交差する窓のような香港の存在を無視するわけにはいかないだろう。周知の通り、香港は、一八四〇年代から六〇年代にかけての第一次、第二次アヘン戦争とその後の南京条約や北京条約などでイギリスの植民地になり、特異な地政と歴史をたどっている。一九九七年にはイギリスから中国に主権が返還され、香港特別行政区基本法で一国両制度のもとに置かれる。イギリス植民地支配下で歩んだ香港の主体意識や中国との関係には簡単には解けない問題があるだろう。中国への返還によって解決されるわけではなく、返還後のポストコロニアルな香港において逆に中国の権力や統治構造が見えてくることはありうる。

こうした長い「植民地支配」と「返還」を経て、一国両制度のもとに置かれている香港の歴史と経験は、沖縄のそれと同じだとはむろん言えないにしても、ずれながらもつながっているところがある。そのずれてつながる領域に台湾を入れるとどうだろう。東アジアの歴史の風景が違って見えてくるはずだ。こうした〈ずれてつながる〉沖縄／香港／台湾の、言葉を換えて言い直すと、国家の周縁で内に包摂されたり、外に排除された歴史経験に注目することで、中心からは見えなかった別の異なる世界の見え方がするのではないか、新たな関係の思想を生み出すことができるのではないか、これが私の話の狙いである。

沖縄の詩人で、思想家でもある川満信一《かわみつ》さんが、「思想と文化の総合誌」と銘打った『新沖縄文学』（一九七二）に発表した論考「日本と中国の谷間で」の一節を紹介しよう。七一年と言えば沖縄の「復帰」の前年で、また日中国交回復がなされる前年でもある。この論考に「沖縄の歴史の決定的な転換期において、必ず政治的な力学を強く働かせずにはおかない隣国、中国大陸」という言葉がある。「日本と中国の谷間で」というタイトルも大国に翻弄されてきた沖縄の位置と沖縄の転換期を左右する中国の存在が意識されているわけだが、ここでの「谷間」を〈狭間〉〈境界〉〈閾《しきい》〉と置き直してみることもできるだろう。

こうした谷間（狭間・境界・閾）としての沖縄を決定する国家意志を探訪していくために、まず一八九〇（明治二三）年一二月の第一回帝国議会で首相の山縣有朋が行った演説の中の一節「思うに、国家独立自衛の道は、一に主権線を守禦《しゅぎょ》し、二に利益線を防御するにあります。何をか主権線という。国境、これです。何をか利益線という。わが主権線の安全と固く関係し合う区域、これであります」を紹介しておこう。ここで言われる〈主権線〉と〈利益線〉とは、国境を書き換え拡張していく植民地主義と侵略への〈原─衝動〉のことであり、沖縄という境界の視座から見ると、それまでの東アジアの世界秩序を形成していた朝貢システムを切断し、国民国家体制へと組み込むことを意味している。

近代以前の朝鮮、琉球、ベトナムなどアジアの周辺の国々は、中国との朝貢─進貢関係によってネットワークを形成し、国と国との境界がなかったわけではないにしても、きわめてルーズでゆるやかだったと言われる。しかし、ナショナルビルディングの動力となる〈主権線〉と〈利益線〉は、ゆるやかな境界を厳しく引き直すことであった。その国境の厳しい引き直しを、第一回帝国議会での山縣有朋の演説は闡明《せんめい》にしたことになる。国民国家体制の欲望を外へと導いていったのが万国公法という国際関係法で、それはまた帝国主義的な世界分割を法的にオーソライズする役割を担っていた。

†大国の都合で命運が決まる

日本の〈主権線〉と〈利益線〉によっていかに国境が引かれ、引き直されていくのかを、沖縄の近現代史を振り返ることから検証してみたい。〈主権線〉と〈利益線〉の拡大・膨張過程で、その起点になったのが冒頭でも紹介した一八七九年の「琉球処分」である。最近、研究者の間では「処分」ではなく「併合」と見なされるようになった。日本の国内史に囲い込むのではなく、その全過程と全構造を東アジアの視野から眺めることによって、問題の本質をよりはっきりと摑まえようとする意図によるものである。

「琉球処分」の前段階に、明治国家になって初めての海外侵略となる「台湾出兵」があった。一八七一年に宮古島の島民が台風に遭い、台湾南部の先住民族の住む地域に漂着し、五四名が殺害される事件(「牡丹社事件」)があった。これを口実に、明治政府は三年後の七四年に台湾を攻める。この「台湾出兵」に、日本が帝国として〈主権線〉と〈利益線〉を引き直し、拡張していく始まりの欲動を読み取ることができるだろう。七四年の「台湾出兵」を前段にして、七九年の「処分」という名の「併合」は、その後の二つの戦争を経て台湾の領有と韓国併合、さらに傀儡《かいらい》国家満州国の建国から中国大陸の侵略や南洋群島、東南アジアへの南進へと至り、大東亜共栄圏へと膨らみに膨らんでいく起点にして基点になった、と見なしてもまちがいにはならない。その〈原‐衝動〉には日本の近代が孕む、内在的な暴力がすでにして書き込まれていたと言い換えることも可能だ。

琉球処分＝併合の翌年の一八八〇年、日本と中国の間でいったんは妥結した「分島増約《ぶんとうぞうやく》」という名の条約も無視できない。その条約は琉球内部や中国でも激しい反対があったためペンディングにされた、いわば幻の条約である。内容は「日本案」と「中国案」の二つがあり、「日本案」は、宮古・八重山を中国の領土にし、沖縄本島以北を日本の領土にする〈二分割案〉である。これに対して「中国案」は、宮古・八重山を中国領に、沖縄本島をそのまま独立させ、奄美群島を日本領にするという〈三分割案〉である。この「中国案」には、奄美は薩摩・鹿児島の管轄下にあったことからして現状をそのまま追認したことと、一定の期間を経た後、宮古・八重山の先島諸島を従来通り琉球王国の領域に戻すという含みが持たされていたようである。

幻になったとはいえ、この条約は、川満信一さんが「中国と日本の谷間で」の論考で述べていたように、大国の都合で翻弄され、命運が決定されることの歴史的ケースの一典型であり、沖縄をめぐって国境線がどのように引かれるのかの象徴的な事例でもある。

†「和平案」における「固有本土」

次に拾い上げておきたいのは、ポツダム宣言を受諾するにあたり、日ソ不可侵条約を結んでいたソビエトを仲介にして和平工作を画策していった、その「和平工作案」である。天皇の側近の一人で首相も務めた近衛文麿を特使として派遣することが決まったが、ソビエトの拒否で実現できなかった。一九四五年二月のヤルタ会談で、スターリンとルーズベルトの間で、ドイツが降伏した三カ月後にソビエトが日本に参戦するという「密約」が交わされていたからである。参戦の見返りに南樺太や千島列島をソ連の領土にするという約束であった。日本はそれを知らなかった。実際、五月にナチスドイツが解体した三カ月後にソ連軍が日本に宣戦布告し、中国東北部や樺太や千島列島に侵攻していく。いくつかの従属変数があるにしても、いわゆる「北方領土」問題の原点になった。

「和平工作案」に戻ってみよう。そこには、国体を護持し日本が生き延びていくためにはどこを捨てるのかが明記されている。すなわち「止むを得ざれば固有本土をもって満足す」「最下限、沖縄、小笠原、樺太を捨て、千島は南半分を保有する程度にすること」というところである。「固有本土」の中に、小笠原や樺太、千島北半分とともに沖縄は入っていない。この「和平案」からは、膨張した〈主権線〉と〈利益線〉を「固有本土」のためにどこを切り捨て、国境を引き直すかという国家意志が表現されている。

目を止めたいのは、この「和平工作案」がポツダム宣言の第六項「日本国の主権は、本州、北海道、九州および四国、ならびに、吾等（連合国）の決定する諸小島に極限せらるべし」とした占領政策と合わせ鏡の関係にあることである。これは日本の主権の及ぶ範囲が明治の始まりに戻ることを意味しているわけだが、同時にここから浮かび上がってくるのは日本の国体の自己中心性と延命、それを取り込んだアメリカのヘゲモニーである。

では、ここで言われる「諸小島」とは、どのような島々なのか。それを決定するのはすでに始まっていた冷戦の力学を律したアメリカである。そのアメリカの力は、一九五一年に締結され、翌五二年の四月二八日に発効したサンフランシスコ平和条約で「諸小島」の決定にあたって〈だれが〉と〈どの範囲〉にまで及んだ。サンフランシスコ条約によって、日本が占領状態から脱し主権を回復することになるが、しかしその条約はアメリカの東アジアの冷戦戦略によるもので、それゆえにいくつもの重要な問題が未解決のまま残されることになる。今もって解決されていないロシアとの間の「北方領土」、韓国との間の「竹島(独島《ドクト》)」、中国/台湾との間の尖閣諸島(魚釣島)をめぐる領有権問題が物語るところである。最近浮上してきた中国とベトナムやフィリピンなどとの間で争われている西沙諸島や南沙諸島の領有権問題もそうである。

日本の戦後の枠組みを決定したという意味で「サンフランシスコ条約体制」とも呼ばれるが、日本にとっての〈平和〉が東アジアにとっては分断と戦争状態を作り出していく、非対称的な構造をもっていた。その〈盲点〉について踏み込んだ研究書もいくつか出されている。ここでは原貴美恵さんの『サンフランシスコ平和条約の盲点』を参考にして問題点を整理してみたい。

†サンフランシスコ平和条約の〈盲点〉

サンフランシスコ平和条約の第二章は(a)から(f)までの「領域」となっているが、それは〈領域〉を解決するためにあるのではなく、皮肉にも「未解決の諸問題」を残す内容になっていた。この章は、第二条と第三条によって構成されていて、第二条は、日本が侵略と植民地によって獲得した領域を対象にして取り決められたもので、（a）項は、「日本国は、朝鮮の独立を承認して、済州島《チエジユ》、巨文島《コムン》及び鬱陵島《ウルルン》を含む朝鮮に対する全ての権利、権原及び請求権を放棄する。」となっている。しかし問題は、放棄する「権利、権原及び請求権」が、誰に対してなのかということと、竹島（独島）が明記されていないことである。朝鮮半島が南北に分断されているため、「誰に対して」の〈誰に〉が宙吊りにされる。偶然そうなったのではない。明記しないのはアメリカの冷戦戦略に関わっていたからで、つまり紛争の火種をあえて残すことで紛争当事国をうまくコントロールしていく、という計略が隠されていた。

（b）項の「台湾処理」条項も、一九五二年段階ではすでに中華人民共和国が建国され、内戦に敗れて台湾に逃れた国民党が政権を握る中華民国という「二つの中国」が存在していたことで〈誰に〉が宙吊りにされていく。この「二つの朝鮮」と「二つの中国」への分断は冷戦によるものだが、その分断をアメリカが戦略的に利用したということである。サンフランシスコ平和条約は日本を対共産主義封じ込み陣営に囲い込む、アメリカの創作と言ってもまちがいにはならないだろう。

ここに貫かれているヘゲモニーの構造は、（d）項の「ミクロネシア処理」と（e）項の

「南極」処理は措くとしても、（c）項の「千島処理」や（f）項の「南沙及び西沙諸島」処理においても反復される。日本国はそれぞれに「全ての権利、権原及び請求権を放棄する」と謳われているが、〈誰に対して〉と〈どの範囲で〉が明示されていない。サンフランシスコ条約の〈盲点〉と言われるゆえんである。だからこそ「北方領土」や竹島（独島）や「尖閣諸島（釣魚島）」、そして「南沙及び西沙諸島」の領有権問題などが「未解決の諸問題」としてアジアの戦後史に影を落としてきた。

†結節点としての「天皇メッセージ」

「琉球条項」と言われる第三条を全文引用してみる。「日本国は、北緯二九度以南の南西諸島（琉球諸島及び大東諸島を含む）、孀婦岩《そうふ》の南の南方諸島（小笠原群島、西之島及び火山列島を含む）ならびに沖の鳥島及び南鳥島を合衆国を唯一の施政権者とする信託統治制度の下に置くことを国際連合に対する合衆国のいかなる提案にも同意する。このような提案が行われかつ可決されるまで、合衆国は、領水を含むこれらの諸島の領域及び住民に対して、行政、立法及び司法上の権力の全部及び一部を行使する権利を有するものとする。」

ここで立ち止まって考えてみたいのは、第二章の〈領域〉をなぜ第二条と第三条に分けたのかである。確実なことは言えないが、先に紹介した「止むを得ざれば固有本土をもって満足す」「最下限、沖縄、小笠原、樺太を捨て、千島は南半分を保有する程度にする」とした「和平工作案」と「日本国の主権は、本州、北海道、九州および四国、ならびに、吾等（連合国）の決定する諸小島に極限せられるべし」とした「ポツダム宣言」第六項が冷戦の論理によって結び合わされたということである。日本が侵略と植民地主義によって略取したアジアの周辺地域が解放されることと、日本の主権の及ぶ範囲を画定することが対の関係になっているが、そこからはみ出る残余、つまり「和平工作案」で固有本土から切り離された「沖縄」や「小笠原」と、「吾等（連合国）の決定する諸小島」からはずされた島嶼の処理を分けて処理したのだ。「吾等」とは、先に見たように実態はアメリカのことであり、そのアメリカによって日本の領域確定と日本の植民地支配から解放された地域を冷戦の文脈で再組織化されたということになる。

そしてこの「吾等」＝アメリカのヘゲモニーにとって、もう一つの重要なファクターとなったのが「天皇メッセージ」である。「天皇メッセージ」とは、一九四七年に昭和天皇が側近を通してマッカーサーとアメリカ政府に伝えたメッセージで、「天皇は、アメリカが沖縄を含め琉球の他の諸島を軍事占領し続けることを希望している。天皇の意見によるとその占領は、アメリカの利益にもなるし、日本を守ることにもなる」として、「日本国民が、ロシアの脅威」を恐れていることとロシアの「内政干渉」にまで言及している。また「天皇がさらに思うに、アメリカによる沖縄（と要請があり次第他の諸島嶼）の軍事占領は、日本に主権を残存させた形で、長期の——二五年から五〇年ないしそれ以上の——貸与をするという擬制《ぎせい》の上になされるべきである」と、占領方式と占領期間についても提言している。ここで注目しておきたいのは「残存主権」と「擬制」という言葉である。

「君臨すれど統治せず」がいかに俗耳に入りやすい神話であるかがわかるというものだ。それどころか、天皇は占領政策に主体的かつ能動的に関わった。この「天皇メッセージ」から浮び上がってくるのは、いかに天皇の戦争責任を回避し、国体を護持していくのかという深層の欲動である。そのために冷戦の論理を先取りし、南西諸島と南方諸島を切り捨てアメリカの長期占領に委ね、対ソ戦略の軍事拠点にすることを天皇自ら要請した。こうして見ると「天皇メッセージ」が重要な結び目になっていることがはっきりしてくる。

整理し直してみよう。「和平工作案」に込めた天皇とその国家の排他的な自存のための計略と、ヤルタ協定やポツダム宣言などによって方向づけられた連合国による日本の戦後処理を、「天皇メッセージ」を結節点にしてサンフランシスコ講和条約へと接合していったという道筋である。アメリカの意向に自発的隷属することによって〈主権線〉と〈利益線〉を縮減しつつ延命していったのだ。サンフランシスコ平和条約の第二章〈領域〉が第二条と第三条に分割された背景には、こうした日本の侵略と植民地の処理問題と冷戦を背景にしたアメリカの戦略が絡み合っていたことが看取できる。だが忘れてはならないのは、天皇とその国家の〈主権線〉

と〈利益線〉のために沖縄を含む南西諸島が捨て石にされたことである。

†巧妙に使い分けられた「第三条のジレンマ」

第三条に戻って、さらに問題点を探ってみたい。「国連の信託統治制度の下に置くこととする国際連合に対する合衆国のいかなる提案にも日本は同意する」ことと、そのすぐ後に続く「このような提案が行われかつ可決されるまで、合衆国は、領水を含むこれらの諸島の領域及び住民に対して、すべての権利を有する」をどう考えるかである。ここには第二条の〈盲点〉とは異なる質が書き込まれている。それをここでは仮に「第三条のジレンマ」と言っておこう。どういうことなのかというと、第一に、「国連の信託統治制度」は、国連に加入した国には適用されないこと。つまり平和条約が締結され発効することは、日本が主権を回復することであり、国連に加盟することにもなる。第二に、仮にアメリカが南西諸島を信託統治制度にすることを国連に提案してもソビエトが拒否権を行使することがはっきりしていることである。

しかし、よく考えてみればアメリカはそれを想定しなかったわけではない。むしろ冷徹に計算していて、「第三条のジレンマ」を戦略的に利用した。だとすると、それはジレンマではなく、統治のための巧妙なレトリックと見なしたほうがよい。問題なのは、そのレトリックが成立していくために「日本が同意する」ことが不可欠であった。言葉を換えて言い直してみると、こういうことになる。すなわち、「国連の信託統治制度の下に置くこと」ははじめから不可能であることを見越した上で、条文は練られていた。「このような提案が行われかつ可決されるまで」という一節の戦略性もそこにある。つまり提案を行わなければよい（実際アメリカはそうしてきた）。「しない」ことで半永久的に「すべての権利を有する」ことができるという構造になっている。「日本は同意する」ということもまた半永久化される。「信託統治制度」やアメリカの「提案」を宙吊りにすること、そのことによって逆説的に南西諸島の排他的占領を継続していく、まさに国際法のマヌーバーと見なしたとしても決して大げさではないだろう。

†引き直される国境

サンフランシスコ平和条約の第二章第三条「琉球条項」は、沖縄を含む南西諸島にとっては国境の変遷の経験でもあった。条約が締結された五一年以降、沖縄・奄美における「復帰運動」の高揚やアメリカのアジア政策の変更によって三度境界は引き直される。まず北緯二九度が日本本土とアメリカ統治下の南西諸島との国境線になるが、五三年の一二月に奄美群島が返還されることによって、南西諸島が北緯二七度線を境に北と南に分断される。「孀婦岩の南の南方諸島（小笠原群島、西之島及び火山列島を含む）」に目を転じると、それらの島嶼群は一九六八年に返還され、日本の南東の島々を囲っていた国境線が引き直される。

そして七二年に沖縄列島の施政権がアメリカから日本に返還されることによって国境が消える。これはそれまで日本の〈主権線〉の外にあった南西諸島が内に入ることを意味する。ところが〈主権線〉の内に囲い込まれることによって今度はその分境界が外に移動していくことになり、アメリカ施政権下ではそれほど問題にされなかった台湾と与那国間の国境線が意識されるようになる。七二年の沖縄返還によって、尖閣諸島（釣魚島）は返還された沖縄に含まれるのか否かをめぐり領有権問題が中国／台湾と日本との間に新たに浮上し、国境が露出してくる。

七二年の沖縄返還によって第三条は効力を失ったことになるわけだが、この段階で振り返ってみると三つの問題点が指摘できる。一つは、先に触れたアメリカは一度も信託統治制度の下に置くことを国連に提案することなく、つまり「しない」ことによって沖縄の排他的軍事支配を独占したことであり、このことは「琉球条項」を締結した他の連合国の関与を排除し、南西諸島の命運をアメリカと日本の二国間の取引の内部に止め置いた。ここに注目するとき、「天皇メッセージ」のなかの〈擬制〉という言葉が鈍い光を放ってくることに気づかされる。

二つ目に、しかしこの日米合作での沖縄の施政権の日本への返還は、第二条（b）の「台湾処理」条項の〈盲点〉に関わる問題を誘発することになった。第二条（b）の「台湾処理」条項と第三条が接触していく、その接触領域で、三つ目に、中華民国政府はかねてより沖縄を含む南西諸島の日本への帰属に反対してきたが、しかし冷戦下で表立って問題にすることができなかったこと、そのことがまた尖閣諸島（釣魚島）をめぐる中国／台湾と日本との間の領有権問題に流れ込むこととなった。

琉球の帰属問題については、日本の敗戦後処理について連合国首脳が会談した裏舞台で、蔣介石とルーズベルトの間で、琉球を非武装中立地帯にするか、米中の共同管理にするか、中国の帰属にするかなどをめぐって非公式に話し合われた形跡がある。その後の中国の内戦と内戦に敗れた蔣介石が台湾に逃れて軍事独裁政権を樹立したことや冷戦の力学が複雑に絡み合い、琉球の帰属が国際外交の表だった課題になることはなかった。とはいえ、国民党政府は琉球の日本帰属には反対し、七二年の沖縄返還にも異議を唱えている。第二条（b）の「台湾処理」条項の〈盲点〉と第三条の「琉球条項」の接触面と言ったのはそういった意味であり、尖閣諸島（釣魚島）の領有権問題に複雑に影を落としていると言えよう。

†尖閣問題を沖縄の視点から見る

サンフランシスコ条約の〈盲点〉が絡み合った尖閣諸島（釣魚島）の領有権問題が複雑なのは、植民地支配の問題や〈主権線〉の変遷史や沖縄の人々の歴史意識とも関わってくるからである。何よりもやっかいなのは「固有の領土」を根拠にしたナショナリズムを誘発していくところにある。

そのナショナリズムを意識的に、また戦略的に、最も過激に利用したのが東京都知事だったときの石原慎太郎である。二〇一二年の四月一六日、ワシントンのヘリテージ財団で、尖閣列島の購入をぶち上げる。「尖閣問題」を、一自治体のイニシアティブで動かそうとしたのだ。まず東京都が購入することによって問題に火をつけ、国が動かざるをえない状況を作り出していく、というシナリオだ。「中国が強盗に入ると宣言してるときに、政府はいかに弱腰か」という〝日本政府弱腰論〟で国民意識を揺さぶり、「尖閣を国が買い上げると、支那が怒るからね」という意図も隠さず披瀝《ひれき》する。今もって「支那」という言葉を使うのは、石原の排外主義の現れと言えようが、しかしその言葉をあえて使うことによって何が、どのように立ち上がっていくのかをクールに計算しているところがある。ナショナリズムという魔物を歴史の舞台に引きずりだすことだった。

その煽りに、あろうことか、当時の野田佳彦民主党政権が乗せられ、尖閣諸島を買い上げ、国有化していく。ナショナリズムという魔物を飼い馴らし、その発火を抑止する歴史の知恵として日中双方が国交回復時に編み出した領有権の「棚上げ」が葬り去られた瞬間である。こうなると中国の態度もそれまでの段階を超えていく。実際そうなり、軍事衝突までいきかねないまでに緊張を高めた。緊張状態は、今では恒常化している。

尖閣諸島（釣魚島）の領有権問題を沖縄の視点から見るとどうなるだろうか。まず、歴史的な視野に据え直して見ると、日本の〈主権線〉と〈利益線〉の延伸をめぐる帝国と植民地主義の問題に突き当たる。そしてその前線には無人島を開拓していく民間の「冒険王」たちの存在がある。無人島であった尖閣列島を拓き、一時的ではあったにせよ有人島にしたのは古賀辰四郎という人物である。古賀は、尖閣の前に、やはり無人島だった大東諸島の開拓を試みる。しかし峻厳な地形ゆえに上陸を断念し、尖閣諸島へと向かった。

余談になるが、古賀が諦めた大東諸島を開拓したのは、鳥島などでアホウドリの羽毛の採取で莫大な富を築き、「冒険王」と呼ばれた八丈島出身の玉置半右衛門と彼に雇われた開拓団であった。資本主義的な蓄積の初期段階で、まず一攫千金を夢見る「冒険王」たちによって南の「無主の地」を有人の島に変え、その後に国家は〈主権線〉と〈利益線〉を書き込み、オーソライズしていく。「冒険王」たちの一攫千金の夢と帝国の南進の欲望が相互に補完し合っている。尖閣諸島や大東諸島の開拓の歴史には「無主の地」にいかに主権が及んでいくのかが書き込まれている。石原東京都知事がシナリオを描き、それに煽られるように政府が国有化していく「尖閣問題」の向こうには、そうした歴史があった。

「固有の領土」は近代の産物であり、日本の近代は植民地主義を抜きにして語れない。国家の内と外に出し入れされ、境界を幾度も書き換えられた経験を持つ沖縄の視点を介在させることは、植民地責任の問題と日中台がそれぞれ「固有な領土」で争っている、その「固有な」という概念が生まれる場を歴史化し、さらに主権の暴力性を前景化していくことにもつながる。

†国家主権をゆるやかに縮減させるゾーンとして

尖閣諸島（魚釣島）が日中台による自民族中心主義の修羅場と化すことだけは避けなければならない。国家主権やナショナリズムを動員する「固有の領土」論ではどうあがいても出口は見つからないし、主権と領土をめぐる争いはゼロサム的にならざるをえない。ならばどうすればよいのか。主権を飼い馴らし、敷居を限りなく低くしていく方法を発明していくことである。そこですぐに想起されるのが、二〇一二年に日本政府の国有化によって葬り去られたとはいえ、日中国交回復時に両政府間で合意された、いわゆる主権を棚上げした知恵にもう一度光を当て直してみたらどうだろう。国境を厳しく引いていく〈主権線〉と〈利益線〉によって翻弄されてきた沖縄の経験を東アジアの現代史に組成させていくためには、そうした贈与のような、恩寵のような原理が未来を孕んでいることに気づかされる。主権にはナショナリズムという魔物が住んでいるゆえにゼロサム的にならざるをえない。

どうも夢物語のような結論になったが、もう一度はじめに戻って「沖縄の歴史の決定的転換期において、必ず政治的な力学を強く働かせずにはおかない隣国、中国大陸」の存在とその中国と出会い直していくための思想と方法を創造し直さなければならない。沖縄の歴史は国境の変遷史とも言える。それゆえに、国境を引くのは誰かという問いを問い続けるトポロジカルな場でもある。そういうトポロジックな場を国境というラインで囲うのではなく、ゾーンとして分かち合うこと、ゼロサムに向かう国家主権をゆるやかに縮減させていくこと、これである。もしも東シナ海を隔ての海から結びの海に変える希望があるとすれば、主権と領土を食べて怪物化したリヴァイアサンに代わる政治を発明していくことではないだろうか。

さらに詳しく知るための参考文献

川満信一『沖縄・自立と共生の思想——「未来の縄文」へ架ける橋』（海風社、一九八七）……〈日中国交回復〉の問題を沖縄の歴史と経験から論じ、中国理解のオルタナティブへと誘う。

川満信一・仲里効編『琉球共和社会憲法の潜勢力——群島・アジア・越境の思想』（未来社、二〇一四）……沖縄発の理念が大陸の論理から島と海の視点を拓く。越境とアジアを考えるための思想書。

汪暉（石井剛・羽根次郎訳）『世界史のなかの中国——文革・琉球・チベット』（青土社、二〇一一）……文革とは、チベットとは、そして琉球とは何かを通して中国を考えたい人がまず手に取るべき本。

原貴美恵『サンフランシスコ平和条約の盲点——アジア太平洋地域の冷戦と「戦後未解決の諸問題」〈新幀版〉』（溪水社、二〇一二）……今も残された未解決の問題を、戦後の原点に遡ってひもとき、その〈盲点〉に光を当てる。

豊下楢彦『「尖閣問題」とは何か』（岩波現代文庫、二〇一二）……アメリカの戦略とそれに従属した日本外交を解明し、領土問題を解決へ導くための助けとなる本。

第八章

中華世界

池上善彦

1　一帯一路

†西を目指す戦略、一帯一路

二〇一三年一一月、中国美術館で「西部に行く（Go to the West）」と題する展覧会があった。すっかり中国美術館のファンになった私は早速行ってみることにした。中国の西部、とりわけそこに暮らすチベット族、ウイグル族など少数民族の様子、風景などを描いた絵画が展示されていた。こういった絵画が描かれ始めたのは日中戦争期に始まる。中国美術館の説明をまとめればこうなる。「一九三〇年代、抗日戦争が激しくなり国民党政府が重慶に首都を移したことにより、西南地域が戦略的に重要な地域となった。四〇年代、太平洋戦争の勃発によって、西南の雲南とミャンマー、ベトナム間の交通が遮断され、西北地域の国際的地位は高まり、重要視されるようになった。多くの芸術家ははるか西北部に行き、絵を描き、調査した。新中国成立後もこの動きは続き、二〇世紀中国美術史の重要な出来事となった」。

私が絵を眺めているちょうどその時期、習近平は「一帯一路《いったいいちろ》」という新たな国家戦略を発表した。今でこそ知られるようになった「一帯一路」という言葉だが、そのときはまったく何のことかわからなかった。同時にこのプロジェクトは新シルクロード戦略とも言われ、古《いにしえ》のシルクロードの路に沿った中国の貿易、投資、外交戦略のコンセプトを示したものだった。「一帯一路」については以下多少詳しく説明するが、この国家プロジェクトとささやかな美術展が連動しているものであるとは、リアルタイムでは知るよしもなかったが、中国の情報宣伝戦略の一端を示したものであったのだ。

美術館の説明では抗日期からの歴史の連続が取り上げられているが、改革開放以来の中国は主に海に面した沿海部の都市がまず対象となり、深圳《しんせん》などを初めとして大規模な投資と開発が行われ、その後の中国の経済成長の原動力となった。しかしその過程で、中国内部に決して少なくない格差が生まれ、都市と農村そして沿海部と内陸部の格差が大きくなったことはかなり報道され、よく知られたことだ。その後二〇〇〇年前後、政府は西部大開発プロジェクトを打ち出し、西部地域への投資と開発を大々的に行うようになった。西部地域とは四川省、貴州省、

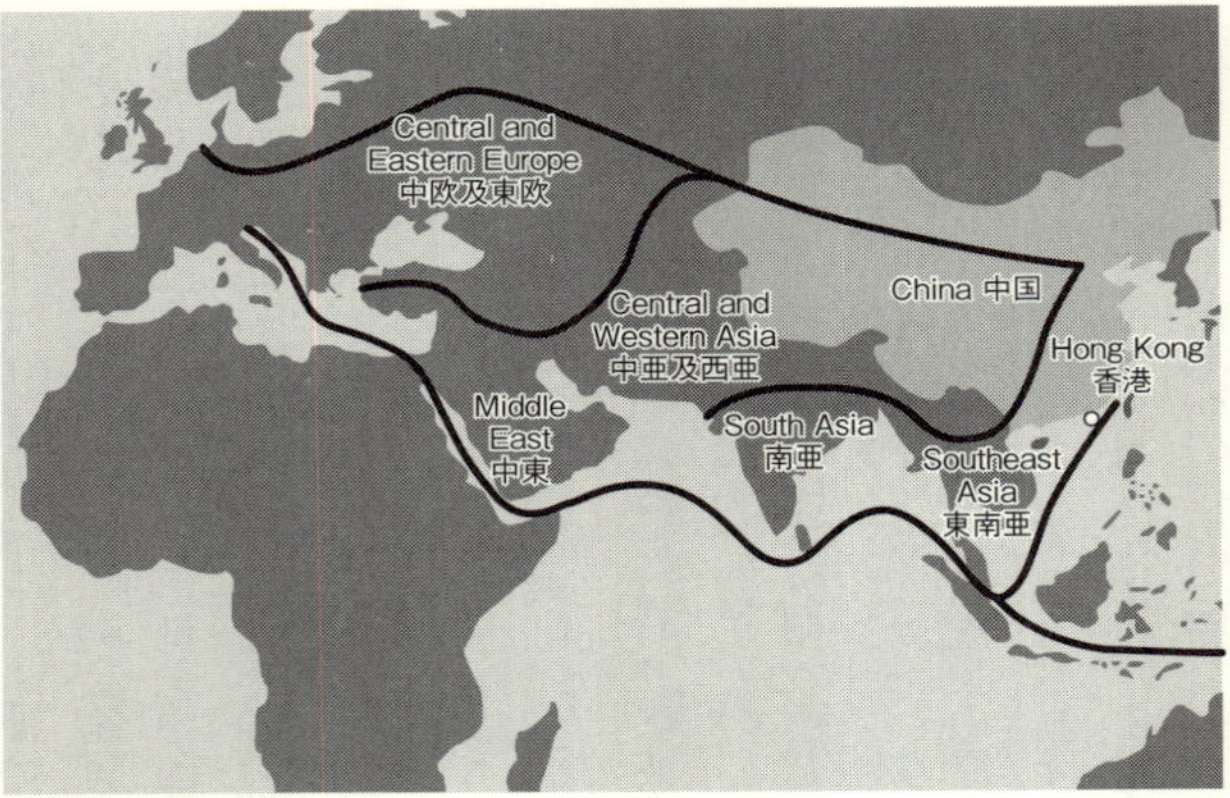

「一帯一路」のイメージ図

陝西省、青海省、甘粛省、新疆ウイグル自治区、チベット自治区などを指す。そして経済成長に伴うエネルギー需要に応えて、油田地帯からのパイプライン網も完備するようになった。その延長に一帯一路はあることになる。しかし今度は国境をまたぐことになるわけで、そう簡単に延長というわけにはいかない。

一帯一路は英語で"One Belt One Road"と表記される、中国の今後の対外投資、貿易の大きなコンセプトである。中国国内の新疆、あるいは上記の西部の都市を起点として、中央アジア、東南アジア、南アジア、中東、ロシアを通り大消費地であるヨーロッパに至る陸路を通商路として設け、さらに中国の沿海の港から東南アジア南アジアを通ってインド洋に至る海の道を設けるという構想である。それは東アジア経済圏、ASEANとヨーロッパを結び、さらにはアフリカ大陸までに至り、その中間地帯にある中央アジア、中東などの潜在的力を掘り起こそうとする。投資総額は言い方によってまちまちであるが、数兆円、総取引額はさらに数十兆円が見込まれている。陸路がそのまま古のシルクロードのルートと重なるため、新シルクロード戦略とも呼ばれ、そのイメージは大いに活用されている。

ジェトロの指摘によれば、この戦略の特徴は、援助と市場取引による貿易、投資が三位一体で連動していくところに特徴があるという。「一帯一路」の「帯」とは鉄道、石油、天然ガスなどのパイプライン、道路などの複合的な交通路を指し、「路」とは中国の沿岸の港からマラッカ海峡、インド洋を通る海路を指している。道路はすでにアジア中を通っているが所々切れているため、それを改めて繋ぎ合わせ、鉄道もすでに走っている路線をさらに延長して、中国国内からヨーロッパまでを乗り継ぎなしでつなげようというものである。新たな鉄道の敷設もある。カザフスタンから中国までの天然ガスのパイプラインとトルクメニスタンから中国までの石油パイプラインもすでに開通している。そこにさらに東南アジアのミャンマーに至るルート、パキスタンを通るルートなどを新たに作る。また世界がイランに経済制裁を果たしている最中に、テヘラン市内のバス、地下鉄などはすべて中国が請け負い完成させている。

このように既存のインフラを存分に活用するところに、あるいは今まで点であったものを繋ぎ合わせるコンセプトを持つところにこのプロジェクトの特徴がある。また陸の「帯」と海のシルクロードとも呼ばれる海の「路」とが一対になっていることも重要である。

中国は長らく世界の工場と言われてきた。安価な労働力を利用するために、世界のメーカーは競って中国国内に工場を建て製品を製造してきた。そして今や中国は過剰生産となった。その過剰な製品の売り場を求めて、ヨーロッパと直接結び、かつ中間地帯を新たな消費地として開拓することが必要となる。そして国内の高まるエネルギー源の確保と、資源を求めるために、中東、さらにはアフリカとの輸送ルートの確保が必要となった。古のシルクロードだけではなく、アフリカ各地にも積極的に鉄道、道路などのインフラ投資は現在ものすごい勢いで進んでいる。

中国はここ数年、ＧＤＰの伸びの鈍化が指摘されているが、それを中国の構造改革の梃子《てこ》とすること、つまり世界の工場から転換して、国内需要を高めるための構造改革を目標としている。そのため、より消費者を増やすために、農村をさらに分解させる政策をとり、しばしば指摘されている農村戸籍と都市戸籍の改革を行い、都市人口を増やそうとしている。従来ならば農村に農地を残して都市に出稼ぎに出ていた人々が、実質的に土地を売り、農村には戻れないようになり都市に出てくるのだ。現在一部で議論されている新工人（新しい労働者）の問題の一端はここにある。

†ユーラシア統合

この壮大なスケールの事業は、国境をまたぐ国際的プロジェクトであるため、国内のアプローチとは別の方法が要求される。それは外交でもある。これはすぐに達成されたのではない。近隣のロシア、中央アジアに出て行こうとする努力は、『ユーラシア胎動――ロシア・中国・中央アジア』（堀江則雄著）に簡潔に記述されている。冷戦が崩壊し、ソビエト連邦が解体して、中央アジアの国々が独立を果たした。そして中国は国境を接するロシア、カザフスタン、キルギスタン、タジキスタンなどと、それまで一定していなかった、ときには戦闘まで起こした国境を画定する作業に乗り出し、二〇〇〇年代初めまでにほぼすべての国境が確定した。その過程で一九九六年の上海ファイブ（中国、ロシア、カザフスタン、キルギスタン、タジキスタン）を結成し、二〇〇一年にウズベキスタンを加えて上海協力機構（SCO）を発足させ、経済協力、テロ対策、文化交流を促進する組織とした。この組織は拡張が予定されていて、パキスタン、イラン、インドなどの加盟が予定されている。

中央アジアの国々は、国によって様々ではあるが、ロシア、中国、アメリカなどとのバランスを取りながら、国民国家としての国家建設を固め、とくにカザフスタンの充実ぶりはめざましいものがある。カザフスタンのナザルバエフ大統領の提唱で、二〇〇九年に「中央アジア非核兵器地帯条約」を結んだことは、意外と知られていないが、大変重要な出来事であった。カザフスタンは旧ソ連時代に核実験を繰り返し行っていたセミパラチンスクを抱え、一説によるとカザフスタンの国民の一割が被曝していると言われているという背景がそこにはある。こうした中央アジアからの主体的アプローチもあり、中国とこの地域は結びつきを緊密にし、安定したものになってきたことが、一帯一路戦略の発動の大きな条件となっている。

ロシアに目を転じてみよう。ソビエト崩壊の後のエリツィン政権は西側の自由主義経済をそのまま受け入れ、ロシアの経済は大混乱に陥り、さらに旧共産党員を中心とする新興財閥による大富豪、すなわちオリガーキーが誕生するという状態にあった。エリツィンの後のプーチン政権はこうしたロシアを立て直すことが任務となった。当初は欧米と協調路線をとっていたプーチンは、グルジアとの対峙をきっかけに、続くウクライナ事態を受けてのクリミアの併合によって、NATOおよびアメリカの経済制裁を受け、中国に接近することになる。経済的には豊富な石油、天然ガスをヨーロッパに輸出することで立て直しを図った。すでにロシア国内を走っているガスパイプライン、および極東に伸びる鉄道網を延長することで、中国の一帯一路との融合を図るようになった。二〇一四年、カザフスタンのナザルバエフ大統領の提案により、首都アスタナでEEU（ユーラシア経済連合）が発足し、ロシア、カザフスタン、ベラルーシ、キルギスタン、アルメニアが加盟し、経済の連携をユーラシア規模で図っていくことを宣言した。プーチンはさらに二〇一六年、一帯一路との完全な融合を宣言した。

つい最近、パキスタンのグワダールに中国が租借する港が完成した。これだけでは何のことだか不明であるが、これが一帯一路の一つの要をなしている。海のシルクロードのハブができたことが一つ、そしてこのグワダールからパキスタン国内を通り、カシミールを通って中国に陸路で直結するのだ。そして資源、製品の輸送にマラッカ海峡を回避できることが最大のポイントである。マラッカ海峡の両岸はアメリカのコントロール下にある。それが回避できるのである。さらに、世界最大の会計事務所であるデロイト・トウシュ・トーマツによれば、直接雇用は七〇万人、七五〇億ドルの経済効果をもたらすという。

しかしこれはパキスタン政府と緊密な関係が必要なため、独立以来何かにつけて対立してきた隣の大国インドは微妙な立場に立たされることになる。さらにカシミールなどの紛争地の問題もある。インドは、イランのチャハバール港を租借するプランを持っている。インドからイランに海路で至り、そこからアゼルバイジャンを通りロシアへと抜けるのである。ポイントはパキスタンを回避することにある。さらに中国はミャンマーのチャウピュー港をマラッカ海峡の回避のために利用する計画もあり、雲南へと抜ける、やはりこれも古のシルクロードを復活させるのである。そしてインドも、ミャンマー、タイを結ぶハイウェイ計画を持っていて、ACT EAST POLICY（AEP）と呼ばれている。こうして見るとインドは中国とロシアの構想に対抗しているように見える。短期的には確かにそうなのかもしれないが、巨視的に見れば、一帯一路構想に刺激され、やがてはそれと連続していくであろうことが予想される。大きな図の中では、ユーラシアの一体化の役割を果たしている。

もう一例ごく最近の話題を挙げよう。上海から車で二時間ばかり行ったところに義烏《ぎう》というところがある。ここは戦争中に日本軍の細菌戦が行われたところとして記憶している方も多いだろう。この義烏からロンドンへの直通の列車がついに開通したというニュースが最近あった。ロンドンまでは一六日間かかる。義烏というところは、現在世界中からバイヤーが集まる場所として有名なのだ。ヨーロッパ、アメリカ、アフリカ、中央アジア、中近東、もちろん日本からも多くの人が詰めかける。日本の一〇〇円ショップの多くもここから買い付けているようだ。第一号列車はロンドンに到着し、ブレグジットで揺れるイギリスのメイ首相はこれを歓迎した。一帯一路の象徴と言っていいだろう。

一帯一路構想は、単にユーラシアだけではなくアフリカも視野に入れ、事実としてアフリカに莫大な投資をつぎ込んでいる。中国の石油の輸入は昨年度で一位はロシア、ついでサウジアラビア、そしてアンゴラが三番目である。ナイジェリア、ケニア、タンザニア、ジンバブエなどは言うに及ばず、ほぼアフリカ全域に対して投資、鉄道の敷設といったインフラ投資を行っている。ジブチには現在軍港を建設中である。また、取引が増加するにつれて、中国に来るアフリカ人も増加した。広州には二〇万人に及ぶアフリカ人コミュニティがあるという。こういったアフリカへの投資は、もちろん資源と潜在的消費地を求めてのものであるのだが、中国とアフリカの交流は五〇年代に遡る。一九五五年のバンドン会議以来、中国はアフリカの国々を含む第三世界との交流を深めてきた。第二章3節で述べたように、毛沢東の言う第三世界は、西側で言う第三世界とは少し差異があるが、その内実は同じである。中国はバンドン会議に参加して以来、その後の展開である非同盟諸国会議にはオブザーバー参加に留まったが、第三世界のチャンピオンであることは現在でも自他ともに認めるところになっている。このことが一帯一路構想で、南‐南（south-south）貿易を高らかに唱っていることにつながる。

現在、アフリカではこの中国のアフリカへの投資について、様々な議論がわき上がっていて、ホットイシューとなっている。新たな帝国主義ではないかという批判もあるが、おおむね歓迎である。ヨーロッパ、アメリカ、そして日本などと競う中で条件が有利になるということは大きい。中国はアフリカに投資するにあたって、原料を高く買い、製品を安く買うことが一つ、そして欧米との最大の違いは、軍隊を伴わず、民主主義と人権を押しつけない、つまり内政干渉しないと強調している。事実としておおむねそうである。国連は近年、貧困撲滅のためのミレニアム開発目標、そしてそれに続く長期のプロジェクトの中で、援助のあり方として「貿易につながる援助（Aid for Trade）」を推奨している。そして貿易と投資を同時に行う中国の全般的やり方を評して、「貿易につながる援助」に近いものと判断した。先に言った一帯一路の基本的コンセプトである援助、貿易、投資という三位一体がこれにあたる。またジュネーブに本拠を置くシンクタンクである「貿易と持続可能な発展のための国際センター（ICTSD）」も、このやり方を評価し、中国のこの南‐南貿易とOECDのプロジェクトが対立するものではなく、相互補完的なものであるという評価を下している。そしてヨーロッパのアフリカへの援助国も次第にこの中国のやり方へとシフトしているという。中国が西欧のやり方を変えていっているのだ。

一帯一路の金融の側面で言えば、アジアインフラ投資銀行（AIIB）がまかなうことになり、さらにここに新開発銀行（BRICS銀行）が加わることになる。以上で想像できるように、六〇カ国以上の国家をつなごうとするこの構想は、人口で言えば世界の六割にあたる地域をカバーすることになるが、GDPの総計は四〇パーセントぐらいとなる。しかしその潜在的力は大きい。中国の構想がユーラシア全体を活気づけ、統合へと向かおうとしているのだ。

一例を挙げれば、ごく最近、シリア和平会議がカザフスタンの首都であるアスタナで開かれた。この会議をリードしたのはロシアとイランである。そこにトルコが加わった。肝心のISとかアル・ヌースラなどは参加していないため、シリア和平そのものの行方は依然として不明である。しかし重要なのはアメリカがまったく関与していないことだ。中国はアメリカとの直接の対峙についてはまったく言及していない。形としては、アメリカは自然に押し出される格好になっている。アメリカの明らかな衰退と共に、世界の多極化と言われている大激震の根源は、このユーラシアの一体化、統合過程にある。

†世界の多極化

冷戦崩壊、そして湾岸戦争に始まるアメリカの一極支配が明らかに揺らぎ、終わり始めたのは二〇〇八年である。周知のように、二〇〇八年はアメリカのサブプライムローンの破綻に端を発した金融危機が起こった年であり、またグルジア（ジョージア）で南オセチア戦争があった。これは南オセチアとアブハジアの分離独立をめぐってのロシアとグルジアとの戦争であり、西側はグルジアを応援した。そして目立たないが忘れてはいけないのが、G20の成立である。金融危機に対処するために招集され、翌年からサミットが定期的に行われるようになっている。これはG7の完全な終焉を意味する。G7ではもはや世界経済の主要な課題は処理できなくなったのだ。G7の終焉はそれ以前から言われてはいたが、これで完全に形骸化した。プーチンはそこで完全に欧米との協調路線を捨て、上記のようなプロジェクトを進めることになる。中国の一帯一路もこの変化、とくにグローバルな金融危機への回答であったわけだ。

アメリカの自由主義的価値を強調するいわゆるエクセプショナリズムも終焉した。G2とか新冷戦とか言われることもあるが、実際はそうではなく世界の多極化を推進しているのは、様々な主体と思惑からなるユーラシア統合であり、一帯一路プロジェクトがその中核をなしている。しかし、一帯一路はあくまでコンセプトであって、一つ一つのプロジェクトを北京がすべてコントロールしているといったものではない。中国の多様な地方の省にそれぞれのプロジェクトがあり、さらに中央アジアを初めとした国はそれぞれの主体的意図があって動いている。それらの総体がユーラシアの統合へと、全体的に志向しているだけであり、一つ一つの完全なシナリオが存在しているわけではない。

以上は、一帯一路をめぐる具体的な地域の動きであるが、このコンセプトも含めて、近年の中国と中国を取り巻く情勢について、中国の知識人たちはどのように受け止めているのだろうか。

†中国の知識人たちの受け止め方

中国の私の友人たちが出している『アジア現代思想』（三聯書店）という新しい雑誌がある。その創刊号の特集は「モンゴル元史の再構築」である。なぜこの時期に八〇〇年近くも前の中国史を取り上げるのか。編者の序文にこうある。「モンゴル元史は中国史において特殊でありかつ重要な位置にある。モンゴル族が元朝を樹立したことによって、中国は数百年の分裂を終わらせることができ、大統一を実現した。同時に、モンゴル帝国の樹立と元朝の成立によって、中国史とユーラシア大陸が初めて密接に相互に切り結ぶようになった。多民族統一国家である今日の中国の範囲を定め、中国とユーラシアあるいは世界との結びつきが深くなった」。そしてここから、改めて歴史を探り、中国とは何か、アジアとは何かを考えていこう、というのが特集の意図である。

一帯一路構想は、縷々《るる》述べたようにユーラシアの統合を結果として実現するものである。その範囲はモンゴル帝国と重なる部分が多い。序文で中国とユーラシアの接触が繰り返し強調され、さらに世界との出会い、とも書かれている。明確に現在の状況を出発点にしようという決意が感じられる。一帯一路によって中国国境をまたぎ、世界に踏み出すとき、元朝そしてモンゴル帝国を再考しようというのは必然だと言っていい。最初の接触に戻って、現在を考えようとしているのだ。しかも考察対象が単に元朝ではなく、モンゴル帝国も同時に考察しようとしている。

この時期の歴史は現在内外から、とくに外から様々な新たな解釈がなされ始めている。元は征服王朝なのか、元はモンゴル帝国の一部なのかあるいは中国なのか。国家の正統性はどこにあるのか。また日本の杉山正明らのモンゴル帝国を中心にして、世界史をユーラシアから見ていく強力な研究もある。様々な外からの挑戦を受けて、中国の知識人たちも真剣にその応答を考えることで、現在の一帯一路に始まる、世界の激変の思想的意味を探ろうとしているのである。その核心は序文に見られるように、統一と多様性の歴史的理解にあると言っていい。

今や中国を代表すると言っていい知識人である汪暉《おうき》もまた一帯一路に大きな関心を寄せている。上記の雑誌にも彼は参加しているが、彼が一帯一路について書いた代表的なものとして「二つの大洋の間の文明」と題する、カシュガル大学で行った講演を元にしたエッセイがある(『世界史のなかの中国』所収、青土社)。

カシュガル大学は一帯一路の核心地帯と言っていい新疆にある。汪暉はその新疆にゆかりのある一一世紀のウイグル族の偉大な詩人(ユースフ・ハーッス・ハージブ)と学者(マフムード・カーシュガリー)の話から始め、一九世紀初頭の清朝期の地方官吏である龔自珍《きょうじちん》の思想を詳細に分析している。龔自珍は辺境である新疆に派遣されるが、そこでウイグル族を初めとする、多くはイスラーム教を奉じる多様な民族が暮らしている様を見て、今までのような華夷的世界観では対処不可能な事態を見て取り、システム自体を変えていくことを提案した。汪暉は続いて、彼がこの内陸の最深部から、はるか彼方に位置する海洋について言及していることに注意を向けている。彼は内陸から海の重要性を指摘したのだ。

汪暉はこの海と陸の論理の対比に注意を向ける。それこそが中国を貫く構造であった。中国にとって海から来たものは資本主義、西洋だった。一九世紀半ばのアヘン戦争、そして西洋をディシプリンとした日本が海からやってくる。そのとき中国の沿海部が問題になるのだが、龔自珍からちょうど一〇〇年後、アメリカから中国学者オーエン・ラティモアがやってくる。彼は海洋から再び目を転じ、中国内陸部について語ることになる。汪暉によると、正確に言えば万里の長城の内外についてラティモアは論じたことになる。長城の内外の混融状態についてラティモアは論じたのだ。さらに汪暉は日本の東洋史学、とくに宮崎市定を帝国主義者であるがと注釈を入れながら用いて、海と陸をつなぐ運河論を展開する。

汪暉によれば、この海から来る西洋思想、つまり沿海から内陸へと拡張される思想は貿易、条約、国境、主権、植民、工業、金融、都市化、国民国家であり、それに北から南へと来る思想、つまり内陸の思想である戦争、朝貢、貿易、移民、法、秩序が、中国において対立しながら交わっていく過程を、カール・シュミット批判などを念頭に置きながら、新たな思想史としてダイナミックに描き出していくのである。ここで言う海が、海のシルクロード、インド洋であり、陸の論理が「帯」にあたることは言うまでもない。そして西洋のように海を内海として内化するのではなく、多様な主体が混交して、他者と交通していく未来像を描く。

やはり同じ『アジア現代思想』に収められた孫歌の長篇論文「アジア原理を探る」もまた、一帯一路の衝撃から始めている。アジアという範疇《はんちゅう》が西洋という概念に比べ、はるかに一定しておらず、様々な解釈があることを確認した後、逆にこの様々に多様な含意を持つ範疇こそが重要だとする。そして、慎重に地政学的解釈を退けながら、地理、空間論へと筆を延ばし、和辻哲郎の『風土』をヘルダーまで遡りながら、精緻に読み解いていく。核心的課題は西洋に代表される普遍と特殊のテーマであるのだが、陳嘉《かえい》映の『良き生活とは何か』によりながら、普遍に対して彼女は、新しい普遍、つまり個々の特殊なものが現実と思想領域において共存していること、という新しい提案を行っている。多様性をどう受け止めるのかが、中心課題としてあって、それを空間的認識のアプローチから迫っているところが、一帯一路の時代にふさわしい論考となっている。もう一言言えば、この「生活」と和辻の「幸福」という概念のクローズアップに、民衆的視角からこの問題に迫ろうという問題意識が示されている。

以上ごく簡単にであるが、中国の知識人たちが一帯一路を、より大きくは時代の大転換をどう思想的に処理しようとしているのかを見てきた。特徴的なことはまず、今決定的な転換点に我々はいるという共通の認識である。時代の挑戦を受けていると感じているのだ。そして、今まで歴史に埋もれていたものを新たに発掘し、同時に従来から読まれ続けてきたものをまったく新しい観点から再度読み直してみようという意気込みに満ちている。

ロシアにも、近年しばしば論じられるようになったユーラシアニズムという思想がある。現在はアレクサンドル・ドゥーギンのあまりにも地政学的解釈が話題になっているが、元は一九二〇年代にロシアの言語学者ニコライ・トゥルベツコイが提唱した思想である。ロシアはアジアなのか、ヨーロッパなのかという問いを統合し、さらに国民国家を超えようとする思想として、時代と関連させながら注意深く読み解く必要がある（浜由樹子「「ユーラシア」概念の再考」『ロシア・東欧研究』三七号、二〇〇八参照）。この時代の雰囲気は、革命期に生き夭折したロシアの詩人、ヴェリミール・フレーブニコフの生涯をたどる亀山郁夫の『甦るフレーブニコフ』に、鮮やかに描き出されており、この時代の東方幻想の一端を垣間見ることができる。ロシアでは以前はモンゴル帝国によるロシア支配をタタールの軛《くびき》と呼び、そこから解放したイワン雷帝を称揚するという単純な歴史が一般的であると、私たちは書物で読んだのであるが、現在ではそういう言い方はしておらず、ロシアのモンゴルからの影響、そして現在の多民族国家としてのロシアへとつながるような歴史記述にどんどん変わっている、と聞いている。

急速に進むユーラシア統合は、世界の配置を変え、私たちに新たな思想と新たな歴史の読み直しを迫っている。国民国家、政治といった概念が疑問に付され、思想がまったく未知の領域に突入したのである。しかし我々には今まで見捨てられていた思想資源、見慣れたものの読み直しという挑戦しがいのある課題がある。つい先頃亡くなられたユーラシア研究の泰斗である加藤九祚《きゅうぞう》の『中央アジア歴史群像』を一瞥してみても、イブン・シーナ、バーブルと言った比較的知られた名前はあっても、バーブルの詩が紹介してあったり、ルダギー、アリシェール・ナワイー、マハトゥム・クリといったそれぞれの民族を代表する詩人たちは、ほとんど未知の存在である。私たちの前には未知の領域が広大に広がっている。それを従来のように単に教養として知ったり、読んだりするのではなく、時代と未来を考えるために、これらの思想的資源を真剣に読み、考えなければいけない時代になっているのである。

中国の提唱する一帯一路に日本は入っていない。しかしロシアのパイプライン構想は日本も入っている。まだまったくの構想段階に止まってはいるが、シベリア鉄道を延長し、間宮海峡を海底トンネルで通してサハリンに至り、さらに宗谷海峡から北海道に至る構想がある。もしこれが実現したとすれば、東京駅から座ったままモスクワへと、さらにその先へと行くことが可能になるのだ。未来は西にある。

さらに詳しく知るための参考文献

堀江則雄『ユーラシア胎動——ロシア・中国・中央アジア』（岩波新書、二〇一〇）……刊行から時間が経っているため少しデータは古いが、一帯一路に至る直前までの、とくに一九九〇年から二〇一〇年までのユーラシアの動きが簡潔にかつ網羅的にまとめられていて、非常に参考になる。

汪暉『世界史のなかの世界——文明の対話、政治の終焉、システムを越えた社会』（青土社、二〇一六）……中国を代表すると言っていい知識人である汪暉の最新刊。一帯一路論が巻頭にあり、混沌状態にある現在の世界と中国自身を何とか理解しようとする、ダイナミズムに満ちた論考が多く収められている。

加藤九祚『中央アジア歴史群像』（岩波新書、一九九五）……人物中心の中央アジア史であり、概説書であるが、ここに未来に向けて我々にとって未知の思想が多く紹介されているという観点から読めば、必携のガイドとなるだろう。

亀山郁夫『甦るフレーブニコフ』（平凡社ライブラリー、二〇〇九）……ロシアはアジアなのかヨーロッパなのかという問は我々の問いでもある。本書は直接この問いに答えるものではないが、ロシアの革命期前後のユーラシアをめぐる思想が、一人の詩人の中でどのような作用を及ぼしたかについて、著者の情熱的な文章とあいまって、イメージ豊かに感じることができる。

2 中華世界システム

光田 剛

†中華世界システムとは

この本のいくつもの章で、一九世紀、近代的な国際関係が東アジアに確立される以前には、中国を中心とする独特の世界システムが東アジアに存在したことが語られている。このシステムを一般に「中華世界システム」という。

中華世界システムとはどのようなものだったか。それは、中国を中心とし、また中国を最上位として、他の国や地域やその住人をその下に従えるという不平等な国際関係であった。それは、皇帝を「地上における最高神」と位置づける皇帝制度と不可分な関係にあった。理念的には、皇帝は地上世界（これを「天下」という。日本語の「天下」とは微妙に違う）の唯一の最高支配者であるから、皇帝と対等の関係に立つ支配者は存在してはならない。中国皇帝の支配が及ぶ場所に住む者も、中国皇帝の支配が及ばない場所に住む者も、すべての人間が中国皇帝の支配に従うのが当然であり、正常である。中国皇帝の支配が及ぶ場所で皇帝に逆らえば反逆者として討伐される。中国皇帝の支配が及ばない場所では、中国皇帝の支配に従わない者が出て来てもやむを得ないが、これらは中国皇帝の素晴らしさがわかっていない人間として「夷《い》」（「夷狄《いてき》」「蛮夷」その他の呼びかたもある）などと呼ばれる。

この中華世界システムの特徴は、たてまえが徹底的に文化的・非暴力的なことである。中国皇帝は力で地上世界を従えているのではない。その素晴らしい人格的魅力によって地上世界の人々に慕われ、支持されているのだ。中国皇帝の支配下にない人々までが中国皇帝の支配に従おうとするのは、皇帝の素晴らしい人格を伝え聞き、その素晴らしい人の支配を受けたいと願うからである。中国皇帝の支配下にある場所に対しても、その外に対しても、武力で服従を強制するなどというのは、その人格的素晴らしさが足りないことを自ら明らかにしていることになり、中国皇帝にとっては失敗である。この人を惹きつけずにはおかない支配者の人格的な力を「徳」という。徳による支配、いわば「徳治主義」が原則となっていることが中華世界システムの大きな特徴である。なお、「中華」とは、「中国の文化的な素晴らしさ」というような意味である。

徳治主義の発想自体は、紀元前三世紀に秦の始皇帝が皇帝制度を始める以前から存在した。もともとは「徳」によって「天下」を支配するのは「皇帝」ではなく「王」であった。そこで、徳、つまり人格的素晴らしさにより支配するやり方を「王道」という。これに対して、武力によって支配するのが「覇道」である。「覇」は一概に否定されるものではなく、無秩序になるよりは「覇」によって秩序が保たれているほうが好ましいのだが、「覇道」の支配は「王道」の支配よりは劣ると位置づけられた。

†冊封・朝貢体制

この中華世界システムの発想を具体化したのが「冊封《さくほう》」と「朝貢」という仕組みである。「冊封」とは、中国皇帝が、その直接の支配下にない地域の実際の支配者に対して「王」などの称号・職位を与え、その支配を公認する仕組みである。中国で古い時代に行われていたとされる「封建」のやり方の応用である。日本では、邪馬台国の卑弥呼が「親魏倭王」に任じられたとか、「倭の五王」が長江下流域の中国王朝によって「倭王」ほかの称号・職位を与えられたとか、時代が下って足利義満が明の皇帝から「日本国王」の称号を得たとかいうのがこの「冊封」にあたる。明・清の時代について言えば、ほかに朝鮮・琉球・ベトナムなどの王がこの冊封を受けていた。

冊封を受けた者は、感謝のしるしとして中国の皇帝のところに貢ぎ物を持たせた使者を派遣しなければならない。これを「朝貢」という。

朝貢は同時に中国皇帝の素晴らしさを十分に理解しない「夷」に対してその素晴らしさの本質を教える行事でもあった。その本質とは中華の「礼」である。「礼」とは人間関係の形式である。「礼」に則った正しい人間関係の形式に立ち返ってこそ（「克己復礼」）、人間のまごころも十分に発揮されるのだ。そこで、朝貢に際しては「夷」の国に中華の「礼」を教え込まなければならない。そのため、朝貢には、何年に一回という頻度が決められ、どこの港に上陸し、どのルートを通って皇帝のところまで行くのか、細かい形式が決められている。たてまえは「中華の礼を教える」ためだが、実際には、決めておかないと対応ができないからである。

なお、朝貢を受けて貢ぎ物をもらってそのままというのでは、素晴らしい人格の持ち主にはふさわしくない。貢ぎ物を上回る返礼の品を賜ってこそ素晴らしい人格と言える。そこで、朝貢を受けた皇帝は、たてまえとしては、その貢ぎ物を上回る価値の返礼品を使者に与えて帰国させる仕組みになっていた。これを「回賜《かいし》」という。

この冊封と朝貢（と回賜）によって成り立つ国際関係を「冊封‐朝貢体制」と呼ぶ。

また、「朝貢」は必ずしも冊封への返礼としてのみ行われるものではない。中国から遠く、皇帝には事情がよくわからず、したがって誰も冊封していないような地域の人だって、中国皇帝の素晴らしさを知れば、自然と貢ぎ物を持って皇帝のところに挨拶に来て、その人格的素晴らしさに接しようとするはずだ。このように「冊封」を伴わない「朝貢」も理念的にはあり得て、それが後に述べる「互市」関係を正当化する論理となる。

もちろん、冊封・朝貢体制をとったからといって、明・清時代の中国が平和な文化国家だったというわけではない。明については後に述べる。清も現在の新疆地方で遊牧王国ジューンガルとの戦争を続けたし、大規模な軍事的拡張政策もとっている。現実の暴力行使と理念面での極端な平和主義とが、この国際関係に関する面のみならず、前近代中国の大きな特徴だった。

†冊封を受ける側のメリット

中国皇帝の側に視点を置けば、冊封をすることによって中国皇帝が天下の唯一の最高支配者であることを明らかにできる。それは、中国（皇帝の支配が及ぶ場所）の外に対してだけでなく、中国の人々に対しても皇帝の素晴らしさを示すことになる。朝貢によって、中国にはないような珍しい物産を手に入れることもできる。中国皇帝にとっては、実際には中国王朝にとっては有利な仕組みである。しかし、冊封を受ける側にも何かのメリットがあったはずである。そうでなければ、このような仕組みが長続きするはずがない。そのメリットは何だっただろうか？

一つは安全保障上のメリットである。冊封を受けておけば、自ら中国を挑発したりしない限り、中国から攻撃を受けることはない。それどころか、周辺の、中国の冊封を受けていない国に対しては、自分の国に逆らえば強大な中国をも敵にすることになるというメッセージを発することができる。地域内政治で優位に立つことができる。

もう一つ、重要なのは貿易上のメリットである。とくに、明・清は、公式には原則として貿易の相手を正式に冊封を受けた国に限った（実際にはそのルールに従わない密貿易も盛んだった）。つまり、冊封を受ければ、中国との貿易を公式に行えるというメリットが生まれる。しかも、その利益を得られるのは、国内でも冊封を受けた当人とその周辺、つまりはその国の支配者である。貿易の利にあずかろうとすれば、その支配者に従うほうが賢明で、それは支配者の国内的権威を増す。明・清の時代には、朝貢使節には商人団が随行することが認められていた。正式の朝貢と回賜よりも、この随行商人団が港や首都までの行程で行う取引が大きな利益を上げた。

中国と直接に境を接する朝鮮やベトナムにとっては安全保障上の意味が大きかったが、海を隔てた琉球や日本（室町幕府）、東南アジア諸国にとっては、この貿易上の利益のほうに関心が高かった。

このような「冊封‐朝貢体制」論には、近年、疑問が出されているのだが、それについては後に述べるとして、ひとまずこのように理解しておくことにしよう。

†冊封‐朝貢体制への挑戦

東アジアでは冊封‐朝貢体制は少なくとも明・清の時代には安定した国際関係の体制となっていた。また、ヨーロッパ諸国や、イギリスから独立したアメリカ合衆国も、当初はこの体制の中に入っていた。これらの国は、「冊封」は受けていないが、冊封‐朝貢体制の原則に従って中国貿易に参入していた。

イギリスやアメリカにとって、中国貿易が必要だったのは、当時はほとんど中国からしか茶を入手できなかったからである。一七〜一八世紀、イギリスの上流階級に茶を飲む風習が広まった。他方、産業革命が起こると、労働者の手っ取り早い疲労回復のために茶に砂糖とミルクを入れて飲むことが定着した（同じように定着した当時のファストフードがフィッシュ・アンド・チップスである）。イギリス人にとって茶はなくてはならないものになった。独立後のアメリカ人は、イギリス的なライフスタイルに反発して意識的に茶よりもコーヒーを好んだが、それでも茶の輸入は重大な関心事だった。

こうして、茶を中心に中国貿易が活発になると、イギリスにとっては冊封‐朝貢体制の制約は煩わしいものになった。貿易港が広州に限定され、取引相手も制限される。もっと貿易を拡大してほしいと中国皇帝のところに使者を送ると、「三跪九叩頭《さんききゅうこうとう》」（三回ひざまずき、その一回ごとに三回頭を床面につけるお辞儀をする）などという屈辱的なお辞儀を強要され、そのうえ「わが中国は地も広く物産も豊かであるから、貿易を拡大することなど必要ない」と追い返される。一八三〇年代、産業革命が最初の行き詰まりを経験し、イギリスで経済恐慌が頻発するようになると、イギリス（直接にはイギリス東インド会社）は軍艦を用いて圧力をかけるようになるが、中国（清）に対抗措置として茶貿易の停止を持ち出されるとなすすべもない。そこで、イギリス商人が広州に持ち込んでいたアヘンを中国の官僚が強制買い付けのうえ焼却処分したことを口実に、イギリスは強引に中国に戦争を仕掛けた。アヘン戦争（一八四〇〜四二年）である。ちなみに、この麻薬を理由にした開戦にはイギリス本国でもかなり強い反対があった。

その結果として南京条約などが結ばれ、香港島がイギリス領となり、上海・寧波・福州・厦門が開港し、広州でも、冊封・朝貢式ではなくイギリス式の貿易ができるようになった。フランスやアメリカもこれに追随し、欧米諸国は冊封‐朝貢体制とは異なる外交関係を中国と持つに至った。

では、これで冊封‐朝貢体制は崩壊したと言えるかというと、そうでもない。中国にとってはこれは「皇帝のお恵みによる特別措置」であった。皇帝は素晴らしい人格を持っているので、その土地が中国から遠く「礼」を理解できない人々を哀れに思って、特別にイギリスやフランスやアメリカに冊封‐朝貢体制からの例外措置を認めたのである。東アジアの国に対しては依然として冊封‐朝貢関係を維持しようとした。
しかし、では、何の変化ももたらさなかったかというと、これもそうではない。

†万国公法

アヘン戦争に続いて第二次アヘン戦争（アロー戦争）にも敗北する頃になると、欧米には中華世界とは異なる文明があるという認識が知識人や政治指導層に広がっていった。欧米には国と国の関係を律するルールがあるらしい。現在の国際法にあたるこのルールは、当時の中国では「万国公法」または単に「公法」と呼ばれた。

第二次アヘン戦争が終結し、講和条約として北京条約が結ばれると、開港都市の数は飛躍的に増大し、外国人の居留民も増えて、都市民が外国人と直接に接することも多くなった。また、欧米が経済力・軍事力で優れていることも認めるようになり、むしろその積極的導入が図られた。さらに、欧米の政治制度にも優れた点があるのではないかという関心も高まり、議会制や立憲制に関心を向ける知識人・政治家も現れた。このように、欧米の技術や制度を導入して改革を進めようとした政治家（多くは軍幹部を兼ねる）のグループを「洋務派」という。

このような中で問題となってくるのは、中国を含む東アジアに万国公法が適用されるのかということである。もし、欧米と同じようにそれが適用されるのであれば、冊封‐朝貢体制は維持できない。当時の欧米の国際関係は、主権国家は互いに対等で、上下の区別をしないという原則で成り立っていたからである。一六四八年のウェストファリア条約で確立したとされる体制である（つまりその前にはヨーロッパの国際関係にも上下関係があったのである）。

洋務派の政治家たちは「中国を中心とする東アジアの国際関係では、冊封‐朝貢体制こそが万国公法に合する」という発想でこの問題を解決しようとした。欧米では対等な国家間関係が「万国公法」であり、欧米諸国との外交では中国はそれに従う。しかし、東アジアでは冊封‐朝貢関係が「万国公法」なのだから、決められた朝貢を怠ることは「万国公法」に違反する。そういう論理を打ち立てたのである。

しかし、現実には、一八六〇年代から朝貢国は次々に失われていった。インド大反乱を鎮圧したイギリスがインドを直轄支配の下に置いたことが、イギリス自身やフランス、オランダの東南アジア植民地支配に波及して、その支配の強化が図られた。いわゆる帝国主義時代の到来である。その中で、東南アジア諸国は次々に西ヨーロッパ列強の植民地とされ、朝貢関係から離脱した。残ったシャム（タイ）も近代化改革を開始し、朝貢を行わなくなってしまった。内陸ではロシアが西トルキスタン（現在の中央アジア五カ国）を支配下に置き、この地域の国と中国（清）との曖昧な服属関係を許容しなくなった。そして、ついに、中国にとって重要な朝貢国であった琉球が、一八七九年の琉球処分によって、完全に日本に組み込まれてしまったのである。

冊封‐朝貢の変容とその挫折

残った朝貢国は朝鮮である。しかも明治維新後の日本はその朝鮮にも影響力を広げつつあった。中国（清）は、その朝鮮を確保するために、冊封‐朝貢関係を大きく変容させる。

冊封‐朝貢関係では、中国王朝は、中国以外の国の支配者を「王」などに冊封する一方で、その内政には基本的に口を出さない。しかし、一八八二年の朝鮮の首都での騒乱事件（壬午《じんご》軍乱、壬午事変）以来、中国は朝鮮の内政に積極的に関与するようになる。朝鮮には軍を派遣し、朝鮮王朝の外交は中国が掌握した。朝鮮は中国の朝貢国なのだから、朝鮮には自主的な外交を行う権限はなく、朝鮮の外交は中国の指導下に置かれるという論理である。

これは欧米の「保護国」をモデルにした関係であり、中国の洋務派はそれを自覚していた。欧米の国際関係は主権国家間の対等な関係を原則としていたが、主権国家を構成する能力がない（と欧米の国が見なした）国や民族に対しては、その外交や内政を監督下に置き、保護国とすることがあった。インドの「藩王国」は形式的にはイギリスの保護国であった。また、当時、解体が進んでいたオスマン帝国でも、ヨーロッパ諸国は、その東ヨーロッパ地域の国を形式的にオスマン帝国の保護国とし、やがてそれを独立させるなどという方法をとっていた。洋務派はこれをモデルにしたのである。

しかし、朝鮮に対するこの保護国化政策は日本を刺激し、それ以上に朝鮮の国内に反感を生み出した。もともと、朝鮮は、清を朝鮮にとっての野蛮人（「野人」）が樹立した王朝と見なしていた。そして、明から中華王朝の地位を受け継いだのは朝鮮であるという意識を持っていた。日本や欧米諸国と対抗する場合には清を「上国」として尊敬する立場をとるが、他方で、清からの過度な干渉に対しては、他の列強諸国の力を借りても対抗しようとした。当初は、日本をバックにする性急な改革に反対し中国に近い立場をとっていた朝鮮の王朝内改革派（いわゆる「穏健開化派」）も、中国（清）の保護国化政策が露骨になると、日本を含む諸国と連携して中国を抑えようとする政策に転じる。

この対立から日清戦争が勃発し、中国は敗北する。下関条約で中国は朝鮮を「完全無欠なる自主の邦」と認めざるをえなくなった。「自主」を認めたからといって朝貢国でないとはっきり認識したかというとそうでもないのだが、いずれにして朝鮮を保護国や朝貢国にすることはもう不可能になった。冊封‐朝貢関係を、欧米流の保護国関係に移行させることで温存しようという洋務派の政策は挫折したのである。

これによって、中国には、このままでは中国自身が欧米や日本などの強国によって滅ぼされてしまうかもしれないという危機感が広がった。社会進化論や自由主義という新しい考え方がこの危機感を梃子《てこ》に中国に広まる。一方の朝鮮は、一九〇四〜〇五年の日露戦争以後、日本の保護国に転落し、一九一〇年には日本に併合されてしまうことになる。

†冊封‐朝貢体制は本当にあったのか？

ところで、ここまで、冊封‐朝貢体制というものが存在したという前提で、その崩壊までをたどってきた。

ところが、近年、このモデル化された冊封‐朝貢体制が本当に存在したのかということ自体が議論になっている。

冊封‐朝貢体制というが、典型的な冊封‐朝貢関係が結ばれたのは、朝鮮、琉球、ベトナムに過ぎない。他の国は、先にも書いた通り、貿易の利を得るために形式的に冊封‐朝貢関係に入っただけである。しかも、清の時代には、琉球は日本が支配しているにもかかわらず、中国からは冊封を受けるという関係にあったために、中国‐朝鮮‐琉球‐日本の関係は円滑を欠いた。日本は冊封‐朝貢体制に入らず、朝鮮と琉球の接触は、日本の琉球支配を中国が認めていると受け取られるのを恐れて制限された。また、ベトナムの最高支配者は、中国に対しては「越南」（この漢語のベトナム語読みがViet Namである）の王として冊封‐朝貢関係に入りながら、自らの周辺国に対しては「大南皇帝」を称して朝貢を促すという態度をとった。このような変則ばかりの関係を、果たして「冊封 - 朝貢体制」と呼べるのか、という問題提起がある。

また、清の時代の広州での貿易などを見ても、冊封 - 朝貢関係に入らずに貿易を行う「互市」関係の貿易相手が多く、しかも、清の王朝は、イギリスの貿易拡大圧力が大きな問題となるまで、「互市」関係が普通という状況に柔軟に対応していたという。また、必ずしも清が上位である形式にこだわらず、清と対等の「隣国」も認めてきた（ロシアに対する場合など）。ここから見れば、互市関係が冊封 - 朝貢関係の例外なのではなく、互市関係の特殊な事例が冊封 - 朝貢関係だったと見たほうがよいのではないか。後に、欧米列強との関係が重大な問題になるにつれて、中国の側で「冊封 - 朝貢関係が東アジアではノーマルな国際関係である」という意識が高まったと見たほうがよいのではないか。このような問題提起もある。

この説に従えば、冊封 - 朝貢関係を標準的な東アジアの国際関係のあり方と位置づけた一九世紀半ばの洋務派が「冊封 - 朝貢体制」論を生み出し定式化したということになる。もともと存在した体制ではなく、それまで柔軟に運用されていたシステムが危機にさらされた段階で、「本来の体制はこうだった」という理念が創出されたのである。

近世から近代への移行の段階では、このような事例を他の地域でも見出すことができる。オスマン帝国では、一八世紀後半、ロシア皇帝がオスマン帝国領内のキリスト教徒の保護権を主張し始めてから、それに対抗して「オスマン皇帝は、一六世紀以来、世界のイスラーム教徒の長（カリフ）であった」とする原則が定着し、一九世紀のオスマン皇帝は「カリフ」としての自覚を強める。また、日本の「鎖国」がそうである。江戸時代の日本が「鎖国」を「祖法」だとはっきり自覚したのは、ロシアの勢力が日本列島周辺に及ぶようになってからであった。もしこの説が正しいとすると、中国の冊封・朝貢体制も、同じように、近世的な外交では外交問題に対応できなくなったとき、「古くからの伝統」として作り出されたものと言えるのかもしれない。

†冊封・朝貢体制の相対化

ところで近代史で問題になるのは近世の冊封・朝貢体制である。ところが冊封・朝貢関係の歴史は少なくとも漢（前漢）までは遡れる。そこで、冊封・朝貢体制は古代以来の伝統的国際関係とされることもある。しかし、近世の冊封・朝貢体制の重大な一面が貿易統制であったことを考えると、近現代との対比を考えるならば、冊封・朝貢関係が強力な貿易統制を伴うようになった明と清の時代の冊封・朝貢関係をまず考えるべきである。そして、少なくとも清の時代の冊封・朝貢関係は、いま述べた通り、かなり変則を伴うものであった。

では、明・清より前の東アジアの国際関係はもっときれいな冊封・朝貢関係が成り立っていたかというと、そうではない。むしろ、この時代には、冊封・朝貢ではない関係が多く存在した。中国王朝は、相手国との利害関係や、とくに強弱関係を考えて、相手国との上下関係を個別に判断していた。国同士の関係を、たとえば、兄弟の関係になぞらえたり、「叔父・甥」関係になぞらえたりすることもあったし、対等の「隣国」関係とすることもあった。あるいは、漢人の中華王朝の側が、強力な遊牧帝国の属国になっている場合もあっただろう（はっきりしているのは金・南宋の例）。このように、個別に「盟約」を結んで国同士の関係を律する国際関係の体制を「盟約体制」と呼ぶ。この盟約体制の中で、中華王朝と他の国家との関係が「君臣関係」と定められた場合に冊封・朝貢関係が成立する。やはり、ここでも、冊封・朝貢関係はより大きな体制の中の一つのあり方だったのである。

こうして見たとき、近代より前の中国の外交、ひいては東アジアの国際関係のシステムは冊封・朝貢体制であって、それ以外の関係は例外と見るよりも、盟約体制や互市関係の中の特殊な事例が冊封・朝貢関係であったと見るほうが妥当なようである。

ただ、古代から近世に至るまでの東アジアの国際関係が「国と国との上下関係」の存在を前提とするものであった、とは言えるだろう。「隣国」として対等な関係もあり、上下関係にあまり注意が払われないこともあったが、「君臣」（これが冊封・朝貢関係）だけでなく「兄弟」「叔父・甥」など様々なランクの上下関係が国と国との関係を律していた。すべての国が対等という ヨーロッパ生まれの近代国際関係の原則とは違っていたことには注意しておく必要がある。

なお、この、国家間関係や国家と周辺民の関係を上下関係と見なすことは、中国王朝だけではなく、他の東アジアの国でも行われていた。ベトナムが自国を東南アジア世界の中心と見なして、ベトナム王が皇帝を名のり、周辺国に朝貢を求めたことは前述の通りである。日本は蝦夷と朝鮮、江戸時代には琉球も「朝貢国」的な国や人々と見なした。朝鮮では、逆に、「倭人」と「野人」（満州人）を自らより低い地位においた（一七世紀、その「野人」が中華王朝の清を樹立したのが大問題となったのである）。

†中華世界システムは平和な国際システムか

ところで、現在の中国では、中華世界システムは平和な国際秩序であったとして、現代の覇権システムに対する中華世界システムの優位が論じられることがある。では、これが事実かというと、そんなことはない。中華王朝は、とくにその創立期や「中興」の時期には軍事的に膨張することが多い。漢（前漢）は匈奴《きょうど》から西域を奪ったし、魏の曹操は北方の烏桓《うかん》を「征伐」した。唐は突厥《とっけつ》を攻撃して領土を広げ、一時期は朝鮮半島も領有する勢いを示した。そうやって、軍事的に膨張できるところまでは膨張して、それが及ばないところの国家と「盟約」関係を結ぶのが中華世界システムであったと考えたほうがいい。

よく現在の中国で引き合いに出されるのが明の時代の鄭和の遠征で、海外への「大航海」が領土的拡張につながったヨーロッパと違って、中国は「朝貢」を求めるだけで領土的野心を持たなかったと言われる。

　しかし、明はベトナムを征服して一時期支配下に置いているし、朝鮮も、自らの国の名を「朝鮮」にするか「和寧」にするかについて明にお伺いを立てるほどに明に気を遣っていた。要するに明の軍事力を恐れていたのである。明はモンゴルを支配下に入れようとして元の後継勢力と慢性的な戦争を続けた。倭寇にしたところで、「倭人」（この時代の「倭」は日本とは限らない）の武装商人が一方的に攻めてきたのではなく、それを作り出した一因は、冊封 - 朝貢関係と組み合わされた明の厳格な貿易統制にあった。明は比較的「冊封 - 朝貢体制」をモデル通り実施した（というより明の原則を参照して冊封 - 朝貢体制論が作られた）王朝であるが、その代償として、国内の経済発展と輸出入の制限がバランスを欠き、それが密貿易を活発にした。その密貿易を行う武装商人を「倭寇」として敵と見なしてやはり慢性的に戦い続けたのであった。

　明も、軍事力を直接行使する場合、軍事力を威嚇に使う場合など相手によって様々な国際関係の構築方法を使い分けていたのであって、鄭和の遠征がたとえ本当に平和的手段だけで行われたものであっても、それを「中華世界システムが平和な国際秩序だった」ことの証拠として挙げることはできない。

　現在、近現代に作り上げられた様々な「システム」が機能不全に陥り、近現代以前の歴史が参照されることが多くなっている。いわゆるイスラーム過激原理主義がその最たる例であろう。また、トルコのエルドアン政権も、国際関係の理念として一九二二年に滅亡したオスマン帝国を引っ張り出し、その外交の理念は「新オスマン外交」と称されたりした。かつて、トルコ共和国建国の祖ケマル・アタチュルクが懸命に否定しようとしたのがオスマン帝国であったにもかかわらずである。

中国での「中華世界システム」への関心の高まりもこの流れに属する。中国は「中国が擡頭すれば世界は平和になる」と国際社会にも国内社会にも宣伝し、それを中華世界システムの「平和性」によって補強しようとしている。しかし、中華世界システムは決して平和な国際関係のシステムではなかった。だいたい、現在とは国際関係の原則が大きく違っていた前近代の国際関係の「システム」を現在の国際関係を律するモデルとして引っ張り出すこと自体に無理がある。軍事的に膨張できるところまで軍事的に膨張し、それが不可能なところでは「盟約」を結んで国際関係を律する。国際関係のあらゆる局面に上下関係を持ち込む。それはその当時にはごく当たり前の国際関係だった。しかし、それは今日の国際関係の原則とは相容れないものであるという当然のことを、私たちはまずしっかりと確認しておく必要があるだろう。

さらに詳しく知るための参考文献

堀敏一『東アジア世界の歴史』（講談社学術文庫、二〇〇八）……古代中国研究の視点から、中国と東アジア世界の関係をまとめた通史。その後の「冊封・朝貢体制論」の原型の一つとなった。

茂木敏夫『変容する近代東アジアの国際秩序』（山川出版社世界史リブレット、一九九七）……中国（清）を中心とする東アジアの国際秩序をクリアに整理し、その変容をわかりやすく論じている。今日、「冊封・朝貢体制」を論じるときには、本書の枠組みがまず参照されることが多い。

濱下武志『朝貢システムと近代アジア』（岩波書店、一九九七）……中国経済史の視点から一九世紀の中国の対外貿易の変遷を詳しく分析した著書。「朝貢システム」の概念が広く認識される契機ともなった。

廣瀬憲雄『古代日本外交史——東部ユーラシアの視点から読み直す』（講談社選書メチエ、二〇一四）……メインタイトルは「古代日本」だが、「盟約体制」論など中国王朝の外交システムについても詳しく論じている。

渡辺信一郎『天空の玉座——中国古代帝国の朝政と儀礼』（柏書房、一九九六）……古代の中国王朝の儀礼を、冊封・朝貢などの外交儀礼も含めて論じている。森公章『「白村江」以後』（講談社選書メチエ、一九九八）は同じ時代の「東アジア外交」を日本の視点から論じた著書。

岡本隆司、川島真編『中国近代外交の胎動』（東京大学出版会、二〇〇九）……通説化した「冊封・朝貢体制」論を根本から見直し、日本近代外交との相互作用にも目配りしつつ、外交が「夷務」と呼ばれた時代から「洋務」の時代を経て「外務」となる時代までの中国外交史を描き出した意欲的な共同研究。興味を持たれた方には、岡本隆司『属国と自主のあいだ』（名古屋大学出版会、二〇〇四）もお勧めする。

木村幹『高宗・閔妃——然らば致し方なし』（ミネルヴァ日本評伝選、二〇〇七）……日中関係に視点を置いたときに忘れがちな、冊封・朝貢体制変容期の朝鮮政治を知るための必読書。

あとがき

東京都武蔵野市の成蹊大学で、二〇一五年九月から二〇一六年一月にかけて、私をコーディネーターとして寄付講座「中国を理解する」が開かれた。大学の各学部の学生と武蔵野市の市民聴講生を対象とする連続講義である。完結後、講義内容をもとにして講義録が作成されたが、講座の性格上、講義録は講義担当者・大学関係者と受講者にしか公開されない決まりになっていた。武蔵野市民の方がこの講座の評判を耳にされ、講義録を求めてわざわざ大学までいらしたこともあったが、規則上、お渡しすることができないので、心ならずもお断りするしかなかった。

二〇一六年度の授業が始まった後、尊敬する同僚である西山隆行先生から、この講義をもとにした本をちくま新書の一冊として刊行してはどうかというお誘いを頂戴した。西山先生はちくま新書から労作『移民大国アメリカ』を上梓されたばかりであった。寄付講座の段階では本にすることはまったく想定していなかったが、私自身はともかくとして、これだけの執筆陣が一堂に会するのはいろいろな意味で「一期一会」である。その講義内容が「門外不出」になっているのも惜しい。そこで、西山先生のご厚意に甘えることにして、ちくま新書編集長の松田健さんにご紹介いただいた。まず、寄付講座に講師として参加してくださった方に新書への執筆をお願いしたところ、その全員から承諾のお返事をいただけたのは幸いであった。そこから、ちくま新書編集部と私とで講義録をもとに原案を作り、各講師の方に執筆をお願いして原稿をとりまとめた。そうして刊行に漕ぎ着けたのが本書である。

講座完結から刊行までわずか一年半足らずなのだが、そのあいだにも習近平指導部の下で中国の現実は変化し続けた。一部の執筆者の方はその現実にキャッチアップするために原稿を大幅に書き改めてくださった。編者の思いの至らない点に注意を促してもいただいた。執筆者各位には心より御礼を申し上げたい。

二〇一五年度の寄付講座を成蹊大学の法学部政治学科で開くことになったとき、ぜひ中国を採り上げるべきだと強く主張されたのは、「シリーズ日本の安全保障」(岩波書店)の編著者を務められた遠藤誠治学部長であった。遠藤学部長は現在のように「中国の擡頭」が騒がれるようになる以前から国際政治における中国の重要さを強調しておられ、また自ら先頭に立って中国との学術交流を進めてこられた。現代中国研究に関しては、遠藤先生のほうが中国近代史担当の私よりも知識も深く交流範囲も広いのではなかろうか。

そこでコーディネーターを仰せつかることになったのだが、私は多忙さにかまけて何の「コーディネート」もしていなかった。かわって実質的にコーディネートを担当してくださったのが、成蹊大学アジア太平洋研究センター長を担当しておられた李静和《リージョンファ》先生と、日本政治史の井上正也先生だった。私からお二人の先生に「こういう分野の専門家を集めてほしい」と注文を出すと、私が想定していた以上のすばらしいメンバーを集めてくださったうえ、井上先生は二回の講義もご担当くださった。おかげで、私は、講義当日の司会と挨拶を担当するだけのコーディネーターという楽な仕事をさせていただくことができた。

西山先生、遠藤先生、李先生、井上先生、政治学科主任として企画をサポートしてくださった高安健将先生、スタッフの手配でご協力くださった西村美香先生をはじめとする成蹊大学法学部の同僚各位、スタッフとして支えてくださった教務部職員のみなさま、学生アルバイトのみなさま、寄付講座の運営に携わってくださった成蹊大学・成蹊学園と武蔵野市のみなさま、武蔵野市民のみなさまと成蹊大学の学生諸君、そして本書刊行に向けて八面六臂の大活躍をしてくださった筑摩書房の松田さんに、心からの御礼を申し上げたい。

二〇一七年四月六日

光田　剛

編・執筆者紹介

光田　剛（みつた・つよし）【編者／序章、第一章、第四章、第八章2、あとがき】
一九六五年生まれ。成蹊大学法学部教授。東京大学大学院法学政治学研究科博士課程単位取得退学。専門は中国近代政治史。著書『中国国民政府期の華北政治――一九二八－三七年』（御茶の水書房）、『新編原典中国近代思想史』五～六巻（編集協力・共訳、岩波書店）など。

＊

鈴木将久（すずき・まさひさ）【第二章1】
一九六七年生まれ。東京大学大学院人文社会系研究科教授。東京大学大学院人文社会系研究科博士課程修了。専門は中国文学。著書『上海モダニズム』（中国文庫）など。編訳書『中国が世界に深く入りはじめたとき』（賀照田著、青土社）など。

佐藤　賢（さとう・けん）【第二章2】
一九七五年生まれ。東京都立大学人文社会学部准教授。一橋大学大学院言語社会研究科博士課程単位取得退学。博士（学術）。専門は中国文学、映画。著書『中国ドキュメンタリー映画論』（平凡社）など。

池上善彦（いけがみ・よしひこ）【第二章3、第八章1】
一九五六年生まれ。亜際書院理事。一橋大学社会学部卒業。元『現代思想』編集長。著書『現代思想の二〇年』（以文社）。

坂元ひろ子（さかもと・ひろこ）【第三章1】
一九五〇年生まれ。一橋大学名誉教授。東京大学大学院人文科学研究科中国哲学専攻博士課程単位取得退学。修士（文学）。専門は中国近現代思想文化史。著書『中国近代の思想文化史』（岩波新書）、『連鎖する中国近代の〝知〟』（研文出版）、『中国民族主義の神話』（岩波書店）など。

中島隆博（なかじま・たかひろ）【第三章2】
一九六四年生まれ。東京大学東洋文化研究所教授。東京大学大学院人文社会系研究科博士課程中途退学。博士（学術）。専門は中

国哲学。著書『共生のプラクシス』（東京大学出版会）、『悪の哲学』（筑摩選書）など。

毛利亜樹（もうり・あき）【第五章1】
一九七六年生まれ。筑波大学人文社会系助教。同志社大学大学院法学研究科博士後期課程修了。博士（政治学）。専門は国際関係論・現代中国政治。著書「「法の支配」の国際政治」（加茂具樹編『中国対外行動の源泉』慶應義塾大学出版会）、「習近平中国で語られる近代戦争」（『アジア研究』第六〇巻第四号）など。

杉浦康之（すぎうら・やすゆき）【第五章2】
一九七七年生まれ。防衛省防衛研究所地域研究部主任研究官。慶應義塾大学大学院法学研究科政治学専攻博士課程単位取得退学。修士（法学）。専門は現代中国政治外交史、戦後東アジア国際政治史、現代中国の国防政策。著書『戦後日中関係と廖承志』『現代中国政治外交の原点』（以上いずれも共著、慶應義塾大学出版会）など。

井上正也（いのうえ・まさや）【第六章】
一九七九年生まれ。成蹊大学法学部教授。神戸大学大学院法学研究科博士後期課程修了。博士（政治学）。専門は日本政治外交史。著書『日中国交正常化の政治史』（名古屋大学出版会、サントリー学芸賞・吉田茂賞受賞）、『戦後日本のアジア外交』（共著、ミネルヴァ書房、国際開発研究大来賞受賞）など。

丸川哲史（まるかわ・てつし）【第七章1】
一九六三年生まれ。明治大学政治経済学部教授。一橋大学大学院言語社会研究科博士課程修了。博士（学術）。専攻は東アジア文化論。著書に『リージョナリズム』（岩波書店）、『冷戦文化論』（双風舎）、『竹内好』（河出ブックス）、『台湾ナショナリズム』（講談社選書メチエ）、『魯迅と毛沢東』（以文社）、『思想課題としての現代中国』（平凡社）、『魯迅出門』（インスクリプト）など。訳書『ジャ・ジャンクー「映画」「時代」「中国」を語る』（ジャ・ジャンクー著、佐藤賢との共訳、以文社）など。

仲里 効（なかざと・いさお）【第七章2】
一九四七年生まれ。映像・文化批評家。法政大学社会学部卒業。専門は沖縄の映像と文化。著書『オキナワ、イメージの縁（エッジ）』『悲しき亜言語帯』『眼は巡歴する』（以上、未来社）など。

索引

あ行

か行

さ行

た行

な行

は行

ま行

や行

ら行

わ行

ちくま新書
1258

現代中国入門《げんだいちゅうごくにゅうもん》

二〇一七年五月一〇日　第一刷発行
二〇二一年三月二五日　第二刷発行

編　者　光田　剛（みつた・つよし）

発行者　喜入冬子

発行所　株式会社　筑摩書房
東京都台東区蔵前二-五-三　郵便番号一一一-八七五五
電話番号〇三-五六八七-二六〇一（代表）

装幀者　間村俊一

印刷・製本　三松堂印刷　株式会社

ISBN978-4-480-06963-4 C0222

ちくま新書

1019 近代中国史 岡本隆司
中国とは何か？　その原理を解く鍵は、近代史に隠されている。グローバル経済の奔流が渦巻きはじめた時代から、激動の歴史を構造的にとらえなおす。

1080 「反日」中国の文明史 平野聡
文明への誇り、日本という脅威、社会主義と改革開放、矛盾した主張と強硬な姿勢……。驕る大国の本質を悠久の歴史に探り、問題のありかと日本の指針を示す。

1223 日本と中国経済——相互交流と衝突の一〇〇年 梶谷懐
「反日騒動」や「爆買い」は今に始まったことではない。近現代史を振り返ると日中の経済関係はアンビバレントに進んできた。この一〇〇年の政治経済を概観する。

882 中国を拒否できない日本 関岡英之
大きな脅威となった中国の経済力と軍事力。そこにはどのような国家戦略が秘められているのか。「超限戦」に対して「汎アジア」構想を提唱する新たな地政学の試み。

985 中国人民解放軍の実力 塩沢英一
膨張する中国の軍事力に対する警戒感が世界で高まっている。領土領海への野心も小さくない。軍幹部の証言や独自入手した資料で不透明な人民解放軍の実像に迫る。

979 北朝鮮と中国——打算でつながる同盟国は衝突するか 五味洋治
いっけん良好に見える中朝関係だが、実は恐れ、警戒し合っている。熾烈な駆け引きの背後にある両国の思惑を、協力と緊張の歴史で分析。日本がとるべき戦略とは。

1185 台湾とは何か 野嶋剛
国力において圧倒的な中国・日本との関係を深化させる台湾。日中台の複雑な三角関係を波乱の歴史、台湾の社会・政治状況から解き明かし、日本の針路を提言。